복음의 자유를 누려라

복음의 자유를 누려라

1쇄 인쇄 2013년 7월 1일
2쇄 발행 2016년 12월 13일

지은이 박정근
펴낸이 고종율

펴낸곳 주) 도서출판 디모데 〈파이디온선교회 출판 사역 기관〉
등록 2005년 6월 16일 제 319 – 2005 – 24호
주소 서울특별시 서초구 서초대로 141–23(방배동, 세일빌딩)
전화 마케팅실 070) 4018–4141
팩스 마케팅실 031) 902–7795
홈페이지 www.timothybook.com

값 13,000원
ISBN 978–89–388–1559–0 03230

복음의 자유를 누려라

의와 자유로 인도하는 복음의 능력

박정근 지음

차례

서문

저는 39세라는 비교적 젊은 나이에 영안교회의 담임목사로 부름을 받았습니다. 그로부터 18년의 세월이 흘러 어느새 저도 중년 목회자가 되었습니다. 신학교를 졸업하고 첫 사역지인 영안교회에서 전도사로 사역 한 것까지 포함하면, 한 교회에서 19년을 사역한 셈입니다. 돌아보니 결코 짧지 않은 세월입니다.

한 교회에서 20년 가까이 사역을 했다는 것은, 그만큼 우여곡절이 많았다는 의미이기도 합니다. 한 교회에서 오랫동안 사역을 하면서 특별히 좋은 점을 한 가지 꼽으라면, 성도들의 삶과 제 목회가 보인다는 것입니다. 어느 목회자의 눈에 그 두 가지가 보이지 않겠냐마는, 목회를 막 시작했을 때와는 달리 20년이 지난 지금은 처음에 보이지 않던 것들이 보입니다.

그중 하나가 복음에 관한 것입니다. 저는 복음을 강조하는 목사입니다. 그동안 하나님의 말씀을 맡은 목사로서 혼신의 힘을 다한 설교의 무게중심은 물론이요, 어떠한 유혹에도 흔들리지 않고 교회의 중심 사역으로 삼았던 신앙훈련과 제자훈련은 사실 그리스도의 복음에 초점을 맞춘 것이라 해도 과언이 아닙니다.

그러나 그렇게 복음을 강조하는 목회를 해왔음에도 불구하고 여전히 복음의 진수를 깨닫지 못하는 성도들이 있습니다. 어떤 성도는 아예 복음의 핵심도 모른 채 교회를 다니고 있고, 어떤 성도는 복음을 알되 어설프게 알거나 잘못 알고 있으며, 어떤 성도는 복음을 알지만 그 깊이가 매우 얕습니다. 이런 상황을 직시하고 사실로 받아들이는 것이 제게는 일종의 아픔이었습니다. 그러나 이것이 어찌 제 목회만의 문제요 저희 교회만의 문제이겠습니까?

이 뼈아픈 장고(長考)가 10여 년 전에 출간했던 갈라디아서를 재출간하게 했습니다. "오늘날 한국교회는 과연 복음을 다시 들어야만 하는가?" 하는 질문 앞에 적어도 저는 "그렇다"라고 대답하고 싶습니다. 그리고 복음에 관한 한, 앞으로도 언제나 "그렇다"가 되어야 할 것입니다. 이 책을 읽는 모든 사람이 복음의 핵심을 명확하게 선포하는 갈라디아서를 올바르게 이해하고, 복음의 강물에 깊이 잠기는 은혜가 있기를 소원합니다. 이 책을 다시 출간하도록 배려해준 디모데 출판사에 감사드립니다.

박정근

1장

이 시대에 필요한 그리스도인의 모습

갈라디아서 1장 1–5절

1사람들에게서 난 것도 아니요 사람으로 말미암은 것도 아니요 오직 예수 그리스
도와 그를 죽은 자 가운데서 살리신 하나님 아버지로 말미암아 사도 된 바울은
2함께 있는 모든 형제와 더불어 갈라디아 여러 교회들에게 3우리 하나님 아버지와
주 예수 그리스도로부터 은혜와 평강이 있기를 원하노라 4그리스도께서 하나님
곧 우리 아버지의 뜻을 따라 이 악한 세대에서 우리를 건지시려고 우리 죄를 대속
하기 위하여 자기 몸을 주셨으니 5영광이 그에게 세세토록 있을지어다 아멘.

기독교의 핵심은 결국 복음입니다. 사도 바울은 복음을 로마서의 핵심 구절인 1장 16절에서 이렇게 설명합니다. "복음은 모든 믿는 자에게 구원을 주시는 하나님의 능력이 됨이라." 여기서 말하는 능력은 '다이너마이트'를 뜻하는 말에서 나온 단어로, 굉장한 능력을 뜻합니다.

이 능력은 어떤 능력입니까? 바로 사람을 변화시키는 능력입니다. 죽은 영혼을 살리고, 어두움에 속했던 영혼을 빛으로 옮기는 능력입니다. 사람의 가치관과 삶을 송두리째 바꾸는 능력입니다. 바울은 사람을 완전히 변화시키는 능력을 하나님의 능력이라고 선포했습니다. 그래서 복음이 들어가는 곳에는 항상 변화가 일어났습니다.

신앙은 변화를 의미합니다. 우리는 복음이 개인의 삶은 물론이고 가정과 단체, 사회를 송두리째 변화시킨 역사를 수없이 보았습니다. 평범했던 한 어부가 복음을 접한 후에 민족을 구원하는 대사도로 변화되었습니다. 죄 없는 사람을 돌로 치는 데 앞장섰던 한 청년이 복음을 받은 후에 유럽을 변화시키는 하나님의 놀라운 일꾼이 되었습니다. 사람을 잡아서 노예로 팔던 나라가 복음을 받아들인 후에 놀라운 나라로 변모되었습니다.

복음에는 능력이 있습니다. 복음을 받은 자는 다 변화해야 합니다. 그런데 오늘날 복음을 접하고도 제대로 변하지 않는 곳이 있습니다. 그곳은 바로 저와 여러분이 살고 있는 한국입니다. 세계의 많은 신학자가 굉장한 의구심을 가지고 한국교회를 바라보고 있습니다. 이 땅에 복음이 들어온 지 100년이 넘었습니다. 많은 교회의 수많은 십자가가 밤하늘을 장식합니다. 그럼에도 불구하고 우리 사회는 별로 변화되시 않았습니다. 열심히 새벽 기도를 하고, 교회 건물도 많이 짓지만 사회가 변화되지 않습니다.

통계청에 따르면, 1995년도에 우리나라 기독교 인구는 876만이 되었습니다. 그리고 고위 공직자 가운데 기독교인의 비율이 60퍼센트를 넘어섰습니다. 그러나 한국의 부패지수는 54개 나라 가운데 27위에 머물러 있습니다. 우리가 알다시피, 얼마나 많은 공무원들이 타락했습니까? 세관원의 뇌물 수수 사건, 경찰들의 비리 등 이루 말할 수 없습니다. 소매치기를 잡아야 할 경찰이 소매치기와 짜고 돈을 다달이 상납받고 있습니다. 심지어 어떤 경찰은 한 달 내내 가방을 들고 돈 거둬들이는 일만 했다고 합니다.

군 입대 문제는 어떻습니까? 수많은 사회 지도층 인사의 아들이 군대를 면제받은 것을 우리는 알고 있습니다. 교육계라고 나을 게 있습니까? 우리 교회의 한 집사님이 사업을 시작했습니다. 학교에 납품하는 일이라기에 좋은 사업이라고 생각하고 뛰어들었습니다. 그런데 학교를 찾아가자 교장 선생님이 "당신이 30퍼센트를 먹고 나에게 70퍼센트를 주시오"라고 했다는 것입니다. 이를테면, 100만 원이 나오면 70만 원을 자기가 갖겠다는 것입니다. 그 집사님은 큰 충격을 받았습니다. 게다가 "그것은 관례입니다. 지금까지 그렇게 해왔습니다" 하더라는 것입니다. 그러니 어떻게 사업을 하겠습니까? 결국 그 집사님은 그 사업에서 손을 뗐습니다.

우리나라 국민의 사분의 일이 그리스도인입니다. 무슨 이야기인 줄 아십니까? 우리가 어디를 가도 네 명이 모인 곳에는 그리스도인이 한 명은 있다는 말입니다. 그럼에도 이 사회는 변화되지 않습니다. '총체적 부패'라는 단어를 쓸 정도로 우리 사회는 썩어 들어가고 있습니다. 종교연구가 윌리엄 제임스(William James)는 이런 말을 했습니다. "종교는 우리 삶에서 습관 아니면 뜨거운 열정으로 존재하기 마련이다. 종교가 습관이 되어버리면, 삶에 아무런 영향을 끼치지 못한다. 습관화된 종교는 아무런 능력도, 변화도, 생명도 없다."

여러분, 혹시 이것이 우리의 문제는 아닙니까? 분열된 교회의 모습 말입니다. 세상의 삶과 교회 안의 삶이 철저하게 분리되어 있습니다. 교회 안에서는 뜨거운 신자이지만 교회 밖에서는 아무도 그가 그리스도인인 줄 모릅니다. 이러한 시대를 우리는 도대체 어떻게 살아야 할까요?

소명 의식의 회복

사도 바울은 오늘 본문 말씀을 통해서 무기력한 신자들을 향해 진실된 마음으로 이야기합니다. "너희가 왜 그렇게 무기력한가? 어떻게 하면 무기력에서 벗어나 이 사회를 송두리째 변화시킬 수 있겠는가?"에 대해 몇 가지 말씀을 줍니다. 먼저, 이 부패된 사회를 변화시키기 위해서 우리는 소명 의식을 회복해야 합니다. 1절에서 사도 바울은 이 원리를 이렇게 표현합니다.

사람들에게서 난 것도 아니요 사람으로 말미암은 것도 아니요 오직 예수 그리스도와 그를 죽은 자 가운데서 살리신 하나님 아버지로 말미암아 사도 된 바울은.

이 세상을 살아가는 유형을 세 가지로 나눌 수 있습니다. 첫째는 흘러가는 삶입니다. 그저 하루하루 무의미하게 살아갑니다. 내가 왜 태어났는지, 어디에서 왔는지, 앞으로 어디로 갈 것인지, 지금 내 삶의 의미가 무엇인지 전혀 모릅니다. 그저 살아갑니다. 흘러갑니다.

둘째는 쫓기는 삶입니다. 이런 삶을 사는 사람은 굉장히 열심히 삽니다. 굉장히 바쁘게 삽니다. 성경공부를 하자고 해도 "목사님, 저는 바빠서 할 시간이 없습니다"라고 말합니다. 무슨 약속을 해도 늘 약속 시간을 지키지 않습니다. 왜 늦게 왔느냐고 물으면 "제가 바빠서요"라고 대답합니다. 하루 24시간을 얼마나 알차게 쓰는지 모릅니다. 그러나 이런 사람들의 문제점은, 늘 일에 쫓기는 노예로 산다는 것입니다. 이 세상을 다스리며 능동적으로 사는 게 아니라 돈, 명예, 일, 성공과 출세의 노예가 되어 항상 바쁘게 하루하루 살아갑니다. 아마 현대인들에게 가장 많이 나타나는 모습일 것입니다. 여러분, 지난 한 주간의 삶을 돌아보십시오. 여러분이 작정하고 계획했던 모든 일이 어디로 떠내려가고 있습니까? 정신없이 바쁘십니까? 그렇다면 여러분은 쫓기는 삶을 살고 있는 것입니다.

그러나 성경이 우리에게 요구하는 삶이 있습니다. 그것은 다름 아닌 부름받은 삶입니다. 이런 삶을 사는 사람의 인생 목표는 뚜렷하고 확실합니다. 하나님이 부르신 소명 때문입니다. "하나님이 왜 나를 이 땅에 보내셨을까? 왜 나를 이 자리에 남겨놓으셨을까?" 그는 하나님의 목적과 소명을 분명히 아는 사람입니다. 이런 사람의 특징은 간단합니다. 우선순위가 뚜렷합니다. 무엇을 먼저 해야 할지 분명하게 압니다.

그러면 어떤 사람이 변화를 가져올 수 있습니까? 부름받은 삶을 사는 사람입니다. 본문 1절에 두 가지 부류의 사람이 나오는데, "사람에게서 난 자"와 "하나님께로서 난 자"입니다. 사도 바울은 이 두 가지 삶을 모두 살아낸 사람이었습니다. 예전의 그는 사람에게서 난 자, 사람으로 말미암은 자였습니다. 한때는 그도 사람으로 말미암은 것을 위해 산 적이 있었다고 말합니다.

사도 바울은 바리새인이었습니다. 바리새인이라는 타이틀을 과소평가하지 마십시오. 당시 이스라엘 온 민족 가운데 바리새인의 수는 7천 명가량 밖에 되지 않았습니다. 그중에서도 사도 바울은 굉장히 앞선 바리새인이었습니다. 오늘날로 말하면, 모든 명예와 재물과 부귀를 가졌던 사람입니다. 그는 어릴 때부터 율법을 숭배하여 참으로 구별된 인생을 살기 위해 애썼던 사람입니다. 그의 삶은 분명한 목표가 있었습니다. 자기가 속한 단체에서 인정받으려고 애를 썼습니다. 그래서 좌우를 돌아볼 겨를이 없었던 것입니다. 결국 의인 스데반을 돌로 치는 일을 지휘했습니다. 그것도 모자라서 그리스도인들을 조사하기도 전에 그들을 잡아 가두려고 다메섹을 향했습니다. 여기까지의 삶을 사도 바울은 사람들로 말미암아 살았던 삶이라고 정의합니다.

혹시 우리의 삶이 사람들에 의해 삶의 목표가 결정된 삶은 아닙니까? 무엇이 우리의 삶을 결정합니까? 대부분의 사람들은 자신들이 기뻐하는 것을 이루기 위해 안간힘을 씁니다. 직장인들은 상사의 눈치를 보기 바쁩니다. 물론 상사의 말을 존중해야 합니다. 하지만 정도가 지나칩니다. 상사가 시키면 그것이 부정이든, 부패든, 불의든 상관하지 않고 그대로 순종해버립니다.

우리가 알다시피, 박정희 대통령 시해 사건 때 김재규를 도와서 많은 사람들을 죽인 사람 가운데 독실한 그리스도인이 있었습니다. 육군 대령인 그는 높은 자리에 있었음에도 불구하고 청렴하게 살았다고 합니다. 10.26사건 이후 목사님들이 모이기만 하면 "그 사람이 왜 그런 일을 했을까?" 하고 이야기했습니다. 문제는 교회가 성경을 제대로 가르치지 못했다는 것입니다. 그가 하나님을 기쁘시게 하는 삶을 살았더라면, 사람을 죽이는 일에는 가담하지 않았을 것입니다. 하지만 그는 상사를 기쁘게 하는 것이 삶의 목표였기 때문에 순종할 수밖에 없었습니다.

모든 사람이 '어떻게 하면 사람들에게 칭찬받을까? 이 세상에서 어떻게 하면 인정을 받을까'에 관심을 둡니다. 정치인도 그렇지 않습니까? 정치는 누가 해야 합니까? 소신과 철학을 가진 사람이 해야 합니다. 국민에게 돌을 맞더라도 자기 정치철학이 옳다고 믿으면, 그 일을 끌고 나가야 합니다.

그러나 오늘날 정치인들은 한 표를 얻기 위해서라면 수단과 방법을 가리지 않고 눈치만 봅니다. 교수들도 마찬가지입니다. 자신의 모든 것을 걸고서라도 가르쳐야 합니다. 그러나 오늘날 우리는 어떻습니까? 사회에 첫발을 내딛는 순간부터 눈치 보기에 바쁩니다. 왜입니까? 우리 사회가 사람으로 말미암은 사회이기 때문입니다.

여러분, 이러한 사회체제 뒤에 무엇이 있는지 아십니까? 성경은 사람으로 말미암은 이 사회 뒤에는 공중의 권세 잡은 자가 도사리고 있다고 말씀합니다. 사탄이 그 배후를 조종하는 것입니다.

사도 요한은 요한1서 2장 15-16절에서 이렇게 말합니다.

> 이 세상이나 세상에 있는 것들을 사랑하지 말라 누구든지 세상을 사랑하면 아버지의 사랑이 그 안에 있지 아니하니 이는 세상에 있는 모든 것이 육신의 정욕과 안목의 정욕과 이생의 자랑이니 다 아버지께로부터 온 것이 아니요 세상으로부터 온 것이라.

이 세상에서 가장 큰 위험이 무엇입니까? 질병이 아닙니다. 가난이 아닙니다. 홍수가 아닙니다. 이 세상에 도사리고 있는 악한 영의 세력입니다. 사람으로 말미암은 사회, 사람을 기쁘게 하는 사람들로 가득 찬 사회만큼 비참한 사회는 없습니다.

그러나 사도 바울은 한 사건을 겪고 사람으로 말미암아 살던 인생을 청산하게 됩니다. 어느 날, 다메섹으로 가던 길에 부활하신 예수 그리스도를 만났습니다. 바울은 복음을 마음에 받아들인 그날 이후부터 자신이 변화되었다고 선포합니다. 과거에는 사람으로 말미암은 삶을 살았지만, 이제는 하나님으로 말미암은 삶을 산다고 간증합니다.

어떻게 이 세상을 변화시킬 수 있을까요? 하나님께로부터 말미암은 삶으로 다시 태어나야 합니다. 바울은 그날 이후로는 사람들이 몰라줘도 전혀 상관하지 않았습니다. 이 세상 사람들이 그토록 중요시하는 재물이 없어도 아무런 상관이 없었습니다. 그래서 그는 "나는 비천에 처할 줄도 알고 풍부에 처할 줄도 알아 모든 일 곧 배부름과 풍부와 궁핍에도 처할 줄 아는 일체의 비결을 배웠노라"(빌 4:12)고 고백합니다. 물질이 아무것도 아니라고 말합니다.

이 세상 사람들이 그토록 갖고 싶어 하는 권력도 그에게는 아무 소용이 없었습니다. 바리새인이라는 신분의 영광도 헌신짝처럼 버렸습니다. 자신의 가정, 출세, 명예도 버렸습니다. 왜입니까? 그것이 그에게는 아무 상관이 없었기 때문입니다. 사람으로 말미암은 삶을 완전히 청산했기 때문입니다.

그날 이후로 바울의 관심사는 오직 하나님이었습니다. "이 땅을 창조하신 하나님, 우리 영혼의 운명을 한 손에 쥐고 계신 하나님이 나를 통해 무엇을 하기 원하시는가? 하나님이 왜 나를 이 땅에 보내셨는가?" 이런 강한 영적 도전을 받았던 것입니다.

오늘 우리 사회의 비참함은 교회 밖에 있는 사람들로부터 비롯된 것이 아닙니다. 교회를 다니며 구원받았다고 입술로는 말하지만, 여전히 사람으로 말미암은 삶을 사는 교인들이 이 땅을 가득 채우고 있기 때문입니다.

오늘 이 말씀을 읽는 가운데 하나님이 주신 소명 의식을 회복하시기 바랍니다. 오늘 하나님 앞에서 지난 수년 동안 여러분이 살아온 삶을 내려놓고 정직한 질문을 던져보십시오. '나는 과연 사람으로 말미암은 삶을 살았는가? 아니면 하나님께로부터 어떤 소명을 생각하며 그 일을 이루기 위해 하나님께로부터 말미암은 삶을 살았는가?'

하나님은 지금도 당신의 종들을 찾으십니다. 사도 바울 한 사람을 통해서 유럽을 변화시키신 하나님은, 오늘도 총체적 위기에 빠져 있는 이 한국사회를 변화시킬 그리스도인을 찾으십니다. 그는 오직 하나님의 부르심 때문에 이 세상의 삶을 사는 사람입니다. 당신이 하나님의 부르심에 "예"라고 응답하면, 하나님은 여러분을 변화시키실 것입니다. 그리고 당신을 통해서 당신의 가정과 부모와 자녀뿐 아니라 직장과 교회, 더 나아가 이 사회를 송두리째 변화시키실 것입니다.

이사야 선지자가 하루는 국가적인 위기를 보았습니다. 그 당시 이스라엘도 한국의 위기와 별반 다를 바가 없었습니다. 이사야는 가슴이 너무도 아파 나라를 위해 기도하러 성전에 갔는데, 거기서 하나님을 만났습니다. 나라를 위해 기도하던 이사야가 자기 모습을 발견하게 된 것입니다. 그래서 무엇이라고 합니까? "화로다 나여 망하게 되었도다 나는 입술이 부정한 사람이요…만군의 여호와이신 왕을 뵈었음이로다"(사 6:5).

그때 하나님이 그의 죄를 사해주십니다. 그리고 하늘에서 이런 탄식의 음성이 들려옵니다. "내가 누구를 보내며 누가 우리를 위하여 갈까? 이스라엘에 수많은 사람이 있지만, 내가 보낼 한 사람이 없구나. 내가 누구를 보내며, 누가 우리를 위하여 갈까?" 이 탄식의 음성을 듣고 이사야가 뭐라고 대답했습니까?

"주여! 제가 여기 있나이다. 나를 보내소서."

오늘날 이 사회에 하나님으로 말미암은 사람이 필요합니다. 우리 가정에 하나님께로부터 난 자가 필요합니다. 오늘 이사야와 같은 고백을 드려야 합니다. "주여! 제가 여기 있습니다. 내가 이제 사람으로 말미암은 삶을 청산하겠습니다. 사람들이 기뻐하는 명예를 좇던 일을 그치겠습니다. 사람들이 그토록 좋아하는 재물을 쫓아가는 삶을 살지 않겠습니다. 저를 당신의 도구로 삼아주소서. 나를 보내소서." 이 고백이 우리의 고백이 되어야 합니다.

사도 바울은 자신이 하나님께로부터 났다고 간증합니다. 그러면 하나님께로서 난 자는 도대체 어떤 사람입니까? 바울은 그 표현에 대한 오해를 없애기 위해서 2-3절에서 이렇게 말합니다.

> 함께 있는 모든 형제와 더불어 갈라디아 여러 교회들에게 우리 하나님 아버지와 주 예수 그리스도로부터 은혜와 평강이 있기를 원하노라.

우리는 하나님께로부터 난 자를 어떤 사람이라고 생각합니까? 신앙이 좋아져서 세상 사람과 전혀 상관없이 산으로 들어가는 사람이라고 생각합니다. 그래서 중세시대에는 수도원으로 들어가는 사람이 많았습니다. 혼자 뜨거워진 그 사람은 독단적으로 다른 사람을 경계합니다. 그 사람과는 말을 못합니다. 스포츠, 등산, 낚시에 대해서도 이야기를 못합니다. 그런 사람들이 하나님께로부터 말미암은 자라고 생각합니다. 이것이 한국교회의 문제입니다. 그래서 세상이 변화되지 않는 것입니다.

세상 사람들은 신자들을 싫어합니다. 제가 식당에서 왜 큰소리로 기도하지 말라고 하는지 아십니까? 이런 것은 믿음이 아닙니다. 교회에서는 큰소리로 기도해야 하고, 식당에서는 각자 기도해야 합니다. 식당에 따로 방이 있으면 큰소리로 기도해도 됩니다.

"함께 있는 모든 형제와 더불어"라는 2절 말씀처럼, 하나님께로 더불어 난 자는 이 세상 속에 들어가 그들의 사랑을 한 몸에 받습니다. 지렁이처럼 취급

당하는 것은 절대로 하나님께로부터 난 자가 아닙니다. 예수님은 우리를 세상으로 보내셨습니다. 우리가 그들을 구원하기 위해서는 세상으로 들어가야 합니다. 함께해야 합니다. 한몸 의식을 가져야 합니다.

복음의 목표에 대한 올바른 이해

사도 바울은 오늘 이 말씀을 통해 또 다른 중요한 원리를 제시합니다. "우리가 어떻게 이 세상을 변화시킬 수 있는가?"에 대해 알려줍니다. 그것은 바로 복음의 목표를 올바르게 이해해야 한다는 것입니다. 4절에는 이렇게 기록되어 있습니다. 너무나도 중요한 구절입니다.

> 그리스도께서 하나님 곧 우리 아버지의 뜻을 따라 이 악한 세대에서 우리를 건지시려고 우리 죄를 대속하기 위하여 자기 몸을 주셨으니.

사도 바울은 복음에 대해서 몇 가지를 이야기합니다. 복음의 목표, 강조점을 설명하기 전에 먼지 복음의 내용에 내해 설명합니다. 복음이 무엇입니까? 사도 바울은 복음을 한 마디로 이렇게 정의했습니다. "그리스도께서 우리 죄를 대속하기 위하여 자기 몸을 주셨다." 얼마나 간단합니까?

제가 복음은 능력이라고 말씀드렸습니다. 이 말은, 복음을 바로 알면 변화하게 된다는 뜻입니다. 그런데 이 사회가 왜 변화되지 않습니까? 바로 오늘날 수많은 한국교회가 복음을 바로 알지 못하기 때문입니다. 많은 사람이 복음에 대해 대충은 압니다. 하지만 복음의 깊이를 올바로 아는 교인은 매우 적습니다. 저도 이것이 정말 의문입니다. 저는 복음에 대한 안타까운 마음을 갖고 있습니다. 그래서 복음을 전하려고 노력합니다. 그런데 제가 성도 한 명 한 명을 자세히 살펴봐도, 복음에 사로잡혀서 그 복음을 제대로, 밝히 이해하는 성도가 많지 않습니다.

이것이 저의 의문입니다. “하나님! 제가 목회를 잘 못하고 있는 것입니까? 도대체 어떻게 해야 합니까?” 요즘 저는 이 문제로 굉장히 고민하고 있습니다. 우리가 어떻게 변화를 가져올 수 있습니까? 그 비결은 바로 복음을 올바르게 아는 것입니다. 복음에는 ‘다이너마이트’ 같은 능력이 있기 때문입니다.

> 구원을 주시는(천국에 가는 구원일 뿐만 아니라 이 세상에서 구원을 주시는)하나님의 능력이 됨이라(롬 1:16).

여러분은 복음을 올바르게 이해하고 계십니까? 사도 바울은 복음에 대해서 간략하게 그리스도께서 우리 죄를 위하여 자기 몸을 주셨다고 정의합니다.

여러분, ‘그리스도’가 무엇입니까? 히브리어로 ‘메시아(*Messiah*)’입니다. 헬라어로는 ‘크리스토스(*Kristos*)’, 영어로 ‘크라이스트(Christ)’, 한국어로는 ‘그리스도’입니다. 그러므로 메시아와 그리스도는 같은 말입니다. 직역하면 ‘기름부음을 받은 자’라는 뜻입니다. 그 원뜻을 여러분은 아실 것입니다. 하나님께서 만민을 구원하시기 위해 언젠가 한 사람을 이 역사의 무대에 보내실 것이라는 말입니다. 누군가를 사람의 모습으로 보내실 것이라는 말입니다. 그 보내실 자, 보냄받은 자, 하나님으로부터 말미암아 기름부음을 받은 자, 특별한 사명감을 가지고 이 세상에 찾아오실 자가 바로 그리스도요 메시아입니다. 우리 인류를 구원하기 위해서 하나님께로부터 기름부음을 받아서 특별히 따로 세움을 입어 이 땅에 찾아오신 자가 누구입니까? 그분은 바로 그리스도 예수입니다.

많은 사람이 교회에 나오면서도 예수를 그저 사대성인 가운데 한 명쯤으로 여깁니다. 얼마나 안타까운 일입니까? 저는 우리 사회가 변화하지 않는 이유를 거기에서 발견했습니다. 예수라는 한 인간을 그렇게 해석하고 본다면, 우리는 복음과 너무나 먼 거리에 있는 것입니다. 성경이 무엇을 이야기합니까? 그리스도가 누구입니까? 인간의 모습으로 이 땅에 찾아오셨지만, 인간만은 아닙니다. 그가 누구입니까? 이 세상을 말씀으로 창조하신 창조주 하나님이십니다. 저와 여러분을 말씀 한마디로 창조하신 창조주 하나님이십니다. 저와 여러분을 만드신 하나님이 우리를 구원하시기 위해 잠시 인간의 몸을 입고 이 땅에 찾아오셨는데, 그분이 바로 '예수'입니다.

여러분이 구원받기 위해서, 복음을 알기 위해서는 이것을 알아야 합니다. 예수님의 가르침이 중요하므로, 어떤 분은 산상수훈을 보라고 합니다. 오늘날 사람들이 성경을 통해서 가장 은혜받는 설교 대목이 어디인 줄 아십니까? 윤리입니다. "착하게 사십시오. 빛이 되십시오"라고 하면 모두 은혜를 받습니다. 그러나 복음을 전하면 눈을 감는 교인들이 얼마나 많은지 모릅니다.

윤리가 우리를 변화시킵니까? 윤리로 말미암아 우리 사회가 부패에서부터 벗어난 적이 있었습니까? 철학이 우리를 변화시킵니까? 아닙니다. 복음만이 우리를 변화시킵니다. 예수님의 교훈, 예수님이 사셨던 삶이 중요합니다. 예수님의 생애에서 가장 중요한 것은 그분이 누구인지 이해하는 것입니다.

그분이 오셔서 "우리 죄를 위하여" 어떤 일을 하셨습니까? 여기 사용된 '위하여'는 성경에서 중요한 단어입니다. 다른 말로 바꾸면, '대신하여'입니다.

> 그리스도께서도 단번에 죄를 위하여 죽으사 의인으로서 불의한 자를 대신하셨으니(벧전 3:18).

예수 그리스도께서 누구를 위하여 죽으셨습니까? 바로 내 죄를 위하여 죽으셨습니다. 여러분, 기독교가 어떤 종교인 줄 아십니까? 자신이 죄인임을 깨닫는 종교입니다. 자신이 흉악한 죄인임을 깨달으면 그 순간 모든 것이 보입니다. 그러나 자신이 죄인임을 머리로만 깨달으면 복음이 가리워져 보이지 않습니다.

십자가에 달리신 예수님 옆에 두 강도가 달렸습니다. 한 강도가 예수님께 말합니다.

"흥, 꼴좋다. 너나 나나 다를 게 없구나. 네가 하나님의 아들이라고 했는데 어디 너도 내려오고, 우리도 한번 구원해 봐라."

그러나 다른 강도는 똑같이 나쁜 짓을 했지만 그 순간 자신이 죄인임을 깨닫고 옆의 강도를 꾸짖으며 이렇게 말합니다.

"우리는 마땅히 여기에 달려 죽을 만한 일을 하였거니와 이 예수는 무슨 일을 했는가? 예수여 당신의 나라에 임하실 때에 나를 기억하소서."

그러자 주님은 이렇게 말씀하십니다. "오늘 네가 나와 함께 낙원에 있으리라."

한 강도는 자신의 죄를 깨달았습니다. 자신이 하나님 앞에 얼마나 큰 죄를 지었는지 깨달았습니다. 도덕적 죄나 마음의 죄뿐 아니라, 하나님이 우리를 창조하시고 아버지가 되셨는데 우리가 하나님을 잊어버리고, 멀리 떠나서 우리가 우리 인생의 주인인양 마음대로 시간, 돈, 생명을 사용한 것이 얼마나 흉악한 죄인지 깨달아야 합니다.

그래서 사도 바울은 말년에 많은 신앙의 흔적을 남겼음에도 "내가 죄인 중에 괴수니라"고 고백합니다.

여러분, 하나님께서 여러분에게 이 깨달음을 주시기를 간절히 원합니다. "그리스도께서 하나님 곧 우리 아버지의 뜻을 따라 이 악한 세대에서 우리를 건지시려고 우리 죄를 대속하기 위하여 자기 몸을 주셨으니"(4절). 그리스도께서 우리 죄를 위하여 죽으셨다 하면 될 텐데, 왜 자기 몸을 주셨다고 했을까요? 여기에 사도 바울의 의도가 있습니다. 구약의 제사를 연상하라는 것입니다. 몸을 주셨다는 말은 제사를 드리는 것을 뜻합니다.

여러분이 아끼는 애완동물을 생각해 보십시오. 이스라엘의 대표적인 동물은 양이었습니다. 양을 잡으려고 억지로 끌고 와서 제단 위에 눕힙니다. 그리고 칼을 들어 목을 땁니다. 그 짐승이 죽을 때 슬프게 웁니다. 오장육부를 다 가르고 태워서 하나님 앞에 바칩니다. 하나님이 왜 이런 잔인한 일을 시키실까요? 우리의 죄가 그만큼 심각하기 때문입니다. 그냥 말 한마디로 끝날 죄가 아닙니다. 죄는 반드시 심판받아야 하고 형벌을 가해야 하는데, 우리 죄의 값은 다름 아닌 사망이라는 것입니다. 내가 죽어야 합니다. 그런데 하나님이 우리를 차마 죽이실 수 없어서 제사 제도를 만드신 것입니다. "네 죄를 봐서는 너를 죽여야겠지만 내가 너를 사랑하기에 너를 죽일 수가 없다. 그러므로 이렇게 하라." 그러고는 제사 방법을 가르치신 것입니다. 해마다 일 년에 한 번 이스라엘 사람들은 자신이 사랑하는 양을 데리고 와서 그 처절한 모습을 봅니다. 양을 찔러 죽이면서 자신이 지은 죄를 생각합니다. '사실 내가 죽어야 하는데 나 대신 양이 죽는구나.' 예수님께서 공생애 사역을 시작하실 때 침례/세례 요한이 그를 바라보며 "보라 세상 죄를 지고 가는 하나님의 어린 양이로다"라고 말했습니다.

복음이 무엇입니까? 하나님이신 그리스도께서 이 땅에 오셔서 자기 몸을 버리신 것입니다. 무엇을 위해서입니까? 바로 우리를 위해서입니다. 성경은 죄로 인해 죽어야 했던 우리를 위해 하나님이 육신으로 이 땅에 오셔서 십자가에 달려 돌아가셨다고 말씀합니다.

이것이 복음의 내용입니다. 여기까지는 많은 사람이 아는 내용입니다. 그러나 사도 바울은 오늘 이 말씀만을 하려고 4절을 기록한 것이 아닙니다. 4절에서 가장 중요한 단어는 '건지시려고'입니다. 이는 갈라디아서에서 가장 중요한 말씀이기도 합니다. 복음의 내용을 아는 사람은 혹 있을지 몰라도, 복음의 목표를 아는 사람은 그리 많지 않은 것 같습니다.

'건지다'라는 이 단어가 사도행전에서는 세 가지 의미로 쓰였습니다. 여기서는 두 가지만 설명하겠습니다. 첫째로, 7장의 스데반의 설교 가운데 이스라엘 백성이 애굽의 노예에서 건져 냄을 받는 것을 상징했습니다. 둘째로, 12장에 보면 헤롯 왕이 사도 베드로를 옥에 가두는 사건이 나옵니다. 베드로가 사형을 당하기 전날 밤에 천사가 와서 쇠사슬을 풀어줍니다. 옥문과 성문이 열립니다. 그래서 그들은 헤롯 왕에게 죽임당할 위기에서 벗어났습니다. '엑사이레오'(*exaireo*)라는 원어의 뜻은 '건짐을 받았다'라고 번역할 수 있습니다.

여러분, 하나님이 왜 우리에게 복음을 주셨습니까? 많은 사람이 '복음'을 말하면 이렇게 생각합니다. '그래, 내가 예수 믿었으니 죽으면 천국 가겠지.' 그러나 여러분, 이것이 복음의 목표가 아니라는 사실을 아십니까?

본문을 다시 한 번 보십시오. 어디에서부터 우리를 건지시려고요? "이 악한 세대에서." 여기서 이 '세대'는 무엇을 말합니까? 우리가 세상이라고 말하는데, 오늘 이것을 잘 해석하셔야 합니다. 우리는 성경에서 "하나님이 세상을 이처럼 사랑하사"와 "이 세상이나 세상에 있는 것들을 사랑하지 말라"는 말씀을 접하게 됩니다.

그런데 여기에서 '세상'이라는 단어가 전혀 다른 의미로 쓰였습니다. 이 단어는 성경에서 문맥에 따라 일곱 가지 정도의 의미로 사용됩니다. 그러나 오늘날 많은 사람이 이 단어를 잘못 해석하여 그릇된 신앙생활을 하고 있습니다. "이 악한 세대에서 우리를 건지셨다"라는 구절에서는 이 세상을 우리가 사는 세상이라고 해석합니다.

그래서 예수 믿고 나면 어떻게 합니까? 세상 친구를 다 끊어버려야 합니다. 동창회고 뭐고 다 끊어버립니다. 그리고 교인들, 목사님하고만 놀려고 합니다. 제발 그렇게 하지 마세요. 예수님이 우리를 세상으로 보내셨기 때문입니다. 우리가 세상이라는 의미를 잘못 이해하면, 신앙생활에 엄청난 오해가 생깁니다.

"이 악한 세대에서 우리를 건지셨다"는 말은 무슨 뜻입니까? 세상 친구를 끊으라는 말이 아니라, 세상 친구들 사이에 팽배한 잘못된 가치관, 잘못된 시스템을 가리키는 말입니다. 여기서 말하는 세상은 우리가 사는 이 세상 자체가 아닙니다. 그러므로 우리는 이 세상을 사랑해야 합니다. 우리가 이 세상에서 벗어나려고 한다면, 우리는 빨리 천국에 가야 합니다. 하지만 예수님은 그렇게 하지 않으셨습니다.

이 세상에 있는 모든 믿지 않는 사람은 우리가 사랑해야 할 대상임을 명심해야 합니다. 본문에서 말하는 '이 세상'의 의미가 무엇입니까? 그것은 악한 영이 사로잡고 있는 이 세상의 시스템, 잘못된 가치관입니다. 즉 돈과 명예가 제일이고, 출세를 위해서는 가족도 팽개치려고 하는 이 세상의 잘못된 풍조를 말하는 것입니다,

복음의 목표가 무엇인 줄 아십니까? 이러한 세대에서 우리를 건지는 것입니다. 복음의 목적은 내가 죽은 다음에 천국 가는 것이 아니라, 이 땅에 사는 동안 잘못된 가치관을 버리고 내 영혼과 몸을 구원하는 것입니다. 그 일을 위해서 하나님이 인간의 몸을 입으시고 이 땅에 오셔서 나 대신 자기 몸을 주셨습니다.

오늘날 우리 사회가 왜 변화되지 않습니까? 죽은 다음에 천국 갈 사람은 많을지 몰라도, 이 악한 세대로부터 자신의 영혼을 건짐받은 사람이 많지 않기 때문입니다. 악한 말, 악한 행위, 악한 생각, 잘못된 가치관, 잘못된 염려와 근심으로부터 우리를 구원하는 것이 복음의 목적입니다.

우리 모두 여기에서부터 건짐받아야 하지 않겠습니까? 이 건짐받은 성도들이 부를 영원한 노래를 사도 바울은 5절에서 이렇게 이야기합니다.

영광이 그에게 세세토록 있을지어다 아멘.

하나님께로부터 말미암은 삶을 사는 자, 세상의 잘못된 가치관과 풍속에서 건짐받은 사랑하는 성도들이 비로소 하나님 앞에 영원토록 영광을 돌릴 수 있

습니다.

이 대열에 합류하지 않겠습니까? 우리 간절하게 기도합시다. 하나님으로부터 말미암은 삶을 살기로 결단합시다. "주님, 오늘 저를 변화시켜 주소서." 우리는 남편과 아내, 부모와 자녀가 변화되어야 한다고 이야기합니다. 그러나 정작 자신이 변하지는 않습니다. "주님, 우리 가정에 변화가 일어나지 않는 이유를 다른 사람에게서 찾지 않게 하소서. 주님, 내가 변화되기를 바랍니다. 내가 하나님으로부터 말미암은 삶을 살기 원합니다. 이 악한 세대에서 건짐받기를 원합니다"라고 기도해야 합니다. 죄악된 세상의 가치관을 끊어버리십시오. 건짐받으십시오. 이것이 복음입니다. 정말 복음을 이해한다면 이 악한 세상의 모든 풍속에서 거룩하게 구별되어야 합니다.

2장

비슷한 복음은 복음이 아니다

갈라디아서 1장 6-10절

[6]그리스도의 은혜로 너희를 부르신 이를 이같이 속히 떠나 다른 복음을 따르는
것을 내가 이상하게 여기노라 [7]다른 복음은 없나니 다만 어떤 사람들이 너희를
교란하여 그리스도의 복음을 변하게 하려 함이라 [8]그러나 우리나 혹은 하늘로부
터 온 천사라도 우리가 너희에게 전한 복음 외에 다른 복음을 전하면 저주를 받
을지어다 [9]우리가 전에 말하였거니와 내가 지금 다시 말하노니 만일 누구든지 너
희가 받은 것 외에 다른 복음을 전하면 저주를 받을지어다 [10]이제 내가 사람들에
게 좋게 하랴 하나님께 좋게 하랴 사람들에게 기쁨을 구하랴 내가 지금까지 사
람들의 기쁨을 구하였다면 그리스도의 종이 아니니라.

우리가 이 땅에서 살아가다 보면 수많은 위험을 당하게 됩니다. 사람들은 그런 위험을 피하기 원합니다. 그러나 위험은 늘 우리 주위에

있습니다. 2000년에 내렸던 기록적인 폭우는 뜻밖의 사람들을 고통 속으로 밀어넣었습니다. 무엇보다 사고를 예방하기 위해서는 위험 신호를 잘 파악해야 하는데, 그렇지 못한 것이 큰 비극을 초래한 것 같습니다. 저는 많은 사람들이 이러한 위험 신호를 인지하지 못하고, 위험 신호를 무시해서 더 큰 인명 피해가 있었던 게 아닌가 생각합니다.

그동안 홍수에 대해 많이 듣기는 했지만, 이번에 비로소 그 실체를 제대로 알았습니다. 예전에 저는 주의보가 무엇이고 경보가 무엇인지, 그중 어느 것이 더 무서운 것인지 관심조차 없었는데, 이제는 알게 되었습니다. 처음에 위험이 다가오면 주의보를 내립니다. 이후에 경보를 내리며, 그것은 대피령으로 이어집니다.

갈라디아서 1장 6-10절의 말씀을 사도 바울의 감정이나 어조를 통해서 홍수에 대한 경고로 비유한다면, 주의보, 경보, 대피령 중 어디에 속하겠습니까? 우리나라 성경은 점잖게 번역을 해서 잘 알 수 없습니다. 그러나 6-10절을 주의해서 읽어보면, 사도 바울은 주의보나 경보가 아닌 대피령에 가까운 강한 감정과 어조로 말하고 있음을 쉽게 알 수 있습니다. 두 번씩이나 "저주를 받을지어다"라는 어투로 말하고 있는 것이 그 증거입니다.

성경 어디에서도 사도 바울은 이런 말을 하지 않았습니다. 단적인 예로 고린도 교회는 어떤 교회입니까? 고린도 교회는 굉장히 문제가 많았던 교회입니다. 교인들끼리 장사를 하다가 싸우고 세상 법정에 서로를 고소했습니다. 그뿐 아니라 이혼도 했습니다. 무엇보다 교회 안에 간음을 비롯한 성적 타락이 극에 달해서 아버지의 첩을 데리고 사는 사람까지 있었는데 그런 사람을 교회에서 내쫓지 않았습니다. 얼마나 도덕적으로 타락한 교회였습니까?

그러나 고린도전·후서를 보십시오. 사도 바울은 고린도 교회에 수많은 편지를 썼지만 한 번도 '저주'라는 말을 입에 담지 않았습니다. 그런데 왜 별 문제가 없어 보이는 갈라디아 교회를 향해 "저주를 받을지어다"라고 하는 대피령에 가까운 말을 했을까요? 우리가 성경을 읽을 때 상황을 아는 것이 매우 중요합니다. 사도 바울은 어떤 상황에서 “기뻐하라”고 했습니까? 바로 감옥에 서였습니다. 그러므로 우리는 그 말씀을 더더욱 심각하게 받아들여야 합니다.

“그러므로 너희는 가서 모든 민족을 제자로 삼아”(마 28:19)라는 대계명이나 “오직 성령이 너희에게 임하시면 너희가 권능을 받고 예루살렘과 온 유대와 사마리아와 땅 끝까지 이르러 내 증인이 되리라 하시니라”(행 1:8)는 말씀이 왜 중요합니까? 분위기 때문입니다. 사도행전 1장 9절은 “이 말씀을 마치시고 그들이 보는데 올려져 가시니”라고 말씀합니다. 그 분위기가 어떤 분위기입니까? 예수님이 이 세상에서 남기신 마지막 말씀이 사도행전 1장 8절의 말씀이기 때문에 그 무게가 더 가중된다는 말입니다. 우리는 사도 바울의 감정과 어조를 알 필요가 있습니다. 그는 지금 마음을 벼르고 심각한 자세로 6절 말씀을 우리에게 들려주는 것입니다.

사도 바울이 이처럼 심각한 대피령에 가까운 강한 어조로 경고를 한 이유는 무엇일까요? 여기에는 몇 가지 이유가 있습니다.

복음을 가볍게 여김

먼저 갈라디아 교인들에게 문제가 있었습니다. 첫 번째 이유는 성도들이 복음의 진리를 너무 가볍게 생각했다는 것입니다. 이것은 굉장한 위험이었습니다. 6절을 보십시오.

> 그리스도의 은혜로 너희를 부르신 이를 이같이 속히 떠나 다른 복음을 따르는 것을 내가 이상하게 여기노라.

본문은 갈라디아 교인들의 태도에 대해 두 가지를 지적합니다. 먼저 "이같이 속히"라는 굉장히 중요한 말씀이 있습니다. 사도 바울은 엄청난 충격을 받았습니다. 갈라디아 교인들이 복음을 받은 지 얼마 되지 않았는데, 그렇게 빨리 복음을 버릴 줄 몰랐기 때문입니다.

갈라디아 교인들이 복음을 완전히 버린 것은 아니지만, 그들의 믿음을 저버리려 하고 있었습니다. 사도 바울은 이런 상황이 도저히 이해되지 않았던 것입니다. 왜 그런 일이 일어났습니까? 갈라디아 교인들은 자신이 받은 복음을 너무 가볍게 생각했던 것입니다.

성경 역사를 살펴보면, 오직 갈리디아 교인들만 하나님의 말씀과 은혜와 사랑을 받고 나서 속히 하나님 곁을 떠난 것은 아니었습니다. 출애굽기 32장 7-8절에 보면, 하나님이 이스라엘 백성의 잘못을 구체적으로 지적하시는 내용이 나옵니다.

여호와께서 모세에게 이르시되 너는 내려가라 네가 애굽 땅에서 인도하여 낸 네 백성이 부패하였도다 그들이 내가 그들에게 명령한 길을 속히 떠나 자기를 위하여 송아지를 부어 만들고 그것을 예배하며 그것에게 제물을 드리며 말하기를 이스라엘아 이는 너희를 애굽 땅에서 인도하여 낸 너희 신이라 하였도다.

이스라엘 백성이 애굽에서 구원받고 하나님의 기적을 목도한 지 얼마나 되었습니까? 그들은 하나님의 은총을 입었습니다. 그런데 모세가 하나님께 십계명을 받으러 간 사이에 그들은 속히 하나님 곁을 떠나 다른 신을 섬기려 한다고 하나님은 그들의 잘못을 지적하십니다. 그들은 하나님 곁을 속히 떠났습니다. 사사기 2장 17절을 보십시오.

그들이 그 사사들에게도 순종하지 아니하고 오히려 다른 신들을 따라가 음행하며 그들에게 절하고 여호와의 명령을 순종하던 그들의 조상들이 행하던 길에서 속히 치우쳐 떠나서 그와 같이 행하지 아니하였더라.

갈라디아 교인들의 문제가 무엇이었습니까? 하나님의 복음을 받고 감격한 지 얼마 되지 않아서 너무도 쉽게 자신들이 받은 복음을 포기해버렸습니다. 이에 사도 바울은 충격을 받았다고 고백합니다. 왜 그런 일이 생깁니까? 그들이 복음의 진리를 너무 가볍게 생각했기 때문입니다.

사도 바울이 충격 받은 또 다른 일은 무엇입니까? 그들이 떠난 자가 누구입니까? 즉 그들이 누구에게서 떠났느냐 하는 것입니다. 6절을 보십시오.

그리스도의 은혜로 너희를 부르신 이를 이같이 속히 떠나.

"너희를 부르신 이"가 누구십니까? 바로 하나님이십니다. 하나님이 어떻게 우리를 부르셨습니까? 사도 바울은 우리를 도저히 부를 수 없는 상황이었다고 설명합니다. 우리는 하나님을 멀리 떠나서 죄악 가운데 죽어 있었습니다. 생명에서 떠나 있었습니다. 하나님의 원수가 되어 있었습니다. 도저히 하나님 가까이에 갈 수 없는 상황 가운데 있었는데, 하나님은 은혜로 우리를 부르셨습니다.

누구의 은혜라고 설명합니까? 바로 "그리스도의 은혜"입니다. 이게 무슨 말입니까? 하나님이 우리를 부르셨을 때, 저 천국에서 "너희 죄를 청산하고 이제는 내게로 오라. 너를 나의 자녀로 삼아주마"라고 하지 않으셨다는 것입니다. 천지를 말씀 한마디로 창조하신 하나님이십니다. 광활한 우주를 엿새 동안 손이 아닌 말씀으로 창조하셨습니다. 하나님의 말씀 한마디로 모든 것이 이루어졌습니다. 그러나 하나님은 우리를 말씀이 아닌 그리스도를 통해 부르셨습니다. 그리스도의 의미를 아십니까? 그리스도는 하나님이십니다. 제2위 성자 하나님께서 인간의 몸을 입고 이 땅에 오셨습니다. 우리는 그분을 '예수'

라 부릅니다. 그리스도라 부릅니다.

그분이 오셔서 무엇을 하셨습니까? 우리를 하나님 앞으로 인도하시기 위해 자기 몸을 주셨습니다. 십자가에서 고통을 받으시고 자기 목숨을 내어주셨습니다. 우리가 달려서 죽어야 할 그 자리에 그리스도께서 대신 죽으셨습니다. 그러므로 그리스도는 희생의 은혜요, 죽음의 은혜요, 십자가의 은혜요, 자기 몸을 주신 은혜입니다. 이 말씀을 한번 묵상해 보십시오. "그리스도의 은혜로." 이는 그냥 보통 은혜가 아닙니다. 그래서 바울은 인간의 몸을 입고 이 땅에 오셔서, 우리를 위해 대신 죽으시고 그 엄청난 은혜로 우리를 부르신 하나님을 이같이 속히 떠나는 것을 도저히 이해할 수 없다고 말하는 것입니다.

갈라디아 교인들이 왜 이런 충격적인 일을 범했습니까? 그 이유는 하나입니다. 그들이 받은 복음을 너무 가볍게 생각했던 것입니다. 하지만 그들의 문제가 오늘날 우리의 문제임을 아십니까? 수많은 사람들이 자신이 받은 복음을 너무 가볍게 취급하고 있습니다. 우리가 값없이 구원받았기 때문에 은혜를 가치 없는 것으로 생각하는 것입니다. 그러나 주님의 보혈과 주님이 이루신 구원과 하나님이 우리를 부르신 부르심은 값없이 된 것이지, 결코 가치 없는 것이 아닙니다. 그 은혜를 베푸시기 위해 하나님이 목숨을 버리셨습니다.

오늘날 교회는 복음을 너무나 가볍게 생각합니다. 그래서 복음 아닌 다른 것에 관심을 둡니다. 과연 우리가 복음을 귀하게 여긴다면, 육신의 질병이 큰 문제가 될까요? 질병 때문에 신앙생활이 뒤로 물러서겠습니까? 사업이 어렵다고 기쁨을 잃어버리겠습니까? 인간관계에 아픔이 있다고 교회 나오기를 꺼리겠습니까? 이 모든 일들이 우리 주위에 너무나 팽배합니다. 그 이유가 무엇인지 아십니까? 우리가 갈라디아 교인처럼 복음을 너무 가볍게 생각하기 때문입니다. 그러므로 우리는 오늘 본문에서 교훈을 얻어야 합니다. 이 말씀을 통해 복음을 귀하게 여기는 사람이 되시기를 바랍니다.

예수님은 성도들이 복음을 얼마나 귀하게 여겨야 하는지에 대해 마태복음

13장에서 똑같은 비유지만 서로 다른 두 가지로 말씀하십니다.

먼저, 밭에 감춰진 보화로 설명하십니다. 한 농부가 있었는데 이 사람은 소작농이었습니다. 자기 밭이 아니었습니다. 어느 봄날, 씨를 뿌리려고 소를 앞세워 열심히 밭을 가는데 뭔가 덜커덕 하고 쟁기에 부딪혔습니다. 돌부리인 줄 생각하고 흙을 파보았더니, 자기 힘으로는 들 수도 없는 엄청난 상자가 묻혀 있는 것입니다. 상자에는 헤아릴 수 없이 많은 다이아몬드, 금, 보화가 가득 들어 있었습니다. 주님은 묻습니다. "너희 같으면 어떻게 하겠느냐?" 여러분은 어떻게 하시겠습니까? "쟁기를 버려두고 집에 가서 있는 재산을 다 팔아서라도 그 밭을 사지 않겠느냐"라고 주님은 말씀하십니다. 그리고 "너희가 천국을 이렇게 여겨야 한다"고 말씀하십니다. 이 세상에서 모든 것을 다 주고서도 아깝지 않을 만한 복음이므로 생명과도 바꿀 수 없을 만큼 귀하게 여겨야 한다고 말씀하십니다.

이 비유로 우리가 못 알아들을까 봐 예수님은 똑같은 비유를 다르게 설명하십니다. 어느 진주 장사가 있었습니다. 그 사람은 진주라고 하면 자다가도 벌떡 일어나는 사람이었습니다. 좋은 진주를 구하기 위해서 전국을 돌아다니다가 한 가게에서 자기 마음에 꼭 드는 귀한 진주를 발견했습니다. 진주 장사가 어떻게 하겠습니까? 집에 돌아가서 자신의 전 재산을 다 팔아서라도 그 진주를 사지 않겠습니까?

이 말씀을 들으면서 어떤 사람은 속으로 이렇게 대답할지도 모르겠습니다. '저와는 상관없는 이야기 같습니다. 전 한 번도 주님을 떠난 적이 없어요. 늘 주님 안에 있는 걸요.' 그러나 지금 그것을 묻고 있는 것이 아닙니다. 사도 바울은 지금 그 말을 하는 게 아닙니다. 지금 당장은 하나님 곁을 떠나지 않는다 할지라도, 복음을 이 밭에 감춰진 보화와 같이, 진주 장사가 발견한 진주와 같이 귀하게 여기지 않는다면 언젠가 우리의 인생에 고난이 찾아올 때, 유혹이 찾아올 때, 물질적인 유익이 찾아올 때, 헌신짝 버리듯이 언제든지 복음을 버릴 수 있다는 말입니다.

이것은 심각한 질문입니다. 우리가 복음을 얼마나 귀하게 여기고 있습니까? 오늘날 교회 안에는 복음 아닌 다른 것들이 우리의 시선을 끌고 있습니다. 세상이 우리의 시선을 끕니다. 우리의 모든 관심은 건강이고 사업입니다. 이 땅에서의 복입니다. 우리는 복음에 얼마나 마음을 집중했습니까? 우리에게 복음을 귀하게 여기는 마음이 없다면, 언젠가는 하나님의 탄식을 들을 것입니다. "너희의 상태가 참 충격적이구나. 어찌 이같이 속히 나를 떠났느냐?"

이 위험한 세상에서 가장 먼저 해야 할 일은, 복음의 진리를 귀하게 여기는 것입니다. 우리가 자주 부르는 다음과 같은 찬송을 기억하십니까?

주 예수보다 더 귀한 것은 없네
이 세상 부귀와 바꿀 수 없네
주 예수보다 더 귀한 것은 없네
이 세상 명예와 바꿀 수 없네
주 예수보다 더 귀한 것은 없네
이 세상 행복과 바꿀 수 없네

누가 이 찬송을 작곡한 줄 아십니까? 조지 쉐아(George B. Shea)라는 사람입니다. 그는 타고난 바리톤 목소리를 가졌습니다. 어느 노래 경연대회에서 그가 부른 찬양을 듣고, 여러 방송국에서 그를 가수로 데려가려고 그에게 많은 돈을 제안했습니다. 그러던 어느 날, 그는 이 찬송시를 읽다가 하나님 앞에서 다짐했습니다. 눈물을 흘리며 곡을 쓰기 시작했는데, 그 곡이 바로 이 찬송입니다. 그날 이후, 그는 모든 방송국의 제안을 거절하고 빌리 그레이엄(Billy Graham) 목사의 전도 집회 때마다 찾아가서 찬양합니다. 그는 자신이 지은 그 찬송으로 많은 사람의 심금을 울렸습니다. 그는 정말 그 찬송대로 살았던 사람이고, 주님을 위해서라면 아까울 것이 아무것도 없었습니다. 주님이 가장 귀했기 때문입니다. 우리 삶에도 복음을 귀히 여기는 물결이 소용돌이치기를 소원합니다.

우리의 마음 깊은 곳에 복음에 대한 사랑이 불꽃처럼 타올라야 합니다. 교회에서 복음이 살아나야 합니다. 사도 바울은 우리가 복음을 귀하게 여기지 않으면, 우리는 그저 하나의 종교 집단이 될 수밖에 없음을 경고합니다.

복음 플러스 어떤 것(Something)

왜 사도 바울이 이렇게 강한 어조로 말씀했습니까? 그들이 복음의 진리를 너무 가볍게 생각했기 때문입니다. 그리고 우리는 본문에서 그 두 번째 이유를 찾을 수 있는데, 바로 그들이 다른 복음을 좇았기 때문입니다. 6절 하반절과 7절을 보십시오.

> 다른 복음을 따르는 것을 내가 이상하게 여기노라 다른 복음은 없나니.

이 구절을 직역하면 "내가 이상히 여기노라, 다른 복음 따르는 것을. 다른 복음은 절대 없다"라고 할 수 있습니다. 여기서 '다른 복음'이라는 단어를 두 번 반복했는데, 제가 이 구절을 연구하면서 아주 재미있는 것을 발견했습니다. 한국어에는 '다르다'는 말이 하나밖에 없지만, 헬라어에는 '다르다'라는 의미의 단어가 두 개 있습니다. 종류가 같을 때 '다르다'는 단어와, 종류가 다를 때 '다르다'는 단어를 다르게 사용했습니다.

"다른 복음을 따르는 것을"(6절)라고 했을 때는 종류가 완전히 '다르다'는 단어를 썼고, "다른 복음은 없나니"(7절)라고 했을 때는 종류가 같은 것을 말합니다.

다시 말하면, 너희가 지금 완전히 다른 복음을 따르고 있는데, 이 세상에 비슷한 복음은 없다는 말입니다. 다른 복음은 전혀 없는데, 다만 어떤 사람들이 너희에게 복음 비슷하게 가르쳐서 그렇지 이 세상에 복음은 하나라는 것입니다. 비슷한 복음은 이 세상에 없기 때문에, 비슷한 복음은 절대 복음이 아니라는 것입니다.

오늘날 무엇이 교회를 파괴하는지 자세히 알아야 합니다. 지금 교회는 그 뿌리까지 흔들리고 있습니다. 세력이 약화되고 있습니다. 교회는 성장을 멈추어버렸습니다. 무엇이 교회를 그렇게 만들었습니까? 불교가 교회를 파괴합니까? 아닙니다. 유교가 교회를 파괴합니까? 아닙니다. 드러난 윤리적 죄가 교회를 파괴합니까? 아닙니다. 이러한 것들은 모든 그리스도인이 이미 경계하고 있는 것입니다. 진짜 문제는, 확연하게 다른 복음이 아닌 비슷한 복음에 성도들이 넘어간다는 것입니다.

사탄은 지금도 이 전략을 쓰고 있습니다. 성경은 사탄의 성격을 이렇게 가르칩니다. "사탄이 너희에게 올 때 늑대의 모습으로 온다고 상상하지 마라. 사탄은 양의 탈을 쓰고 온다." 이와 같이 사탄은 광명의 천사로 가장한다고 했습니다. 사탄은 천사의 모습으로 우리를 찾아옵니다. 우리는 사탄이 은혜를 주기 위해서 찾아오는 것으로 착각합니다. 이것이 오늘날 사탄의 전략입니다. 이 전략에 모든 그리스도인들과 교회가 넘어가고 있습니다. 갈라디아 교회의 경우는 어떻습니까? 가만히 들어온 거짓 선생들이 바로 이런 전략을 썼습니다. 그들이 복음을 전했습니다. 예수님이 메시아임을 인정했고, 인간의 몸으로 오신 것과 십자가에서 우리 죄를 대신하여 죽으신 것과 사흘 만에 부활하신 것을 가르쳤습니다. 심지어 그들은 예수를 믿어야 한다고까지 가르쳤습니다.

그러나 그들의 문제가 무엇인지 아십니까? 그것만으로는 부족하다는 것입니다. 그들은 복음에서 초점을 다른 곳으로 돌렸습니다. 하지만 그것만으로는 안 되니까 구약의 율법을 지켜야 한다고 가르치기 시작한 것입니다. 이것은 매우 중요한 문제입니다.

이단(異端)이라는 단어에 쓰인 '단'은 '끝 단'입니다. 바로 이단은 그 끝이 다르다는 말입니다. 이단은 처음에는 다 똑같아 보여요. 보통 성도들이 보면 모릅니다. 우리 편 같아요. 그러나 그 내면 속에 마지막 결론을 다르게 내린다는 것입니다. 그것이 이단의 무서운 점입니다. 처음부터 "예수는 하나님의 아들이 아니다"라고 하면 우리는 겁낼 필요가 없습니다. 그런데 문제는 이단이 처음부터 우리에게 자신들이 "이단"이라고 선포하지 않는다는 것입니다. 겉으로 볼 때는 그들도 예수 믿는 그리스도인과 다를 것이 없습니다. 그래서 믿는 사람들 중에서도 구별하지 못하고 이단에 빠지는 경우가 많습니다. 그러나 그들 속에는 전혀 다른 믿음이 들어 있습니다.

오늘날 교회도 마찬가지입니다. 교회 안에 비슷한 복음이 얼마나 많은지 아십니까? 그 한 예로 우리는 은사주의를 경계해야 합니다.

어느 날 부산역 광장에 갔는데, 어떤 무리가 트럭을 세우고, 대형 비디오를 켜놓고 전도를 합니다. 제게도 전도지를 주기에 그곳에 가보았습니다. 그곳에는 누구나 이름만 대면 알 만한 원장이 어떤 사람을 수술하고 있었습니다. 그런데 그 원장이 어떤 여자의 종기를 손가락으로 쑤셔서 파내고 있었습니다. 그러면서 "할렐루야! 하나님의 능력으로"라고 외치는 것이었습니다.

그 기도원에서는 원장이 기도한 후에 성도들에게 밀가루를 팝니다. 그 밀가루를 아픈 곳에 붙이면 낫는다고 하면서 말입니다. 실제로 낫는 사람도 있다고 합니다. 그러나 지금 병이 낫느냐, 안 낫느냐가 중요한 것이 아닙니다. 병이 시원스럽게 낫는 것은 좋은 일이지만, 그 핵심을 잘 보아야 합니다. 많은 사람이 제게 와서 말합니다. "그 원장, 족집게입니다. 제가 몸이 약하거든요. 저를 보더니 '오장육부가 약하구먼'이라고 하더라구요." 사람들은 자신의 과거를 맞추거나 혹은 앞날에 대해 말해준다고 신기해하며 난리법석을 떱니다. 그런 족집게 같은 놀라운 능력을 행하는 사람들이 사흘 정도 부흥회를 열면 어떻게 하는지 아십니까? 첫째 날에 십자가를 반드시 설교합니다. 그리고 구원을 말합니다. 그러면 믿는 사람들은 "예수를 믿으라, 구원을 받으라"고 하니까 복음이 있다고 생각합니다. 그런데 문제는 그것이 서론에 지나지 않는다는 것입니다. 둘째 날, 셋째 날, 넷째 날이 지날수록 그들의 결론은 복음에서 벗어나 다른 데로 갑니다. 그들이 복음을 전했느냐, 전하지 않았느냐가 중요한 것이 아닙니다. 그들의 메시지가 복음의 내용을 포함하고 있느냐, 아니냐가 중요한 것이 아닙니다.

사도 바울이 경고한, 다른 비슷한 복음을 전하는 자들의 문제는 복음이 없는 것이 아니라 그들이 '복음 플러스 어떤 것'(something)을 전한다는 것입니다. 그들은 성도들의 관심을 복음 자체에 맞추지 않고, 복음이 아닌 다른 것에 맞추게 한다는 것입니다. 은사주의에 빠진 사람들은 복음이라는 단어를 입에 침이 마르도록 말합니다. 예수를 수없이 이야기합니다. 그러나 제가 그런 사람들을 많이 상담했는데, 그들의 관심은 다른 데 있습니다. 그들은 기적이 일어났다는 것에 더 많은 관심을 두고 있습니다. 그들은 앉은뱅이가 일어났다고 합니다. 그러나 요한계시록에서 무엇이라고 말합니까? 훗날 적그리스도가 나타나서 하늘을 향해 기도했더니, 하늘에서 불이 떨어졌다고 말합니다. 앉은뱅이가 일어난 정도가 아닙니다. 그 이상의 기적이 일어난 것입니다. 그런데 우리가 그런 신앙을 좇고 있다면, 그날에 우리는 복음을 떠나서 적그리스도를 따라갈 것입니다. 이것이 본문에서 말하는 비슷한 복음입니다.

오늘날 한국교회 안에 다른 형태의 비슷한 복음이 들어와 있습니다. 바로 기복신앙입니다. 예수님을 믿으면 이 땅에서 복을 받습니까? 그렇습니다. 성경은 우리가 예수님을 믿으면 복을 받는다고 이야기합니다. 그러나 우리가 반드시 물질적 복을 받는다고 이야기하지 않습니다. 못 받는 사람도 있습니다. 예수님이 사랑한 열한 명의 제자들은 예수를 그렇게 잘 믿었건만, 그들의 마지막은 어떠했습니까? 그들은 불에 타 죽거나, 목이 잘려 죽거나, 십자가에 못 박혀 죽었습니다. 반대로 예수님을 잘 믿어서 부자된 사람, 축복받은 사람도 있습니다. 그것은 하나님의 뜻입니다.

그런데 오늘날 모든 성도의 관심이 어디에 가 있는지 아십니까? 물질적인 복에 있습니다. 그저 복이면 최고라고 생각합니다. 그들의 초점은 복음에 있지 않고 자신의 유익에 있습니다. 그들의 관심은 오직 내가 얼마나 건강하게 살 것인지, 사고를 당하지 않고 살 것인지, 이 세상에서 편안히 살 것인지에 있습니다. 복음에 관심이 있지 않습니다.

의사가 우리에게 암 진단을 내렸다고 합시다. 그때 다른 복음이 아닌 순수한 복음을 지키는 사람은 이렇게 말합니다. "주님, 이 땅을 지금 떠나서 천국에 가게 하시니 감사합니다. 저를 속히 데려가소서. 제가 아직 할 일이 남았거든 이 땅에 살게 해주소서. 그러나 제 소원은 주님을 만나는 것입니다." 이 소원이 바로 사도 바울의 간증이었습니다. 그러나 비슷한 복음, 기복신앙에 물든 사람이라면, 암에 걸렸다는 말을 듣자마자 믿음의 회의 속에 흔들리는 신앙을 주체하지 못합니다. 급기야 다른 사람을 원망하고, 하나님을 원망하기 시작합니다. 왜 그렇습니까? 우리가 다른 복음에 물들어 있기 때문입니다.

여러분, 우리는 복음을 지켜야 합니다. 사도 바울은 우리에게 순수한 복음을 지켜야 한다고 말합니다. 지금 교회가 흐트러져 있습니다. 오늘날 교회 안에 비슷한 복음이 너무 많이 유입되었습니다. 수많은 젊은이가 그들의 멋진 말과 논리와 지식에 생각없이 따라가고 있습니다.

사람을 변화시키는 것이 무엇입니까? 사도 바울은 오직 복음밖에 없다고 말합니다. 8-9절을 보십시오.

> 그러나 우리나 혹은 하늘로부터 온 천사라도 우리가 너희에게 전한 복음 외에 다른 복음을 전하면 저주를 받을지어다 우리가 전에 말하였거니와 내가 지금 다시 말하노니 만일 누구든지 너희가 받은 것 외에 다른 복음을 전하면 저주를 받을지

어다.

여기에서 보면 가정법으로 된 구절이 두 군데가 있습니다. "우리나 혹은 하늘로부터 온 천사라도." 우리말에는 가정법이 한 가지 밖에 없지만, 헬라어에는 가정법이 네 가지나 됩니다. 8절은 바로 헬라어 가정법 가운데 제3가정법입니다. 이 가정법은 미래에 일어날 가능성이 극히 희박하지만 그래도 그 가능성이 여전히 있을 때 사용합니다. 예를 들면 이런 것입니다. "2050년에 혜성이 지구와 충돌한다면." 이 가정은 분명 미래에 일어날 가능성이 희박한 상황을 나타냅니다. 그러나 일어날 수도 있습니다. 그 가능성을 완전히 배제하지 않습니다.

사도 바울은 무엇이라고 말합니까? 그는 이 세상의 어느 누구라도, 하늘에서 내려온 천사라 하더라도 자신이 전한 복음 외에 다른 비슷한 복음을 전하면 저주를 받을 것이라고 말합니다. 이것이 바로 가능성이 매우 희박한 상황을 표현하는 가정법입니다.

얼마나 강한 메시지입니까? 그런데 9절에서는 이것을 바꾸어 제1가정법을 들고 있습니다. 9절을 보십시오.

> 우리가 전에 말하였거니와 내가 지금 다시 말하노니 만일 누구든지 너희가 받은 것 외에 다른 복음을 전하면 저주를 받을지어다.

사도 바울은 갈라디아 교회 안에 이미 거짓 선지자들이 와서 다른 복음을 전한다는 사실을 알면서도 "누구든지 너희가 받은 것 외에 다른 복음을 전하면"이라고 말합니다. 거짓 선지자들은 십자가와 예수님의 부활도 인정하고 믿지만, 구약의 율법을 더해서 전해야 한다고 합니다. 오늘날 이단 중 하나인 안식교와 비슷합니다. 안식교에도 똑같은 복음이 있습니다. 그러나 그 안에 깊숙이 들어가면, 그들은 구약의 율법을 지켜야 한다고 합니다.

사도 바울은 누구든지 이런 비슷한 복음(복음에 초점을 맞추지 않고 우리의 건강, 하나님께 받은 기적, 은사, 방언, 물질의 축복 등)에 우리의 초점을 맞추도록 하는 다른 복음을 전하면 저주를 받을 것이라고 말합니다. 이 얼마나 무서운 일입니까?

신학자들은 이 세대를 유심히 관찰하고 있습니다. 옛날에는 절대적이었던 것이 지금은 절대적이지 않습니다. 교회 안에서도 이혼을 용인하는 추세입니다. 옛날에는 혼외 임신을 용인하지 않았는데, 요즘은 상황에 따라 이해해야 한다고 말합니다. 신부가 절에 가서 설교하고, 성당에 스님을 데려다가 설교를 듣기도 합니다. 종교도 하나가 되고, 전 세계가 다 하나가 되는 것이 옳다고 생각하게 합니다. 우리가 이렇게 세뇌를 당하기 때문에 "어떻게 저주까지 하는가? 이단까지는 아닌 것 같은데… 조금 다르게 복음을 전했다고 저주까지 내릴 일은 아니지 않는가? 기독교는 너무 편협하지 않은가?"라고 반문합니다.

그러나 하나님은 이렇게 말씀하십니다. "내가 왜 이렇게 편협한지 아느냐? 내가 왜 오직 한 길을 너희에게 전하는지 아느냐? 내가 너희의 문제를 향한 정답을 갖고 있기 때문이다." 정답이 없으면 모든 답이 다 맞다고 할 수 있습니다. 정답이 없으니까 이것도 맞는 것 같고, 저것도 맞는 것 같습니다. 그러나 우리가 정답을 갖고 있으면 담대하게 말할 수 있습니다. "틀렸소, 그것은 오답이오!"

하나님은 인류가 가진 문제에 대한 정답을 허락하셨습니다. 그 정답은 진정한 복음 안에 들어 있습니다. 하나님은 다른 것을 통해서 정답을 얻도록 허락하신 적이 없습니다. 그래서 예수님은 "내가 곧 길이요 진리요 생명"이라고 말씀하셨습니다. 이 말씀은 예수님만이 유일한 생명이라는 것입니다. 그렇기 때문에 예수님은 "나로 말미암지 않고는 아버지께로 올 자가 없느니라"고 말씀하신 것입니다.

다시 말해서 예수님을 통하지 않고서는 하나님께로 나아갈 자가 없다는 것입니다. 우리가 아무리 착하게 살아도, 아무리 부모를 공경한다고 해도, 아무리 많은 선행을 하고 고통 속에서 도를 닦는다 해도 예수님 외에는 하나님께 이를 자가 없습니다. 사도 바울이 지금 이 말을 하고 있습니다. 하나님이 우리에게 오직 한 길을 제시하셨기 때문에, 이 세상의 어떤 유명한 목사나 하늘에서 온 천사라 할지라도 하나님이 허락하신 정답을 바꾸어서 다른 답도 있다고 가르치는 자는 저주를 받아 마땅하다고 말입니다.

오늘날 교회에 복음이 사라지고 있습니다. 사도 바울이 이 세대에 살아서 우리에게 설교한다면, 어떠한 어조로 어떤 메시지를 전할지 우리는 자문해야 합니다. 주의보, 경보, 대피령 중 어느 것을 내릴까요?

과연 우리는 복음을 참으로 귀하게 여기고 있습니까? 삶의 모든 것을 다 바쳐서라도 복음을 지켜야겠다는 마음이 있습니까? 이 복음 외에는 이 세상에 다른 길이 없다는 확신을 가지고 있습니까? 이런 확신을 가지고 있다면 우리의 삶은 달라질 것입니다. 우리가 병에 걸려도 별로 개의치 않을 것입니다. 우리의 사업이 흔들려도 개의치 않을 것입니다. 왜 그렇습니까? 우리의 인생에서 복음이 가장 귀하기 때문입니다. 복음이 내 생명보다 귀하다고 생각하기 때문입니다. 이 복음 외에 다른 길이 없다고 확신한다면, 주위에 있는 사랑하는 사람들을 이 길로 이끌기 위해 고민해야 할 것입니다. 왜 그렇습니까? 이 길 외에는 결코 다른 길이 없기 때문입니다.

사도 바울은 흥분해서 이렇게 외칩니다. "내가 참으로 충격을 받았다. 너희는 어찌 복음을 이처럼 가볍게 여기느냐! 하나님이 그리스도의 은혜로 너희를 부르셨다!" 다윗은 구원의 감격을 회복시켜 달라고 기도합니다. 우리에게 다른 방법이 없습니다. 무릎을 꿇고 오직 이 복음의 감격이 물결치게 해달라고 기도하기 바랍니다. 우리는 복음을 지켜야 할 시대에 살고 있습니다. 교회 안에 유사 복음이 너무 많습니다. 우리 자신은 어떻습니까? 우리의 관심사는 무엇입니까? 혹시 자신의 사업과 건강, 자존심, 자신의 인생이 유일한 관심사는 아니었습니까? 복음을 귀하게 여기고 복음을 지키기 위해 애쓰는 사람이 되기를 간절히 소원합니다.

3장

확연한 변화

갈라디아서 1장 11–24절

11형제들아 내가 너희에게 알게 하노니 내가 전한 복음은 사람의 뜻을 따라 된 것
이 아니니라 12이는 내가 사람에게서 받은 것도 아니요 배운 것도 아니요 오직 예
수 그리스도의 계시로 말미암은 것이라 13내가 이전에 유대교에 있을 때에 행한 일
을 너희가 들었거니와 하나님의 교회를 심히 박해하여 멸하고 14내가 내 동족 중
여러 연갑자보다 유대교를 지나치게 믿어 내 조상의 전통에 대하여 더욱 열심이
있었으나 15그러나 내 어머니의 태로부터* 나를 택정하시고 그의 은혜로 나를 부르
신 이가 16그의 아들을 이방에 전하기 위하여 그를 내 속에 나타내시기를 기뻐하
셨을 때에 내가 곧 혈육과 의논하지 아니하고 17또 나보다 먼저 사도 된 자들을
만나려고 예루살렘으로 가지 아니하고 아라비아로 갔다가 다시 다메섹으로 돌
아갔노라 18그 후 삼 년 만에 내가 게바를 방문하려고 예루살렘에 올라가서 그와
함께 십오 일을 머무는 동안 19주의 형제 야고보 외에 다른 사도들을 보지 못하였
노라 20보라 내가 너희에게 쓰는 것은 하나님 앞에서 거짓말이 아니로다 21그 후
에 내가 수리아와 길리기아 지방에 이르렀으나 22그리스도 안에 있는 유대의 교회

들이 나를 얼굴로는 알지 못하고 [23]다만 우리를 박해하던 자가 전에 멸하려던 그 믿음을 지금 전한다 함을 듣고 [24]나로 말미암아 하나님께 영광을 돌리니라.

변화를 갈망하는 사람

사람은 변화를 갈망하는 존재입니다. 변화를 원하지 않는 사람은 아무도 없습니다. 우리는 아침마다 거울을 보면서 얼굴에 화장품을 바르고 머리를 손질합니다. 이처럼 인간은 더 건강한 몸, 더 해박한 지식, 더 나은 환경, 더 높은 지위, 더 나은 존경을 얻고자 하는 갈망이 있습니다. 그 갈망을 채우려고 숱하게 변화를 요구합니다. 그 욕망은 끝이 없습니다.

그러나 우리가 간절히 원하는 변화도 사실 따지고 보면 우리에게 그리 중요한 것이 아닙니다. 사람들이 원하는 물질적 변화는 결코 영원하지 않기 때문입니다. 아무리 꾸미고 화장한들 늙으면 무슨 소용이 있습니까? 아무리 정성껏 화장을 한다고 해도 나이 들어 늙으면 눈길 하나 주는 사람이 없습니다. 운동으로 단련된 좋은 몸을 가지고 있으면 뭐합니까? 나이가 들면 젊은 사람을 당해낼 재간이 없습니다. 아무리 많은 재물이 있다한들, 아무리 높은 지위에 있다한들, 무슨 소용이 있습니까? 대통령이 5년 동안 권좌에 있을 때는 많은 사람들이 잘 보이려고 애를 쓰고, 그의 말 한마디면 안 되는 것이 하나도 없습니다. 그러나 그는 자리를 떠나고 얼마 못 되어 머리를 싸매고 고민해야 할 처지가 됩니다. 그것이 바로 이 세상이 주는 변화의 모습입니다.

우리가 이 땅에 사는 동안 가장 신경을 써야 할 변화는 육신의 변화가 아닙니다. 내 몸을 얼마나 보기 좋게 가꿀 것인지, 얼마나 많은 지식을 가질 것인지, 얼마나 높은 지위와 재물을 통해 사람들에게 존경을 얻을 것인지는 중요하지 않습니다. 성경은 우리에게 그런 변화가 중요한 것이 아니라고 말합니다. 우리 영혼의 변화가 중요하다고 말합니다. 우리의 몸은 잠깐이요, 우리의 영혼은 영원하기 때문입니다.

굼벵이와 나비의 변화 과정을 통해 이런 예를 살펴볼 수 있습니다. 어릴 때 저는 굼벵이가 변해서 나비가 되는 것을 보고 굉장히 신기했습니다. 그래서 며칠 동안 거기에 몰입했던 기억이 납니다. 어떻게 징그러운 벌레가 저렇게 아름다운 나비가 될 수 있을까? 그것도 굼벵이가 죽은 자리에서 말입니다. 굼벵이의 궁극적인 변화는 나비인데, 그 굼벵이가 좀 더 윤기가 나고 멋지면 무슨 소용이 있겠습니까? 우리가 그것을 예뻐하겠습니까? 굼벵이가 좀 더 살이 찌고, 좀 더 길이가 길고, 좀 더 빨리 긴다고 해서 누가 그것을 알아주겠습니까? 그러나 굼벵이가 나비로 변했을 때는 감히 그 누구도 굼벵이를 상상하지 않습니다. 징그럽고 보잘것없던 굼벵이가 한 마리의 나비가 되는 순간, 그 굼벵이는 예전의 굼벵이가 아닙니다. 푸른 하늘을 마음대로 날아다닐 수 있게 됩니다. 우리는 너무나 아름다운 나비의 모습을 보게 됩니다. 우리는 우리의 영과 육신을 이 굼벵이와 나비에 비교할 수 있습니다. 아무리 우리가 육신을 갈고닦아도 아무런 의미가 없습니다. 육신은 결국 늙고 썩어 없어지고 말 것입니다.

성경은 "우리의 영혼은 영원하다"고 말씀합니다. 그렇기 때문에 우리가 이 땅에 살면서 초점을 두어야 할 것은 우리의 영혼입니다. 우리는 내 육신을 어떻게 변화시킬 것인가보다는 내 영혼을 어떻게 가꿀 것인가, 내 영혼을 어떻게 변화시킬 것인가에 관심을 두어야 합니다. 이 귀한 진리를 모르고 사는 불쌍한 사람들이 얼마나 많습니까?

그러면 우리는 어떻게 우리의 영혼을 변화시킬 수 있습니까? 우리의 영혼을 변화시키기 위해서 우리는 무엇을 해야 합니까? 이것이 바로 니고데모의 고민이었습니다. 니고데모는 당시 누구도 부러울 것 없이 모든 것을 갖춘 사람이었습니다. 명예도 있었고 존경도 받았습니다. 재물도 있었습니다. 그럼에도 그의 마음은 공허했습니다. 그래서 밤에 예수님을 찾아가서 이렇게 묻습니다. "선생님이여, 도대체 내가 어떻게 해야 내 영혼을 변화시키고, 하나님나라를 내 마음에 소유할 수 있을까요? 어떻게 하면 내 영이 영원한 천국에 들어갈 수 있을까요?" 그때 예수님이 단도직입적으로 말씀하십니다. "사람이 물과 성령으로 나지 아니하면 하나님의 나라에 들어갈 수 없느니라 육으로 난 것은 육이요 영으로 난 것은 영이니."

다시 말해, 어머니로부터 태어난 육을 아무리 가꿔도 소용없다는 것입니다. 육은 육이기 때문입니다. 진정 변화시켜야 할 부분은 우리의 영입니다. 우리는 이 문제를 놓고 고민해야 합니다.

수많은 세상 사람들은 자신의 겉모습과 육신, 주변 환경을 변화시키기 위해서 온 정성을 쏟습니다. 그러나 우리는 세상 사람들과 달라야 합니다. 우리는 남은 생애 동안 영혼을 변화시키는 일에 최선을 다해야 합니다. 그렇다면 어떻게 우리의 영혼을 변화시킬 수 있을까요? 사도 바울은 자신의 인생을 간략하게 요약함으로써 그 대답을 우리에게 소개합니다.

성경은 복음만이 우리의 영혼을 변화시킬 수 있다고 말씀합니다. 11-12절을 읽어보십시오.

> 형제들아 내가 너희에게 알게 하노니(갈 1:11).

바울이 왜 이런 말을 할까요? 지금 뭔가 중요한 말을 한다는 것입니다.

> 내가 전한 복음은 사람의 뜻을 따라 된 것이 아니니라 이는 내가 사람에게서 받은 것도 아니요 배운 것도 아니요 오직 예수 그리스도의 계시로 말미암은 것이라(갈 1:11-12).

지금 사도 바울은 자신이 전하는 복음을 두 가지로 설명합니다. 먼저, 그는 자신이 전한 복음은 결코 사람에게서 받은 것이 아니라고 말합니다. 사람에게서 받은 것도 아니요, 사람에게서 배운 것도 아니라는 같은 말을 반복합니다. 그 다음에 결론적으로 내가 너희에게 전한 이 복음은, 예수 그리스도로부터 하나님의 계시로 말미암아 직접 받은 것이라고 말합니다. 그가 세 번이나 반복하면서 말한 것은 그만큼 중요하기 때문입니다. 이것이 이 문맥의 요점이며 갈라디아서의 중요한 주제 가운데 하나입니다. 우리가 받은 이 복음은 사람에게서 배운 것이 아니라 하나님께로부터 직접 계시받은 것입니다.

그런데 이 주제가 왜 중요합니까? 사도 바울이 살던 시대에는 수많은 가르침과 사상이 있었습니다. 고대 유명한 사상들, 헬라의 많은 철학들, 여러 종류의 유대주의들, 여러 종교 사상들이 범람하고 있었습니다. 사실 이러한 현실은 지금 우리가 사는 이 시대에도 모양만 다를 뿐 언제나 같은 내용으로 존재하고 있습니다. 우리 주위를 둘러보십시오. 얼마나 많은 사상과 가르침이 우리 주위에 존재합니까? 불교에 심오한 철학이 있습니다. 유교에 참으로 도덕적인 가르침이 있습니다. 수많은 종교들, 윤리적 가르침들, 철학들이 오늘 우리 주위에 범람하고 있습니다. 그러나 중요한 것은 이런 사상과 가르침이 모두 사람에게서 나온 것이라는 사실입니다.

석가모니의 가르침을 자세히 읽어보면, 그는 단 한 번도 자신을 하나님이라고 소개한 적이 없습니다. 또한 자신을 섬기라고 하지 않았습니다. 그가 죽은 뒤, 그를 따르는 제자들이 그를 신격화한 것뿐입니다. 불교는 엄밀히 말해 종교라기보다는 하나의 철학입니다. 석가는 인생이 너무 괴로웠습니다. 이것이 인생의 전부가 아닐 거라고 생각하며 인생의 의미를 찾아 고민했습니다. 그러다가 그가 얻은 깨달음으로 불교가 시작되었습니다.

이 세상의 사상과 가르침은 모두 사람에게서 나왔지만, 사도 바울이 전한 복음은 달랐습니다. 사람에게서 나온 것이 아니라 하나님의 계시로 말미암은 것입니다. 이 사실을 아는 것이 중요합니다. 그러면 계시가 무엇입니까? 계시는 우리가 도저히 알 수 없는 이 세상의 진리를 하나님이 열어 보이신 것을 말합니다. 우리의 철학과 지혜와 연구로는 도저히 알 수 없는 것입니다.

예를 들어봅시다. 손에 무언가를 숨기고서 "제 손안에 무엇이 있을까요?" 라고 물으면 사람들이 추측하기 시작합니다. 어떤 사람은 제 손안에 있는 것을 우연히 맞추기도 합니다. 대부분의 사람들은 그 안에 돈이 있다, 혹은 아무것도 없다 하면서 자신의 추측을 말하지만, 아무리 연구하고 머리를 굴려도 제 손안의 내용물을 알 수 없습니다. 그러나 다른 사람이 "아, 그것이었구나!" 하고 알 수 있는 가장 확실한 방법은 제가 손바닥을 열어 보이는 것입니다.

계시는 바로 제가 손바닥을 열어 보인 것과 같습니다. 세상 그 누구도 알 수 없는 오묘한 진리를 하나님이 은혜로 열어 보여주셨습니다. 하나님의 계시로 말미암아 우리는 결코 알 수 없었던 진리를 깨닫게 된 것입니다. 그래서 흔히 기독교를 '계시의 종교'라고 합니다. 세상 사람들은 언제나 "하나님은 누구신가, 세상은 어떻게 만들어졌는가, 우리는 누구인가, 과거에 우리는 어떤 존재였고 지금 우리는 왜 이렇게 비참한 존재가 되었는가, 앞으로 우리의 운명은 어떻게 될 것인가, 지구의 종말은 어떻게 될 것인가, 우주의 미래는 앞으로 어떻게 전개될 것인가" 등 끊임없이 질문을 합니다. 그런 질문들 가운데서 수많은 학설이 나오게 되었습니다. 그중 진화론이라는 학설도 있습니다. 많은 사람들이 진화론에 대해서 알고 있는데, 다윈의 진화론은 한마디로 원숭이가 우리의 조상이라는 것입니다. 그러면 그 원숭이의 조상은 누구입니까? 그들은 바다에 있는 한 아메바가 벼락을 맞고 충격을 받아 이상한 생명체가 되고, 그것으로부터 사람과 이 세상의 모든 동물이 나왔다고 합니다. 그런 엉뚱하고도 믿을 수 없는 이론을 주장하는 사람들에게 우리는 묻습니다. "그러면 지구는 어디에서 나왔습니까?" 그들은 이렇게 대답합니다. "큰 별이 있었는데, 어느 날 뻥 터지면서 불덩어리 하나가 튀어나오고 그것이 점점 식어서 지구가 되었습니다." 그러면 또 묻습니다. "그 별은 어디에서 나왔습니까?" 결국 그들의 대답은 이렇습니다. "모릅니다."

이처럼 우리가 알고 있는 지식에는 한계가 있습니다. 그럼에도 사람들은 자신이 모른다는 사실을 인정하지 않습니다. 그래서 자신들이 배우고 아는 범위 내에서 추측하고 철학과 사상, 모든 학설을 만들어냅니다.

사도 바울도 지금 이 점을 말하고 있는 것입니다. 그러면서 자신이 말하는 복음은 세상에서 나온 쓸데없고 근거 없는 학설이 아니라, 절대적이고 완전하신 하나님께로부터 나왔다고 말합니다. 그러므로 우리는 이 세상에서 우리의 가장 귀한 영혼과 우리의 인생을 송두리째 변화시키는 진리가 어디에 존재하는가 하는 질문에 정확하게 답해야 합니다. 철학이 아닙니다. 학설이 아닙니다. 사상이 아닙니다. 그것은 바로 하나님이 우리에게 주신 복음입니다.

우리는 진정한 복음을 받아들였는데도 복음대로 살지 못하는 자신이나 주변의 다른 그리스도인들을 보며 의문이 생길 수 있습니다. 이런 의문 때문에 저도 1년 동안 목회 슬럼프에 빠졌던 적이 있습니다. 성경공부를 열심히 가르쳤습니다. 복음을 전했습니다. 그들이 복음을 믿었습니다. 그런데 그들이 예수님을 믿지 않는 사람보다 더 못한 삶을 사는 것입니다. 오히려 예수님을 믿지 않는 사람들의 성품이 얼마나 좋은지 모릅니다. 아니, 그보다 이단에 빠진 사람들의 삶이 얼마나 신실한지 모릅니다. 미국 유학시절에 살았던 아파트에는 제가 다니던 신학교 학생들이 50퍼센트 살았고, 나머지 50퍼센트는 모르몬교도들이 살았습니다. 그런데 매우 좋은 신학교의 학생인 우리의 삶이 모르몬교도들의 삶을 확연히 추월하지 못했습니다. 그때 저는 그 이유에 대해 많은 고민을 했습니다.

이 세상의 철학이 우리를 잠시 착하게 만들 수 있습니다. 우리가 하는 말을 잠시 교양 있게 혹은 유식하게 만들 수 있습니다. 그러나 영원한 세계에 속한 우리의 영혼은 결코 변화시킬 수 없습니다. 우리의 참다운 변화, 영혼으로부터 말미암는 변화, 겉모습의 변화가 아니라 내부 깊은 곳에서부터 일어나는 전인격적인 변화는 하나님께로부터 주어진 복음으로만 가능합니다. 우리는 이것을 믿어야 합니다. 저는 복음만이 사람을 변화시킨다는 사실을 믿습니다. 사도 바울이 바로 그 증거입니다. 그래서 그는 자신의 변화를 소개하고 있는 것입니다. "나를 보라. 내가 얼마나 변했는가!"

복음만이 우리를 변화시킵니다. 그렇다면 우리는 영혼을 변화시키기 위해서 복음을 어떻게 대해야 합니까? 하나님은 우리에게 복음을 계시해주셨습니다. 사도 바울은 그 복음에 하나님의 능력이 있다고 선포했습니다. 그러면 우리가 저절로 변화됩니까? 그렇지 않습니다. 바울은 우리에게 몇 가지 요구를 합니다.

복음을 진정으로 받아들이라

사도 바울이 변화를 갈망하는 우리에게 첫 번째로 요구하는 것은, 복음을 진정으로 받아들이라는 것입니다. 아무리 좋은 복음이 있고 그 복음에 큰 능력이 있어도 우리가 그 복음을 받아들이지 않으면 헛됩니다. 우리 영혼에 아무런 변화가 일어나지 않습니다. 이 짧은 구절은 사도 바울의 일대기, 바로 자신의 인생을 요약한 것입니다. 사도 바울이 복음을 받기 전에 어떤 삶을 살았는지 13절부터 다시 한 번 읽어보십시오.

> 내가 이전에 유대교에 있을 때에 행한 일을 너희가 들었거니와 하나님의 교회를 심히 박해하여 멸하고 내가 내 동족 중 여러 연갑자보다 유대교를 지나치게 믿어 내 조상의 전통에 대하여 더욱 열심이 있었으나(갈 1:13-14).

여기서 사도 바울의 삶을 두 가지로 요약할 수 있습니다. 하나님의 교회를 핍박한 것과 조상의 전통을 그 누구보다 더 열심히 지켰다는 것입니다.

사도 바울이 교회를 얼마나 핍박했는지 사도행전 8장에서 알 수 있습니다. 그는 예수 믿는 사람들을 집집마다 찾아다니며 그들을 잡아 감옥에 넣었습니다. 그것으로도 부족해서 감옥에 넣은 사람을 재판하면 가차 없이 그 사람을 사형시키는 쪽에 투표했습니다. 그가 그렇게 투표해서 사형시킨 사람이 바로 스데반입니다. 그는 스데반을 돌로 쳐 죽이는 일에 앞장섰습니다. 그리고 스데반의 겉옷을 자신이 담보했는데, 그것은 곧 스데반의 사형 집행을 책임지겠다는 의미였습니다. 사도 바울은 지독하게 그리스도인들을 핍박했습니다. 사도행전 26장 9-11절을 보면, 바울이 아그립바 왕 앞에서 자기 삶을 간증합니다. 그가 복음을 받기 전의 삶입니다.

> 나도 나사렛 예수의 이름을 대적하여 많은 일을 행하여야 될 줄 스스로 생각하고 예루살렘에서 이런 일을 행하여 대제사장들에게서 권한을 받아 가지고 많은 성도를 옥에 가두며 또 죽일 때에 내가 찬성 투표를 하였고 또 모든 회당에서 여러 번 형벌하여 강제로 모독하는 말을 하게 하고 그들에 대하여 심히 격분하여 외국 성에까지 가서 박해하였고.

또한 사도 바울은 조상의 전통에 매우 열심을 냈습니다. 그의 인생의 오직 한 가지 목표는 조상의 가르침을 깊이 연구하고 신봉하는 것이었습니다. 우리가 여기에서 알아야 할 것이 하나 있습니다. 그 당시 사도 바울이 속했던 사회는 지금 우리 사회와 달랐습니다. 사도 바울의 시대는 종교일원주의, 곧 종교인이 정치를 하는 시대였습니다. 종교가 곧 정치와 제사를 다 통제하는 사회였습니다. 그런 사회 분위기에서 사도 바울이 자기 조상의 전통을 열심히 좇았다는 말은, 다른 말로 표현하자면 인생의 성공을 위해 밤낮을 가리지 않았다는 것입니다. 저는 가끔 이런 사람들을 보았습니다. 자기 인생의 성공을 위해서 물불을 가리지 않습니다. 건강도 버리고 친구도 버립니다. 가족도 버리고 신앙도 버립니다. 오로지 인생의 성공을 위해서 말입니다. 사도 바울은 자신이 그런 사람이었다고 고백합니다. "나는 내 인생의 성공을 위해서 누구보다도 열심히 살던 사람이었다. 그날도 나는 예수쟁이를 잡으러 다메섹으로 가던 길이었다. 그들을 잡아들이는 것이 종교의 인정을 받는 것이고, 종교의 인정을 받는 것이 내 인생에서 성공하는 길이라고 믿었기 때문이다. 그러나 그날 다메섹에 이르렀을 때, 나는 놀라운 일을 경험했다. 하늘에서 '사울아, 사울아, 네가 왜 나를 핍박하느냐?' '주여, 뉘시오니이까?' '나는 네가 핍박하는 예수라'고 하는 음성이 들렸다."

바울은 그날 복음을 접했습니다. 평생 헛된 철학과 헛된 조상 유전에 얽매여서 속아 살아왔던 사도 바울이 하나님으로부터 계시를 처음 받았습니다. 그날 이후로 사도 바울은 변화되기 시작했고 그의 영이 살아났습니다. 우리의 다메섹은 어디일까요? 처음 예수님을 만난 곳이 어디입니까? 예수님을 어디에서 어떻게 만났습니까? 확실하게 간증할 수 있습니까? "목사님, 저는 모태신앙입니다. 저희 가정은 할아버지 때부터 교회를 다녔어요. 저는 교회 집사입니다. 성가대원으로 섬기고 5년 넘게 주일학교 교사를 했습니다."

마음에 복음을 받아들이지 않고, 예수를 믿지 않으면서도, 내가 교회를 다녔으니까, 우리 아버지가 안수 집사니까, 우리 아버지가 목사니까 하면서 자신이 예수님을 믿는 것처럼 착각하는 사람이 있습니다.

저는 지금 그것을 묻는 것이 아닙니다. 여러분의 다메섹, 여러분이 처음 복음을 받아들인 장소는 어디입니까? 그때가 언제였습니까? 어떻게 하나님의 진리를 받아들이셨습니까? 이것은 정말로 중요한 문제입니다. 이 질문에 확실한 대답을 할 수 없다면, 어쩌면 우리의 신앙생활은 헛것인지 모릅니다. 사도 바울은 수많은 교회 봉사, 헌금, 신앙인으로서 행한 모든 일을 헛것이라고 말합니다. 우리는 하나님 앞에서 진정으로 자신을 조명할 수 있어야 합니다.

"나의 다메섹은 어디인가?" 우리가 어떻게 변화될 수 있습니까? 복음만이 우리를 변화시킬 수 있습니다. 그러나 복음이 저절로 나를 변화시키는 것이 아니라 내가 진정으로 그 복음을 받아들일 때 변화가 일어납니다.

복음을 깊이 묵상하라

사도 바울이 변화를 갈망하는 우리에게 두 번째로 요구하는 것은, 복음을 깊이 묵상하라는 것입니다. 예수님과의 깊은 교제 시간이 필요하다는 말입니다. 17절을 읽어보십시오.

> 또 나보다 먼저 사도 된 자들을 만나려고 예루살렘으로 가지 아니하고 아라비아로 갔다가 다시 다메섹으로 돌아갔노라.

사도 바울은 다메섹에서 예수 그리스도를 만난 다음에 사도들을 만난 것이 아니라 아라비아로 갔다고 했습니다. 아라비아가 어디입니까? 저는 가보지 않았기 때문에 잘 모르지만, 그곳이 사막이라는 것은 압니다. 그곳에서 사도 바울은 3년 동안 있었습니다.

사도행전이나 그 밖의 자료로 바울의 행적을 따라가보면, 그는 다메섹에서 예수님을 만난 날부터 복음을 전한 것이 아닙니다. 그가 3년 동안 무엇을 했는지 알 길이 없습니다. 단지 그가 사막에서 지냈다는 사실밖에 모릅니다. 그러면 전도할 사람이라고는 아무도 없는 그 사막에서 바울이 무엇을 했겠습니까?

저는 바울이 예수님과 깊은 교제의 시간을 가졌을 거라고 생각합니다. 열두 제자들이 예수님과 얼마 동안 같이 지냈습니까? 3년입니다. 사도 바울도 예수님과 3년을 함께 지낸 것입니다. 선생님이 열두 명의 학생들을 그룹으로 과외 하는 것과 일대일로 과외 하는 것 중 어느 것이 더 낫겠습니까? 분명히 개인 과외가 나을 것입니다. 그렇기 때문에 저는 예수님과 개인적인 교제를 깊이 나눈 사도 바울이 당연히 성경책을 많이 쓸 수 있었다고 생각합니다.

복음을 분명히 받아들인 증거가 있는 데도 변화되지 않는 사람들이 있습니다. 왜 그렇습니까? 그 이유는 단 하나입니다. 사람은 하나님과의 깊은 교제 시간을 통해 영이 자라기 때문입니다. 세상의 가르침을 보십시오. 세상에서 무엇을 제대로 배우려면 스승과 함께 살아야 합니다.

우리가 무술 영화를 보더라도 이런 사실을 알 수 있습니다. 어떤 사람이 무술을 배우기 위해 스승을 찾아가지만, 스승은 그 사람을 쉽게 받아주지 않습니다. 먼저 그에게 허드렛일을 시킵니다. 밥을 짓든 빨래를 하든 무술이 아닌 다른 힘든 일들을 하면서 그는 10년 이상 스승과 동고동락합니다. 그가 허드렛일을 묵묵히 다 해내면, 비로소 무술을 배우게 됩니다. 도자기 기술을 배우는 것도 무술과 같습니다. 제대로 된 도자기를 만들기 위해서는 그 스승과 같이 살아야 합니다. 하루에 한 시간씩 시간을 내서 기술을 배운다고 되는 것이 아닙니다.

이렇듯 우리가 세상의 학문을 연구하는 데도 스승과 함께 살아야 하는데, 하물며 우리의 인격과 영혼을 변화시키는 일에는 어떻겠습니까? 우리가 우리의 스승이신 주님과 동행하지 않고, 주님과 깊은 교제의 시간을 갖지 않고 어떻게 주님을 닮을 수 있겠습니까? 신앙의 변화는 다른 비결이 없습니다. 우리는 주님과 깊은 교제를 가져야 합니다.

우리가 주님과 깊은 교제를 가지려면, 요즘 흔히 말하는 QT(Quiet Time)를 가져야 합니다. 따로 하나님과 조용한 시간을 가지면서 그분과 깊은 교제를 해야 합니다. 그래서 어떤 사람은 QT에 대해 강론까지 합니다. 저 역시 QT를 사람들에게 가르칩니다. 저는 QT를 가르치면서 반드시 이런 이야기를 합니다. "QT는 우리가 하나님과의 교제를 어떻게 해야 하는지를 보여주는 하나의 예일 뿐입니다. 이것이 전부는 아닙니다." 어떤 사람은 성경공부를 통해서 하나님과 교제할 수 있고, 또 다른 사람은 기도를 통해서 주님과 깊이 만날 수 있습니다. 방법의 문제가 아니라는 것입니다.

그러면 우리가 현실적으로 물어야 할 질문은 이것입니다. 그 방법이야 어떻든 간에, 현재 여러분이 주님과 깊은 교제를 갖고 있느냐 하는 것입니다. 제가 두 가지 질문을 할텐데, 어떤 대답을 하는지에 따라 그 사람이 주님과 깊은 교제를 갖고 있는지, 그렇지 않은지 금방 알 수 있습니다. 먼저, 저는 장소를 묻습니다. "어디에서 주님과 교제 시간을 갖습니까?" 뒷동산이든, 골방이든, 하나님과 조용히 교제할 수 있는 분명한 장소가 정해져 있어야 합니다. 꼭 어떤 장소가 있지 않더라도 우리의 생활 습관이 하나님과 교제하고 있다면 그것을 떠올릴 줄 알아야 합니다. 그리고 두 번째로 저는 시간을 묻습니다. "언제 하나님과 교제하십니까?" 어떤 이들은 머리를 긁적이며 "밥 먹기 전에 한 번 하고, 자기 전에 합니다"라고 합니다. 그래서는 안 됩니다. 새벽, 혹은 낮, 한밤중 어느 시간이든 하나님과 교제하는 정해진 시간이 있어야 합니다. 우리의 영혼이 어떻게 변화될 수 있습니까?

사도 바울은 주님과의 깊은 교제 가운데 변화될 수 있었습니까? 그는 주님과 깊은 교제 가운데 변화될 수 있다고 말합니다. "내가 아라비아에서 3년 동안 주님과 교제했습니다." 사도 바울은 하루아침에 변화되지 않았습니다. 주님과 깊이 교제할 때, 비로소 우리는 주님이 우리에게서 무엇을 바라시는지 확연히 알게 됩니다. 우리와 나누는 그 교제 가운데 주님은 우리에게 그분의 뜻을 알려 주십니다. 때로는 책망도 하십니다. 저는 육신의 아버지보다 하나님 아버지가 더 두렵습니다. 그래서 하나님의 책망이 더 두렵습니다. 우리의 아라비아는 어디입니까? 우리는 복음을 깊이 묵상하고 있습니까?"

복음을 전하는 자가 되라

사도 바울이 변화를 갈망하는 우리에게 마지막으로 요구하는 것은, 바로 복음을 전하는 자가 되어야 한다는 것입니다. 23-24절을 보십시오.

> 다만 우리를 박해하던 자가 전에 멸하려던 그 믿음을 지금 전한다 함을 듣고 나로 말미암아 하나님께 영광을 돌리니라.

바울은 아라비아에 3년 간 머물다가, 예루살렘을 보름 동안 방문한 후에 수리아와 길리기아로 갔습니다(21절). 길리기아는 사도 바울의 고향입니다. 그곳에서 바울은 10년 동안 복음을 전했습니다. 그래서 2장 1절을 보면 "십사 년 후"라고 나옵니다. 그리고 하나님께서 사도 바울을 부르신 이유를 이렇게 이야기합니다.

> 그러나 내 어머니의 태로부터 나를 택정하시고 그의 은혜로 나를 부르신 이가 그의 아들을 이방에 전하기 위하여(갈 1:15-16).

우리는 지금 전도를 하고 있습니까? 우리의 수리아와 길리기아는 어디입니까? "목사님, 저는 복음을 전합니다. 제가 데려온 사람을 보세요." 또 어떤 사람은 이렇게 말합니다. "교회 갑시다. 예수 믿으세요. 예수 믿으면 참 좋습니다. 인생을 살면서 마음에 고민이 많으시죠? 예수 믿으면 참 평안이 있어요. 저는 이렇게 전도해서 전도상까지 받았습니다."

저는 그런 전도를 말하는 것이 아닙니다. 본문에서 사도 바울이 말하는 전도는 그런 것이 아닙니다. 우리의 영혼이 변화되기 위해서는 우리가 전도를 해야 하는데, 단순히 교회로 이끌기 위해서 말로 하는 전도가 아니라는 것입니다.

어떤 한 영혼이 있다고 합시다. 내가 그 영혼을 사랑합니다. 그런데 그 사람이 복음을 받아들이지 않습니다. 그래서 그 영혼을 위해 노심초사합니다. 그를 위해 기도합니다. 그러던 어느 날 하나님의 때가 왔습니다. 나는 성경을 읽으면서 그동안 하나님께로부터 직접 받은 복음을 묵상합니다. 그러고 나서 그를 교회로 데려오기 전에, 먼저 그와 단둘이 앉아서 그에게 복음을 전합니다. 내 간증을 하고 경험을 나눕니다. 그러면 그 사람이 그 자리에서 눈물을 흘리며 마음을 열고 복음을 받아들입니다. 그러나 거기에서 전도가 끝난 것이 아닙니다. 그 사람이 복음을 받아들이고 나서, 어떻게 주님과 교제해야 하는지, 어떻게 기도해야 하는지, 성경이 무엇인지를 계속 물을 때마다 바쁘더라도 그 사람을 위해 시간을 내야 합니다. 처음에 성경공부를 하지 않겠다고 하면, 그 사람을 계속 찾아가고 전화를 걸고 심방해서 그를 동참시켜야 합니다. 그렇게 함으로써 그를 점점 더 주님과의 깊은 교제로 인도하는 것이 바로 전도입니다.

복음을 믿고 나서 처음으로 제 마음에 뜨거운 전도의 불이 타오른 적이 있었습니다. 고등학교 2학년 때 주일학교 교사로 섬겼는데, 6학년 여자 반을 맡았습니다. 처음에는 학생이 2명밖에 없었는데, 1년이 지나자 학생 수가 가장 많은 반이 되었습니다. 제 마음에 복음의 불이 얼마나 타올랐는지 모릅니다. 저는 어린이들을 찾아가서 심방하고 붙들고 전도하고 상담했습니다.

여러분은 한 영혼을 위해 복음을 전한 적이 있습니까? 내 영혼이 언제 가장 성장하는지를 살펴보니, 가르침을 받을 때보다 가르칠 때라는 사실을 깨달았습니다. 제가 말하는 가르침은 습관적으로 주일학교 공과를 대충 읽어보고 가르치는 것이 아닙니다. 진정한 가르침은 한 영혼을 위해 고민하고, 아기를 임신해서 열 달 동안 품어서 낳는 노력 이상으로 그 영혼을 위해서 애쓰며, 그 영혼이 하나님 앞에서 자라나는 것을 보는 것입니다. 그렇게 할 때 내 영혼이 변화되기 시작하는 것입니다.

사도 바울은 엄청난 변화의 삶을 살았던 사람입니다. 그토록 핍박했던 그리스도인들, 그토록 핍박했던 예수를 위해서 그는 예수 그리스도의 사도가 되었습니다. 인생의 최고 목표가 성공이었던 사람이 복음을 위해서 자기 목숨을 버리기까지 변화되었습니다. 왜 그렇게 되었습니까? 자신의 영혼을 보았기 때문입니다. 여러분도 그렇게 변화되고 싶지 않습니까? 뜨겁지도 차갑지도 않고 미지근한 채로 신앙생활을 계속하겠습니까? 목사가 한 번 전화하면 교회에 얼굴 한 번 보여주고, 설교를 해도 무슨 소리인지 모르고, 10년을 교회에 다녀도 성경에서 말라기나 하박국을 찾으라고 하면 성경에 '호박국도 있구나' 하며 웃는 사람이 되어야겠습니까?

오랫동안 교회에 다닌들 무슨 변화가 있습니까? 도리어 믿지 않는 사람들이 "예수를 믿어도 저런데, 내가 왜 예수를 믿어?" 하는 소리를 하게 만들지는 않습니까? 지금까지 다른 사람에게 복음을 전해서 그 영혼이 변화되도록 해준 경험이 없다면, 예수님을 믿어야 무슨 소용이 있습니까? 이렇게 믿다가 인생을 마치시겠습니까? 우리에게는 변화가 필요합니다. 복음만이 우리를 변화시킬 수 있습니다. 하나님은 계시로 우리에게 복음을 허락하셨습니다. 우리의 영혼이 변화되려면 우리의 다메섹이 필요합니다. 우리의 아라비아가 있어야 합니다. 우리 앞에 수리아와 길리기아가 나타나야 합니다. 우리도 변화하여 사도 바울과 같이 간증할 수 있는 참다운 신앙인이 되어야겠습니다.

4장

우리를 자유롭게 하는 복음

갈라디아서 2장 1-10절

1십사 년 후에 내가 바나바와 함께 디도를 데리고 다시 예루살렘에 올라갔나니
2계시를 따라 올라가 내가 이방 가운데서 전파하는 복음을 그들에게 제시하되
유력한 자들에게 사사로이 한 것은 내가 달음질하는 것이나 달음질한 것이 헛되
지 않게 하려 함이라 3그러나 나와 함께 있는 헬라인 디도까지도 억지로 할례를
받게 하지 아니하였으니 4이는 가만히 들어온 거짓 형제들 때문이라 그들이 가만
히 들어온 것은 그리스도 예수 안에서 우리가 가진 자유를 엿보고 우리를 종으로
삼고자 함이로되 5그들에게 우리가 한시도 복종하지 아니하였으니 이는 복음의
진리가 항상 너희 가운데 있게 하려 함이라 6유력하다는 이들 중에 (본래 어떤 이
들이든지 내게 상관이 없으며 하나님은 사람을 외모로 취하지 아니하시나니) 저
유력한 이들은 내게 의무를 더하여 준 것이 없고 7도리어 그들은 내가 무할례자
에게 복음 전함을 맡은 것이 베드로가 할례자에게 맡음과 같은 것을 보았고 8베
드로에게 역사하사 그를 할례자의 사도로 삼으신 이가 또한 내게 역사하사 나를
이방인의 사도로 삼으셨느니라 9또 기둥 같이 여기는 야고보와 게바와 요한도 내

게 주신 은혜를 알므로 나와 바나바에게 친교의 악수를 하였으니 우리는 이방인에게로, 그들은 할례자에게로 가게 하려 함이라 [10]다만 우리에게 가난한 자들을 기억하도록 부탁하였으니 이것은 나도 본래부터 힘써 행하여 왔노라.

인류 역사상 사람들이 가장 좋아하는 단어는, 아마도 '자유'일 것입니다. 어떤 목사님은 '자유'라는 단어를 얼마나 좋아했는지, 아들 이름을 '자유'라고 지었습니다. 미국 뉴욕항에 도착하면 자유의 여신상이 가장 먼저 보입니다. 말만 들어도 우리 가슴을 설레게 하는 자유! 이 자유를 지키기 위해 지금까지 수많은 사람들이 목숨을 버렸습니다.

지금 우리는 독립된 한 나라 국민으로서 자유를 누리며 살고 있지만, 일제 시대에는 그렇지 못했습니다. 일본의 식민 통치를 받으면서 누리지 못한 자유를 되찾기 위해 많은 젊은이가 피를 흘리며 투쟁했습니다.

1775년 미국 독립전쟁 당시, 패트릭 헨리(Patrick Henry)가 남긴 유명한 말이 있습니다. "자유가 아니면 죽음을 달라!" 이후로 이 말은 자유를 잃어버린 자들의 외침이 되었습니다. 제가 이렇게 '자유'라는 단어에 대해 상세하게 언급하는 것은, 갈라디아서에서 말하는 주제가 '그리스도인의 자유'이기 때문입니다. 그래서 갈라디아서를 '기독교 자유의 대헌장'이라고도 부릅니다. 또한 이 주제에 입각하여 그 중심 구절은 5장 1절이라고 말할 수 있습니다.

그리스도께서 우리를 자유롭게 하려고 자유를 주셨으니 그러므로 굳건하게 서서 다시는 종의 멍에를 메지 말라.

죄의 능력으로부터의 해방

그렇다면 우리가 지켜야 할 자유는 무엇입니까? 그리스도께서 우리에게 주신 자유는 도대체 어떤 자유입니까? 성경에서 말하는 그리스도인의 자유는 무엇입니까? 일반적으로 우리는 자유를 '어떤 일의 속박으로부터 해방되는 것'이라고 정의합니다. 특히 성경에서 말하는 자유는 죄와 사망의 법으로부터 해방되는 것을 의미합니다. 우리는 예수 그리스도를 믿음으로 죄에서 해방됩니다. 죄에 능력이 있다는 사실을 아십니까? 죄에는 엄청난 능력이 있습니다. 우리가 자세히 살펴보지 않아서 죄의 능력을 모르는 것입니다. 이 세상에서 우리를 가장 속박하는 것, 인간에게 가장 큰 능력이 되는 것은 바로 죄입니다. 우리는 그 죄를 두려워하며 살아갑니다.

어떤 사람은 불의의 사고에 대한 두려움에 떱니다. 그래서 비행기를 타는 것도 꺼립니다. 북한의 김일성 주석은 비행기를 한 번도 타보지 않았다고 합니다. 한 나라의 우두머리였으나 외국에 나갈 때 비행기를 한 번도 타보지 못하고 죽었습니다. 그는 비행기 사고에 대한 두려움 때문에 늘 기차를 타고 여행했다고 합니다.

또 어떤 사람은 병에 대한 두려움이 있습니다. 심장이 조금만 이상하게 뛰어도 자신이 죽지는 않을까 걱정하며 병원을 찾습니다. 하루는 제 아들을 보니, 다른 날과 달리 얼굴색이 어두웠습니다. 그래서 제가 왜 그렇게 시무룩해 있느냐고 물었더니, 아들이 자신의 가슴이 뜨끔뜨끔 하다는 것이었습니다. "아빠, 내 심장이 잘못된 것 아니야?" 그때 저는 '아이들도 병에 대한 두려움이 있구나' 하고 생각했습니다. 세상 사람들은 귀신에 대한 두려움이 있습니다. 저도 어릴 때 귀신 얘기를 듣고 나면, 그날 밤 화장실을 못 갔습니다.

그러나 우리가 이 세상에서 공통적으로 가장 두려워하는 것은 죄입니다. 감옥에 갇힌 사람에게 가장 무서운 것이 무엇이냐고 물어보십시오. 그들은 죄가 가장 두렵다고 할 것입니다. 죄를 짓고 10년형을 받은 사람이 형기를 마치고 나면 그 죄가 두렵지 않을지 모르나, 죄를 짓고 그 형벌을 감당하지 않았거나 죄를 들키지 않은 사람의 마음속 깊은 곳에는 엄청난 두려움이 있을 것입니다. 이것이 죄의 능력입니다. 우리가 죄를 지으면 형벌을 받아야 할 것을 알고 있기에 죄에는 속박력, 구속력이 있습니다. 아무도 모르게 죄를 지었다고 생각했지만, 그 죄가 평생 우리를 추적한다는 것을 경험한 적이 있지 않습니까? 이것이 바로 죄의 능력입니다.

그런데 예수 그리스도를 구주로 영접하는 순간, 우리는 죄의 능력에서 완전하게 해방됩니다. 성경은 우리가 죄의 능력에서 해방된다고 말씀합니다. 우리가 죄의 형벌에서 영원히 자유하게 된다고 말씀합니다. 이것은 굉장히 놀라운 말씀입니다.

사탄이 우리를 공격하는 가장 큰 무기가 바로 죄입니다. 죄를 지으면 누구나 다 형벌을 받아야 합니다. 그런데 우리가 예수 그리스도를 믿는 그 순간, 과거에 지은 죄뿐만 아니라 미래에 지을 모든 죄의 형벌로부터 완전히 자유하게 된다고 주님은 선포하십니다. 이 얼마나 놀라운 일입니까?

여러분, 과거에 지은 죄가 생각나지 않습니까? 저는 지금도 과거에 지은 죄를 생각하면 가슴이 철렁 내려앉습니다. 제가 어릴 때 불장난을 하다가 산 하나를 전부 태워먹었습니다. 친구들과 놀다가 불장난을 했는데 너무 재미있었습니다. 그러다가 잘못해서 산에 불이 붙어버렸습니다. 소나무 가지를 꺾고 옷을 벗어서 불길을 잡아보려 했지만 도저히 막을 도리가 없었습니다. 그래서 제가 주동해서 "야, 튀자"라고 했던 것입니다. 산이 다 타버려서 온 동네 사람이 종일 불을 꺼야 했습니다. 그 다음날, 잘못을 저지른 친구들이 함께 모였습니다. 그때 제가 "야, 입 다물자"라고 했고 우리의 잘못을 묵인했습니다. 그 후로 저는 그 동네에 갈 때마다 그 일에 대한 죄책감으로 지금까지도 가슴이 두근두근합니다.

우리가 얼마나 많은 죄를 지었습니까? 그러나 과거에 지은 죄가 문제가 아닙니다. 우리가 앞으로 얼마나 많은 죄를 지을까요? 제가 처음 우리 교회에 부임해서 교인들에게 "제가 살인할 가능성이 있습니까?"라고 묻자 처음에는 "없다"고 했지만, 나중에는 "예, 있습니다"라고 합니다. 사람은 누구나 죄를 지을 수 있습니다. 다윗도 살인을 저질렀습니다. 그런데 본문에서는 주님께서 우리가 과거에 지은 죄뿐만 아니라 현재 짓는 죄, 앞으로 지을 죄의 무서운 형벌로부터 우리를 자유하게 하셨다고 선포하십니다. 이것이야말로 우리에게 주신 놀라운 자유입니다.

죄의 영향력으로부터의 해방

성경은 우리가 형벌로부터 자유를 얻을 뿐만 아니라, 이 땅에서 살 동안 죄의 영향에서도 자유하게 되었다고 선포합니다. 예수님을 믿기 전, 우리는 죄의 종이었습니다. 욕망의 노예였습니다. 죄책감의 포로였고 수치감의 종이었습니다. 우리 안에 어떤 욕망이 생기면 제어할 능력이 없었습니다. 저도 그랬습니다. 예수님을 믿기 전에는 제 마음에 욕심이 생기면 그 욕심과 싸워 이길 능력이 전혀 없었습니다. 노력도 많이 해보았습니다. 이도 악물어봤습니다. 그런데 되지 않았습니다. 그래서 저는 욕망의 노예, 욕망의 포로가 어떤 것인지를 잘 압니다.

과거에 지은 죄가 우리를 끝까지 추적하면, 우리는 늘 죄책감에 시달립니다. 저도 아무도 모르는 죄책감에 시달려본 적이 있습니다. 이 세상에서 누가 나를 용서할까, 누가 나를 이 죄책감에서 해방시킬 것인지 막막했습니다. 그것은 무서운 구속이었습니다. 그러다가 예수님을 믿게 되었습니다. 예수님이 모든 죄의 능력을 내 삶에서 거두어가신 날을 저는 아직도 생생히 기억합니다. 그러나 우리의 문제가 무엇인지 아십니까? 예수 그리스도를 믿는 순간, 주님이 죄의 영향력으로부터 우리를 해방시켜주겠다고 약속하셨건만, 때때로 우리는 이 죄의 영향력으로부터 자유를 누리지 못한다는 것입니다. 오히려 죄의 권능과 영향에서 벗어나지 못하고, 죄의 노예처럼 사는 그리스도인들이 우리 주위에 너무나 많습니다. 이 내용이 아주 중요하기 때문에 예를 하나 들겠습니다.

미국에는 노예제도가 있었습니다. 노예제도를 다른 나라에서 일어난 일로 생각하지 말고 우리 일로 생각해봅시다. 어느 날 백인들이 아프리카에 가보니, 자기와 피부 색깔이 다른 사람들이 살고 있었습니다. 사실 아프리카의 문명은 발달하지 않았어도 나름대로 문화는 발달해 있었습니다. 그들은 가족끼리 서로 사랑하는 혈연 사회였습니다. 그러나 백인들의 사회는 그들과 달랐습니다. 문명이 발달한 그들은 근사한 총을 개발했습니다. 아프리카에 사는 흑인들은 총이 무엇인지 모릅니다. 그들에게는 오로지 창과 활밖에 없습니다. 백인들은 그들이 만든 총을 가지고 와서 아프리카에서 전쟁을 일으켰습니다. 창과 활밖에 없는 흑인들로서는 백인들을 당해낼 재간이 없었습니다. 결국 흑인들은 백인들에게 잡혀서 어디론가 끌려가게 됩니다. 그들은 자신들을 기다리고 있는 세계에 대해 전혀 모릅니다.

백인들이 아프리카로 가지 않고 우리나라에 왔다고 생각해보십시오. 120년 전 선교사들은 한국이 참으로 미개하다고 보고했습니다. 우리가 무슨 힘이 있습니까? 백인들이 쳐들어와서 우리의 아버지를 빼앗아갑니다. 그리고 시장에 데려다 놓고 말합니다. "여러분, 이빨을 보십시오. 얼마나 건강합니까?" 근육을 보이면서 50달러라고 외칩니다. 여기저기 모인 사람들은 동물을 구경하듯 쳐다보다가 40달러로 깎아달라고 요청합니다. 파는 사람과 사는 사람이 실랑이를 벌이더니, 결국 45달러에 흥정이 끝납니다. 그러면 그는 낯선 사람에게 팔려서 평생 종노릇하며 살게 됩니다.

'뿌리'(Roots)라는 영화를 보셨습니까? 그 주인공은 아프리카의 왕족이었습니다. 족장 출신의 귀한 집안에서 태어났습니다. 하지만 그것이 무슨 소용이 있습니까? 그는 결국 어떻게 죽어갑니까? 주인이 만든 가마솥 끓는 물에서 거름을 푸는 쇠고랑에 찔려 죽습니다. 이것이 노예제도였습니다.

그러던 어느 날 노예제도에 반기를 든 한 사람이 나타납니다. 노예제도를 없애야 한다고 많은 사람들이 생각은 하지만 노예제도를 없애자고 아무도 말하지 못할 때입니다. 그때 에이브러햄 링컨(Abraham Lincoln) 대통령이 노예제도를 없애야 한다고 선포합니다. 그러자 남부는 이를 반대하여 들고 일어납니다. 결국 링컨 대통령을 옹호하는 북부와 남부 사이에 전쟁이 일어납니다. 1800년대에 얼마나 많은 미국의 청년들이 죽어갔습니까? 그 전쟁은 결국 북부가 이겼습니다. 마침내 노예제도가 없어졌습니다. 그러나 링컨 대통령은 노예해방이 선포되기 2주 전, 노예제도를 고집하던 한 사람에게 암살당합니다. 얼마나 엄청난 대가가 지불되었습니까? 한 나라의 대통령이 죽었습니다. 수많은 청년들이 죽었습니다. 무엇을 위해서 죽었습니까? 노예를 해방시키기 위해서였습니다.

그런데 놀라운 일이 무엇인지 아십니까? 노예해방이 선포된 지 40여년이 흐른 뒤에, 한 기자가 앨라배마 주를 지나가다가 종처럼 살고 있는 흑인들을 보았습니다. 그래서 그들에게 가서 물었습니다. "여러분, 에이브러햄 링컨이 누구인지 아십니까?" 그들은 이렇게 대답했습니다. "아니요, 처음 듣는데요." 기자는 다시 물었습니다. "그러면 노예해방이 무엇인지 아십니까?" "아니요, 모릅니다." 노예해방이 선포되고 40년이 지난 후에도 여전히 노예생활을 하는 사람이 있었습니다.

그러나 미국 역사를 살펴보면, 사실 40년이 아니라 100여년 동안 노예가 그대로 존속했습니다. 사람들은 그 이유를 세 가지로 말합니다. 첫 번째, 대부분 노예제도에 대해 알았지만 그것에 대한 인식이 없었습니다. 두 번째, 두려움 때문이었습니다. 무엇을 두려워했습니까? 주인 밑에 있으면 주인이 먹여주고 재워주지만, 주인을 떠나 어디로 가서 어떻게 살지 막막했던 것입니다. 그래서 그들은 "주인님, 제발 나를 내쫓지 마세요"라고 했던 것입니다. 그들은 노예가 무엇인지도 몰랐습니다. 그래서 그들 스스로 노예생활을 수십 년간 지속했던 것입니다. 마지막으로, 노예 해방법이 선포된 후에도 노예를 계속 부린 주인의 책략 때문이었습니다. 백인들은 그 법이 선포되었으니 노예를 자유인으로 만들어줘야 하는데도 여전히 여러 가지 방법을 사용해서 그들을 자기 종으로 데리고 있었습니다. 몇 년 동안입니까? 자그마치 100년 동안입니다.

제가 이 말씀을 이처럼 길게 드리는 이유가 있습니다. 참으로 놀랍게도 이런 기막힌 일들이 오늘 우리 교회 안에서도 계속되고 있습니다. 흑인들을 노예생활로부터 해방시키고, 그들에게 자유를 주기 위해서 수많은 미국 청년들이 피를 흘렸습니다. 미국 대통령이 죽었습니다. 그러나 그들은 여전히 노예로 살고 있었습니다. 오늘날도 마찬가지입니다. 예수 그리스도께서 우리를 죄의 노예로부터, 사탄의 속박으로부터 해방시켜 자유인이 되도록 자기 목숨을 주셨습니다. 그런데 신앙생활을 하면서도 여전히 노예처럼 사는 사람들이 우리 주위에 너무 많이 있습니다.

갈라디아서 2장 1-2절을 다시 보십시오.

> 십사 년 후에 내가 바나바와 함께 디도를 데리고 다시 예루살렘에 올라갔나니 계시를 따라 올라가 내가 이방 가운데서 전파하는 복음을 그들에게 제시하되 유력한 자들에게 사사로이 한 것은 내가 달음질하는 것이나 달음질한 것이 헛되지 않게 하려 함이라.

사도 바울이 달음질한 것이 무엇이었습니까? 그가 마라톤 선수였습니까?

이것은 무슨 말씀입니까? 사도 바울이 14년 만에 예루살렘에 올라갔습니다. 오직 한 가지 목적, 복음을 설명하기 위해서였습니다. 그 복음은 자신이 하나님께 받은 복음이었습니다. 그 복음은 간단합니다. 믿는 자에게 죄와 사망으로부터 완전한 자유를 주는 복음입니다. 오직 은혜로 구원받는 복음입니다. 율법과 행위로 구원받는 것이 아니고 오직 하나님의 은혜로, 믿음으로 구원받는 그 복음을 받았습니다.

바울이 복음을 전하자 수많은 이방인이 돌아오기 시작했습니다. 그것을 본 유대인들이 놀랐습니다. 그중 어떤 사람들이 사도 바울을 공격하기 시작합니다. "저 사람은 사도가 아니다." 그래서 사도 바울이 무엇을 변호했습니까? 자신의 사도권입니다. "나는 예수님께로부터 직접 부름받은 사도다!"

그들은 바울이 공격했습니다. "사도 바울이 전한 복음은 완전한 복음이 아니다. 은혜와 믿음으로 구원받는 것은 맞다. 그러나 그것만으로는 부족하다. 너희는 할례를 받아야 한다. 이방인이 그리스도인이 되기 위해서는 우리와 같이 할례를 받아야 한다"고 가르치기 시작했습니다. 이것이 문제가 되었습니다. 그래서 사도 바울은 자신이 받은 복음을 가지고 예루살렘에 올라가서 그 당시 교회를 세웠던 기둥 같은 열두 사도들에게 사사로이 설명을 한 것입니다. 왜 설명을 했습니까? 사도 바울이 이 복음을 14년 간 이방에 전했는데, 이 복음이 부정된다면 자신의 달음질이 헛된 것이 아니겠습니까? 이것이 헛되지 않게 하기 위해서 사도 베드로와 야고보를 만나 설명합니다.

사도 바울이 모든 것을 설명하자, 예루살렘 공회가 내린 결론은 무엇이었습니까? "사도 바울이 전파한 복음은 우리가 전파한 복음과 똑같다." 예루살렘 공회에서 그 복음이 인정받도록 하나님께서 역사하신 것입니다.

그러나 교회 안에서 우리를 죄의 종노릇 하게 만드는 거짓 율법주의자들은 결코 포기하지 않았습니다. 사도 바울이 예루살렘에 올라갈 때 어떤 방법을 사용했습니까? 3절을 보십시오.

> 그러나 나와 함께 있는 헬라인 디도까지도 억지로 할례를 받게 하지 아니하였으니.

두 사람을 데려갔다고 했습니다. 사도 바울은 의도적으로 그렇게 했습니다. 바나바와 디도를 데려갔는데, 바나바는 할례 받은 유대인 그리스도인이요, 디도는 그리스도인이었으나 할례 받지 않은 이방인이었습니다. 두 사람을 데려가서 예루살렘 공회에 보인 것입니다. 그 자리에서 유대인들은 할례를 받아야 한다고 공격했지만, 사도 바울은 디도에게 할례를 주지 않았다고 설명합니다. 그 이유가 무엇인지 아십니까? 왜 사도 바울이 복음을 지켰는지 4절을 보십시오.

> 이는 가만히 들어온 거짓 형제들 때문이라 그들이 가만히 들어온 것은 그리스도 예수 안에서 우리가 가진 자유를 엿보고 우리를 종으로 삼고자 함이로되.

그 교회에 가만히 들어온 거짓 형제가 있었다고 말합니다. 주의하십시오. 형제입니다. 거짓 이단이 아닙니다. 교회에 앉아서 같이 예배를 드리는 집사일 수도 있고, 지도자일 수도 있습니다. 모든 사람이 존경하는 형제였습니다. 그런데 그 형제가 어떻게 들어왔는가 살펴보니, '가만히' 들어왔습니다. 어느 날 갑자기 들어온 것이 아니라 가만히 들어왔습니다. 형제는 형제인데 어떤 형제입니까? 거짓 형제입니다. 그들이 전하는 것은 결코 복음이 아니었다는 것입니다.

그러면 그들이 무슨 의도로 교회 안에 살며시 들어왔을까요? 자유에 대한 문제 때문이었습니다. 그들이 들어와서 어떻게 했습니까? 첫째로, 자유를 엿보았습니다. 이 단어는 헬라어로 '가타스코퍼스'(*Kataskoph'sai*)인데, '살피다, 수사하다'라는 뜻이 있습니다. 자세하게 살피는 것입니다. 무엇을 살피겠습니까? 내가 누구를 공격해서 이 자유를 빼앗을 수 있는지를 살피는 것입니다.

어떤 교인이 그리스도께서 허락하신 이 자유를 완벽하게 갖고 있는지를 살핍니다. 세밀하게 엿본 후, "저 사람은 70퍼센트야, 공격하면 되겠는 걸" 하는 것입니다.

오늘도 여전히 사탄은 우리의 자유를 엿보고 있습니다. 이 사실을 아셔야 합니다. 우리가 가진 죄책감으로부터, 죄의 수치감으로부터, 죄의 형벌로부터, 이 땅에 사는 동안 죄의 영향력에 얽매여서 날마다 죄의 종이 되고 있지 않습니까? 죄로부터 승리하여 그리스도의 종으로 살아가야 하는데, 그렇게 살지 못하도록 사탄은 우리 한 사람 한 사람을 엿보고 있습니다. 우리를 자세히 수사하고 있습니다. 그 목적이 무엇입니까? 우리를 엿보다가 자신의 종으로 삼기 위함입니다. 엿보는 이유는 다른 것이 아닙니다. 기회가 되면 다시 자신의 종으로 삼기 위해서입니다.

어떻게 우리를 다시 종으로 삼습니까? 이것은 신분적으로는 불가능합니다. 그러나 영향력 면에서 가능합니다. 무슨 이야기입니까? 사람은 사람답게 살 수도 있지만 짐승같이 살 수도 있습니다. 그래서 짐승같이 사는 사람을 보고 우리가 무엇이라고 이야기합니까? "이 짐승 같은 놈"이라고 합니다. 우리가 아무리 짐승 같은 놈이라고 불러도, 그 사람이 짐승같이 살아도, 짐승이 되는 것은 아니지 않습니까? 그는 사람입니다. 그런데 사람은 사람이되, 짐승같이 사는 것입니다.

우리가 예수 그리스도를 구주로 영접할 때, 우리의 신분은 완벽하게 하나님의 자녀가 됩니다. 죄에서 벗어나서, 노예생활에서 벗어나서 신분적으로 자유인이 됩니다. 그러나 기억하십시오. 교회 안에 가만히 슬며시 들어온 거짓 선지자들과 악한 사탄의 세력이 무엇을 노립니까? 우리의 신분을 다시 사탄의 자녀로 만들 수는 없습니다. 단지 그들의 목적은, 우리가 이 땅에 사는 동안 예수를 믿고 난 이후에도 여전히 죄의 종처럼, 죄의 노예처럼 살도록 하는 것입니다.

여러분, 과거의 삶을 돌아보십시오. 우리 주위의 수많은 신앙인들을 보십시오. 그들은 구원받았습니다. 때때로 저도 이 부분에 의심이 가면 확인해봅니다. 아무리 확인해도 구원받았습니다. 그런데 여전히 자유인이 아닌 것처럼 삽니다. 하나님의 자녀가 아니라, 죄의 종같이 사는 것입니다. 왜 그런지 아십니까? 사탄이 우리를 엿보고 그렇게 만들기 때문입니다. 그들의 마음 깊은 곳에는 후회감이 있습니다. 수치심이 있습니다. 죄를 이기지 못합니다. 죄와 싸우면 백전백패(百戰百敗)입니다. 사탄이 그렇게 만드는 것입니다. 그러나 사도 바울은 어떻게 말합니까? 5절을 읽어보십시오.

> 그들에게 우리가 한시도 복종하지 아니하였으니 이는 복음의 진리가 항상 너희 가운데 있게 하려 함이라.

이 세상을 조금만 자세히 살펴보면, 치열한 전투장임을 알게 됩니다. 성령 하나님과 사탄의 전투가 아직도 끝나지 않았습니다. 저는 그것을 봅니다. TV를 통해서, 수많은 이 세상의 철학을 통해서, 사탄이 우리의 자유를 얼마나 엿보고 있는지 모릅니다. 예수님을 믿기 전에 우리는 죄의 종이었습니다. 사탄의 노예였습니다. 그러나 예수 그리스도께서 우리를 해방시켜 주셨습니다. 십자가의 큰 희생을 통해서 말입니다. 그래서 예수 그리스도를 믿는 자는 그 즉시 신분 상승이 일어납니다. 곧 우리는 죄에서 해방됩니다. 그러나 싸움은 거기에서 끝나지 않습니다. 신분적으로 자유인이 된 우리가 굳게 서서 그 자유를 누려야 한다고 사도 바울은 말합니다. 그런데 자유를 누리는 것이 어렵습니다. 왜 어렵습니까? 사탄의 책략 때문입니다. 교묘하게 우리 마음에 들어와서 우리를 노예처럼 살게 합니다.

오늘날 이런 교회가 얼마나 많은지 모릅니다. 신앙생활을 하는 것 같은데 자유롭게 하지 않습니다. 은혜 가운데 하지 않습니다. 율법주의적인 신앙생활을 강조합니다. 그런데 이런 교회가 너무 부흥한다는 사실입니다. 우리 주변에 인기 있는 어느 교회가 있습니다. 수많은 목사들이 그 교회를 찾아가서 목회를 배우려고 합니다. 그 교회 목사의 목회는 상당히 권위적입니다. 목사의 말 한마디에 전 교인이 꼼짝을 못합니다. 그 목사는 절대로 교인과 함께 밥을 먹지 않는다고 합니다. 목사는 평신도와 거리를 두고 위엄을 가져야 하기 때문입니다. 아버지가 아들과 함께 식사를 못합니까? 이처럼 놀라운 일들이 벌어지고 있습니다. 그러나 지금 그 교회는 놀랍게 부흥하고 있습니다. 수많은 목회자들이 그 목회를 배우기 위해 그곳으로 달려가고 있습니다.

저도 목회를 하다 보니, 그것을 배워보고 싶다는 생각이 듭니다. 그렇게 목회하면 편해서 좋을 것 같습니다. 목사의 말 한마디면, 모든 성도들이 쩔쩔 맨다고 하는데 말입니다. 이렇게 얽어매는 목회, 강압하는 교회가 오늘날 급속도로 부흥하고 있다는 것이 정말 놀라울 따름입니다. 우리 같이 자유를 주면 더 열심히 믿어야 하는데 농땡이를 칩니다. 집사들이 수요 예배도 안 나오고, 십일조도 떼어먹습니다. 그런데 제가 "십일조를 떼어먹으면 하나님께서 교통사고로 치신다"라고 설교하면, 아마 헌금이 두 배로 늘어날 것입니다.

하지만 그것은 결코 하나님의 방법이 아닙니다. 무슨 말인가 하면, 오늘날 우리의 자유를 엿보는 사람이 너무 많다는 것입니다. 우리는 깨어 있어야 합니다. 겉으로 볼 때, 신앙생활을 열심히 하는 것 같습니다. 하지만 몇 년이 지나고 나면 신앙생활의 기쁨이 없습니다. 자발적인 마음이 사라집니다. 어느새 신앙생활이 짐이요 부담으로 다가옵니다. 그런데도 교회에는 나가야 합니다. 왜 그렇습니까? '주일을 안 지켰다가 사고라도 당하면 어떻게 하지, 하나님이 내 사업을 치시면 어떻게 하지' 하고 걱정되기 때문입니다. 주일 예배에 나오는 것이 짐스러우십니까? 차라리 집에서 주무십시오. 과연 우리가 얼마나 자발적으로 신앙생활을 하는지를 살펴볼 때가 되었습니다. 사도 바울은 말합니다.

그들에게 우리가 한시도 복종하지 아니하였으니 이는 복음의 진리가 항상 너희 가운데 있게 하려 함이라(갈 2:5).

복음의 진리 안에 거하는 비결

그러면 우리가 어떻게 복음의 진리 가운데 거할 수 있습니까? 사도 바울은 이 비밀을 가르치기 위해 편지를 썼습니다. 우리가 어떻게 복음의 진리 가운데 하나님이 우리에게 주신 자유를 유지할 수 있습니까? 바울이 갈라디아서, 골로새서, 로마서의 여러 장에서 이것을 설명했지만, 그 비결을 가장 명쾌하게 가르친 것이 로마서 6장입니다. 잠깐 로마서 6장을 살펴보겠습니다.

오늘 사도 바울은 우리를 자유하게 하는 복음의 진리 안에 거하는 방법을 세 가지로 말합니다. 첫 번째는 "알라"고 명령합니다. 3, 6, 9절을 보십시오.

무릇 그리스도 예수와 합하여 세례를 받은 우리는 그의 죽으심과 합하여 세례를 받은 줄을 알지 못하느냐(롬 6:3).

우리가 알거니와 우리의 옛 사람이 예수와 함께 십자가에 못 박힌 것은 죄의 몸이 죽어 다시는 우리가 죄에게 종 노릇 하지 아니하려 함이니(롬 6:6).

이는 그리스도께서 죽은 자 가운데서 살아나셨으매 다시 죽지 아니하시고 사망이 다시 그를 주장하지 못할 줄을 앎이로라(롬 6:9).

사도 바울은 두 번째로 "여기라"고 말합니다. 11절을 보십시오.

이와 같이 너희도 너희 자신을 죄에 대하여는 죽은 자요 그리스도 예수 안에서 하나님께 대하여는 살아 있는 자로 여길지어다(롬 6:11).

마지막 방법은 간단합니다. "드리라"입니다. 13절입니다.

또한 너희 지체를 불의의 무기로 죄에게 내주지 말고 오직 너희 자신을 죽은 자 가운데서 다시 살아난 자 같이 하나님께 드리며 너희 지체를 의의 무기로 하나님께 드리라(롬 6:13).

그러면 무엇을 알라는 것입니까? 그리스도와 함께 너희가 침례/세례 받은 사실을 알라는 것입니다. 우리가 침례라고 하면 한 가지만 생각합니다. 물에 빠졌다가 일어나는 침례를 떠올립니다. 그러나 사실 침례에는 여러 가지 뜻이 있습니다. 로마서 6장에 나오는 침례는 물에 담갔다가 올라오는 의식 자체만을 뜻하는 것 같지는 않습니다. 침례의 뜻 가운데 우리나라 말로 번역하면 딱 좋을 단어가 하나 있습니다. 그것은 바로 '담금질'입니다. 담금질이 무엇입니까? 옛날에 옷감에 물을 들일 때, 흰옷을 빨간 옷으로 만들고 싶으면 빨간 물감을 펄펄 끓입니다. 거기에 흰옷을 담갔다가 5분 후에 빼면, 빨갛게 되는 것을 가리켜 담금질이라고 합니다. 이것이 침례의 뜻입니다.

무엇을 알아야 우리가 죄의 노예로부터, 죄의 영향력으로부터 해방된 완전한 신앙생활을 할 수 있습니까? 우리가 무엇을 알아야 합니까? 내가 예수 그리스도와 함께 담금질당했다는 것을 알아야 합니다. 다른 말로 하면, 내 정체성이 바뀌었다는 것입니다. 내 신분이 이제는 완전히 바뀌었습니다.

과거에 나는 사탄의 종이었고 죄의 노예였는데, 예수 그리스도께서 죄에 대해 죽으신 그날, 나도 죄와 함께 죽었습니다. 예수 그리스도께서 죄의 권세에서 부활하신 그날, 나도 부활했습니다. 그 사실을 알라는 것입니다. 미국의 흑인 노예들이 노예법이 선포된 후에도 여전히 노예 생활을 한 이유는 그들이 몰랐기 때문입니다. 우리는 알아야 합니다.

두 번째로 '여기다'라는 단어는 회계사들이 쓰는 단어입니다. 직역하면 '장부에 계산하다, 회계하다'라는 뜻입니다. 좀 더 쉽게 번역하면, '여기다'는 '사실로 알아라, 너의 장부에 기록하라, 너의 머리에 기억하라'는 말입니다.

우리가 정확히 계산해야 할 것이 무엇인지 아십니까? 우리가 과거에는 죄의 종이었는데, 이제는 죄의 권능에 대해서 완전히 죽었다는 것입니다. 전 남편이었던, 우리의 주인이었던 사탄으로부터 우리는 완전히 자유를 얻었습니다. 예수 그리스도께서 우리를 자유하게 하셨습니다. 그 사실을 우리 머리에 계산하라는 것입니다.

저의 스승 가운데 버논 매기(Vernon Mcgee)라는 유명한 교수님이 계십니다. 그분이 로마서 6장을 강해하다가 이 비유를 하셨습니다. 한 여인이 연애 결혼을 했습니다. 그런데 결혼한 지 2년 만에 남편이 심장마비로 죽고 말았습니다. 얼마나 슬프고 남편이 그리웠는지 그녀는 많은 돈을 들여서 남편 몸 안에 방부제를 넣어 미라를 만들었습니다. 시체가 썩지 않도록 만들어서 응접실 소파에 앉혀 놓은 것입니다. 그리고 마치 살아 있는 사람인 것처럼 대화하며 위로를 받습니다. 이 얼마나 비참한 생활입니까? 얼마나 끔찍한 생활입니까? 그런데 오늘날에도 그런 사람이 있습니다. 이단에 빠져서 자기 어머니가 부활할 줄 믿고 6개월 동안 시체 옆에서 기도하며 지낸 사람의 기사를 신문에서 보지 않았습니까? 상상해보십시오. 정말 끔찍하지 않습니까?

그런데 이 여인이 유럽으로 휴가 여행을 갔습니다. 미라 남편을 데려가고 싶었지만 비행기에서 사람들이 놀랄까봐 차마 데려가지 못했습니다. "여보, 잘 있어. 다녀올게" 인사를 하고 갔습니다. 그런데 여행을 하다가 한 남자에게 첫눈에 반해버렸습니다. 그래서 남편을 까맣게 잊어버렸습니다. 둘이 사귀다가 마침내 유럽 성당에서 멋진 결혼식을 올렸습니다.

신혼여행을 마치고 여인의 집으로 돌아왔습니다. 남편은 "여기가 우리가 살 집이야?" 하면서 아내를 번쩍 안아 응접실로 들어갑니다. 그런데 들어서는 순간, 남편이 너무 놀란 나머지 아내를 떨어뜨렸습니다. "저게 누구야?" 시체가 거기 있었던 것입니다. 그날 어떻게 했겠습니까? 그 부부는 마당에 구덩이를 파고 첫 번째 남편을 깊숙이 묻었습니다.

'여기라'의 뜻을 아시겠습니까? 여기십시오! 우리의 전 남편은 죽었습니다. 첫 번째 주인은 이제 우리에게서 그 능력을 상실해버렸습니다. 아무 짓도 할 수 없습니다. 죽은 시체와 같습니다. 과거에 우리는 죄와 사탄의 노예였습니다. 그러나 예수 그리스도를 믿는 순간, 주님께서 우리의 신분을 바꾸어주셨습니다. 그렇게 여기며 살아야 합니다. 이것은 어렵습니다. 우리는 끊임없이 그렇게 여기며 살아야 합니다.

마지막 방법은 간단합니다. 드려야 합니다. 우리는 우리 몸을 죄의 노예로 사탄에게 줄 수도 있고, 하나님께 드릴 수도 있습니다. 평생을 물질의 노예로 살 수도 있고, 하나님의 종으로 살 수도 있습니다. 그것은 우리의 결단에 달려 있습니다.

우리는 알아야 합니다. 여겨야 합니다. 마지막으로 결단해야 합니다. 내 몸을 불의의 병기로 주지 말고, 의의 병기로 드려야 합니다.

우리나라는 고스톱 때문에 망하는 사람이 많은 것 같습니다. 사실 고스톱 자체가 나쁜 것은 아닙니다. 가족끼리 재미로 하면 괜찮습니다. 그런데 고스톱 때문에 살림을 날리고, 밤새 고스톱 치기 때문에 문제가 있는 것입니다. 그러면 고스톱을 치는 사람을 보면 어떻게 해야 합니까? 피해야 합니다. 내 몸을 하나님께 드리기 위해서 그 도박판에 가지 말아야 합니다. '오늘은 가서 구경만 해야지'라고 생각합니다. 그런데 가서 구경만 하게 됩니까? '한 판만 하자'고 생각하다가 하루가 되고, 이틀이 되고, 사흘이 되고, 눈이 벌겋게 되어 재산을 탕진하는 것입니다. 왜 우리가 죄를 짓습니까? 유혹이 너무 크고 우리가 감당할 수 없어서 죄에 진 것이 아닙니다. 우리의 몸을 죄의 병기로 주기로 우리가 결정했기 때문에 죄에 지는 것이라고 성경은 말씀합니다.

하나님은 우리를 자유하게 하셨습니다. 우리의 몸을 불의의 병기로 주지 말고, 하나님께 의의 병기로 드려야 합니다. 날마다 결단하십시오. 예수 그리스도를 믿는 우리는 죄에서 승리할 수 있습니다. 아직도 죄책감 가운데 사로잡힌 사람이 있습니까? 수치심의 노예가 된 자들이 있습니까? 과거의 잘못에 얽매인 자들이 있습니까? 이 세상의 쾌락과 유혹에 날마다 지고 있습니까? 기억하십시오. 예수님이 여러분을 해방시키셨습니다. 여러분은 노예가 아닙니다. 하나님의 자녀요, 자유인입니다. 예수님이 다 이루셨습니다. 완벽하게 이루셨습니다. 우리가 순종하기만 하면, 주님께 마음을 드리기만 하면, 우리는 죄의 종이 아니라 하나님의 자유인으로 이 세상을 살 수 있습니다.

우리를 자유하게 하는 복음을 받아들였습니까? 그리고 그 복음의 능력을 지금도 체험하며 살아갑니까? 자신을 점검할 수 있는 몇 가지 질문을 해보겠습니다. 첫 번째 질문은, 진정한 기쁨으로 자발적인 신앙생활을 하느냐는 것입니다. 예를 들어, 주일 예배를 억지로 하지는 않습니까? 기쁩니까? 헌금을 할 때, 자발적으로 기쁨 가운데 드립니까? 혹시 사람의 눈을 의식해서, 목사님이 보면 어쩌나 하면서 헌금을 하고 있는 것은 아닙니까?

저는 미국에서 목회할 때 4년 동안 우리 교회의 무명헌금을 90퍼센트까지 끌어올렸습니다. 무명으로 헌금을 하게 되면 헌금 액수가 작아질 것이라고 집사님들이 말렸지만, 제가 고집을 부려서 그렇게 했습니다. 그런데 헌금 액수가 줄어들지 않았습니다. 우리가 다 무명으로 헌금을 하면 얼마나 좋겠습니까? 그러면 재정을 담당하는 분들이 얼마나 편하겠습니까? 그냥 모아서 은행에 넣으면 됩니다. 우리는 왜 사람이 꼭 알아줘야 헌금을 합니까?

두 번째 질문은, 여러분이 섬기는 이웃에게 그들 본연의 모습을 갖도록 자유를 주고 있느냐는 것입니다. 아니면 원하는 모습이 되라고 강요합니까? 이상하게도 오늘날 교회에 강요하는 풍토가 늘어나고 있습니다. 기도원에 가보십시오. 사람들이 기도를 받으러 갑니다. 집을 사더라도 기도원 원장에게 가서 "원장님, 집을 살까요, 말까요?" 하고 물어봅니다. 기도원뿐 아니라 제자훈련이라는 이름으로도 그런 일이 일어납니다. 우리 교회 안에서도 일어날 수 있습니다. 리더의 말에 무조건 복종하라고 합니다. "이 여자와 결혼할까요?" 라고 물었더니, "관상을 보니 안 되겠다, 저 여자와 결혼해라"고 합니다. 제 친구 가운데 실제로 그렇게 결혼해서 불행한 인생을 사는 사람이 있습니다.

성령 안에서 자유를 누리기 바랍니다. 하나님이 우리를 자유하게 하셨습니다. 하나님이 우주의 수많은 사람 가운데서 우리에게만 주신 은사가 따로 있습니다. 율법주의로 신앙생활을 하면 편할 것입니다. 내가 고민할 필요가 없습니다. 목사님께 물어보면 전부 다 대답해주기 때문입니다. 하지만 그렇게 하면 우리에게 기쁨이 없습니다. 우리가 고민해야 합니다. 이것이 하나님의 뜻인지, 이것이 정말 주님이 내게 원하시는 것인지를 고민해야 합니다. 오늘날 교회 안에는 자신도 하나님의 자유를 만끽하지 못하고, 다른 사람으로 하여금 하나님의 자유를 누리지 못하도록 얽어매는 자들이 너무 많습니다.

세 번째 질문은, 여러분으로 인해 가족이 위협을 받느냐, 아니면 편히 쉼을 얻느냐는 것입니다. 여러분은 어떤 사람입니까? 혹시 두려움의 포로를 키우고 있지는 않습니까? 하나님은 우리에게 복음을 주셨습니다. 그 복음은 바로 우리를 자유하게 하는 복음입니다. 오늘날 교회 안에 이 귀한 자유를 빼앗아 가려는 자들이 너무 많습니다. 그 결과는 너무나 비참합니다. 풍성해야 할 신앙생활이 사막같이 느껴지고, 기뻐해야 할 교회생활이 부담스럽기만 합니다. 자발적이어야 할 섬김이 두려움으로 대체되고 있습니다. 성령으로 인도되어야 할 매일의 삶이 율법으로 대체되고 있습니다.

사도 바울과 같이, 우리를 자유하게 하는 이 복음의 진리에 우리 자신을 던집시다. 이제 더 이상 죄의 종노릇을 하지 맙시다.

그리스도께서 우리를 자유롭게 하려고 자유를 주셨으니 그러므로 굳건하게 서서 다시는 종의 멍에를 메지 말라(갈 5:1).

5장

가면을 벗어라

갈라디아서 2장 11-16절

11게바가 안디옥에 이르렀을 때에 책망 받을 일이 있기로 내가 그를 대면하여 책
망하였노라 12야고보에게서 온 어떤 이들이 이르기 전에 게바가 이방인과 함께 먹
다가 그들이 오매 그가 할례자들을 두려워하여 떠나 물러가매 13남은 유대인들
도 그와 같이 외식하므로 바나바도 그들의 외식에 유혹되었느니라 14그러므로 나
는 그들이 복음의 진리를 따라 바르게 행하지 아니함을 보고 모든 자 앞에서 게
바에게 이르되 네가 유대인으로서 이방인을 따르고 유대인답게 살지 아니하면서
어찌하여 억지로 이방인을 유대인답게 살게 하려느냐 하였노라 15우리는 본래 유
대인이요 이방 죄인이 아니로되 16사람이 의롭게 되는 것은 율법의 행위로 말미암
음이 아니요 오직 예수 그리스도를 믿음으로 말미암는 줄 알므로 우리도 그리스
도 예수를 믿나니 이는 우리가 율법의 행위로써가 아니고 그리스도를 믿음으로
써 의롭다 함을 얻으려 함이라 율법의 행위로써는 의롭다 함을 얻을 육체가 없느
니라.

삶을 살아가다 보면, 때때로 우리는 가면을 쓸 때가 있습니다. 어느 때는 주위 사람들에게 "제발 가면을 벗어 던지세요"라고 외치고 싶은 유혹을 받기도 합니다. 그러나 용기가 없어서 그렇게 하지 못합니다. 저는 오늘 본문 말씀을 통해 "가면을 벗으라"는 말을 하려고 합니다.

제가 미국에 간 지 얼마 되지 않아 할로윈데이(Halloween Day)를 맞이하게 되었습니다. 우연찮게 그날의 행사를 보게 되었는데, 저는 엄청난 충격을 받았습니다. 거리에서 마주치는 모든 사람들이 독특한 가면을 쓰고 분장을 했습니다. 어떤 교수는 엘비스 프레슬리의 옷을 입고 나와서 우리가 몰라볼 정도였습니다. 그날 하루는 누가 누구인지 알 수 없었습니다. 오히려 분장을 하지 않은 사람들이 거리를 다니기가 어색하고 이상할 정도였습니다. 미국에서는 할로윈데이에 너나 할 것 없이 모두 가면을 쓰고 다닙니다. 그날이 생긴 유래에 대한 견해는 사람마다 다릅니다. 그러나 제가 생각하기에, 또 많은 심리학자들이 생각하기에, 아마 사람들이 일생에 한 번쯤은 가면을 쓰고 싶은 충동 때문에 그날을 만들지 않았는가 생각합니다.

한번 생각해 보십시오. 우리가 가면을 쓰면 얼마나 편리하겠습니까? 실수를 하고 잘못을 해도 다른 사람들은 내가 누구인지 모르기 때문에 문제가 되지 않습니다. 우리가 이런 가면을 실제로 쓰지는 않을지라도 때로는 보이지 않는 가면을 쓰고 살아가는지도 모릅니다. 다른 사람의 눈에는 드러나지 않더라도 우리는 나름대로 가면을 조금씩 쓰고 있습니다. 그 정도의 차이는 있을 것입니다. 가면은 우리를 편리하게 합니다. 누가 내 안에 존재하는 두려움이나 나약함을 알아차릴까 봐 걱정됩니까? 해결책은 간단합니다. 승리의 가면을 쓰면 됩니다. 강해 보이는 가면을 쓰십시오. 그러면 주위의 사람들은 내 안에 있는 나약함과 두려움을 눈치채지 못할 것입니다. 혹시 누가 당신의 영적 갈등을 눈치챌까 봐 염려됩니까? 그러면 거룩해 보이는 가면을 쓰면 됩니다.

어떤 사람은 마음에 풍랑이 일고, 삶이 고통으로 몸부림칠 수밖에 없는 상황에서도 승리의 가면을 쓰고 살아갑니다. 한 방울의 눈물도, 심지어 이맛살을 찌푸리거나 당황하는 낌새도 보이지 않습니다. 오히려 미소를 지으면서 이렇게 이야기합니다. "저는 괜찮습니다. 좋습니다. 저는 항상 믿음 안에서 승리하고 있습니다. 믿음을 가져보세요." 그러나 그의 마음에는 풍랑이 일고 있습니다. 많은 사람들이 이 사람을 보며 "경건하다, 신앙이 좋다, 위대한 믿음의 사람이다"라고 찬사를 아끼지 않을지도 모르겠습니다. 그러나 이렇게 편리한 가면에는 몇 가지 중요한 문제가 있습니다.

먼저 그것은 진실이 아니라는 것입니다. 이런 가면은 우리로 하여금 문제를 직시하기보다는 회피하게 합니다. 따라서 우리에게 자유와 평안을 주기보다는 허풍과 가식의 태도를 점차 갖게 합니다. 더 나쁜 것은, 우리가 자신을 번쩍거리는 가면 뒤에 숨길수록, 멋지게 페인팅한 가면을 인생 위에 덧입히며 살수록 더욱 고독해진다는 사실입니다. 여러분, 가면을 써보셨습니까? 여러분은 더욱 더 고독해질 것입니다. 누구에게도 우리는 마음을 열 수가 없습니다. 아무에게도 진실을 보여주고 싶지 않습니다. 그러는 사이에 우리는 점점 혼자가 되어 갑니다. 결국은 소외감과 거리감만 형성될 뿐입니다. 하나님은 우리를 창조하실 때, 교제하는 존재로 만드셨습니다. 서로 돕고 사랑하며, 서로의 필요를 채우는 가운데 만족하도록 우리를 지으셨습니다.

그러나 이런 가면은 우리를 굳게 잠긴 칸막이 방으로 인도합니다. 모든 사람과의 교제를 단절하게 만듭니다. 겉으로는 웃습니다. 주일날 교회에 잘 차려입고 와서 "형제님, 안녕하십니까?" 하며 악수를 합니다. 그러나 그 누구에게도 마음을 열지 않습니다. 홀로 골방에서 눈물을 흘립니다. 교회에서 수십 년 간 신앙생활을 했음에도 불구하고 자신의 외로움과 고통과 탄식을 이야기할 상대가 하나도 없습니다. 가족에게도 할 수가 없습니다. 배우자에게도 말하기 힘듭니다. 이것이 가면의 결과입니다. 여러분, 이 위험천만하고 편리한 가면을 벗어던지지 않겠습니까?

주님은 우리에게 복음을 주셨습니다. 모든 사람에게 나를 열어 보이고, 내 머리에서 발끝까지 모두 아시는 하나님께 나를 밝히 열 수 있는 자유롭게 하는 복음의 진리를 우리에게 주셨습니다. 우리가 과연 어떻게 하면 이런 자유를 만끽하며 가면을 벗어버리고, 하나님이 주신 풍성한 만족과 평안 가운데 자신뿐 아니라 가족과 주위 사람들과 더불어 이 짧은 인생을 아름답게 마칠 수 있겠습니까?

본문에서 우리는 충격적인 드라마를 접하게 됩니다. 교회 안에 뛰어난 두 지도자 간의 갈등을 보게 됩니다. 갈등을 일으킬 것 같지 않은 두 지도자가 부딪히고 있습니다. 그 무대는 안디옥입니다. 안디옥이 어디인지 아십니까? 시리아의 수도이고, 이방선교가 시작된 곳이며, 최초로 믿는 자들이 그리스도인이라 칭함을 받은 유명한 곳입니다. 안디옥에 바울과 베드로가 등장합니다. 교회는 사실 바울과 베드로라는 두 기둥에 의해 세워졌다고 해도 과언이 아닙니다. 우리가 사도행전을 두 부분으로 나눌 수 있습니다. 전반부는 베드로에 관한 기사이고, 후반부는 사도 바울에 관한 기사입니다.

그러나 오늘 본문에서 바울이 베드로를 책망합니다. 그런데 그냥 책망하는 것이 아닙니다. 개인적으로 만나서 조용하게 책망한 것이 아니라, 모든 교인들이 보는 앞에서 심하게 꾸짖습니다. 여러분, 이것이 가능한 일입니까? 아니, 이것이 합당한 일입니까? 이것이 말이 되는 이야기입니까? 베드로가 누구입니까? 열두 제자 가운데 가장 으뜸 되는 수제자입니다. 바울은 그에 비해 수십 년 후에야 사도가 된 까마득한 후배라고 할 수 있습니다. 뿐만 아니라 바울은 수많은 사람들에게서 사도가 아니라는 공격을 받고 괴로운 마음으로 예루살렘을 찾아갔을 때 베드로에게 위로를 받았습니다. 게다가 바울을 지금의 사도로 만든 사람도 베드로였습니다. 그런데 어떻게 바울이, 베드로가 혹 잘못했어도 개인적으로 만나서 이야기할 일이지, 공개적으로 교인들 앞에서 베드로의 위신을 깎아내리며 면책할 수 있단 말입니까? 도대체 베드로가 무슨 짓을 했기에 바울이 그렇게까지 했을지 궁금하지 않습니까? 12절을 보십시오.

야고보에게서 온 어떤 이들이 이르기 전에 게바가 이방인과 함께 먹다가 그들이 오매 그가 할례자들을 두려워하여 떠나 물러가매.

베드로는 두 가지 일을 했습니다. 먹다가 숟가락을 놓고 밥상을 물렸습니다. 그것이 베드로가 한 일의 전부입니다. 그런데 무엇이 잘못되었단 말입니까? '먹다가'라는 단어는 원어에서 미완료시제로 쓰였습니다. 이 말은 곧 이렇게 번역할 수 있습니다. "게바가 이방인과 함께 습관을 따라 먹다가." 사도 베드로는 안디옥에 내려오자마자 예수 그리스도를 믿고 구원받은 이방인들과 종종 식사를 같이 했습니다. 이것은 굉장히 놀라운 일입니다. 유대인들은 절대로 이방인들과 그릇을 같이 쓰지 않았기 때문입니다.

요한복음 4장에 보면, 사마리아 수가성에서 예수님이 한 여인에게 물을 달라고 합니다. 그때 여인은 이렇게 말합니다. "유대인 남자인 당신이 어찌하여 사마리아 여자인 나에게 물을 달라고 합니까?" 사실 물 한 그릇 주는 것이 뭐 그렇게 어렵겠습니까? 그러나 거기에는 심각한 문제가 있었던 것입니다. 상대방에게 물을 주려면 자기 그릇을 내주어야 했기 때문입니다. 유대인은 이방인이 만지는 모든 것이 부정하다고 생각했기 때문에, 결코 그들과 같이 식사를 하지 않았습니다.

그러나 사도 베드로는 복음의 진리를 깨닫고 나서 이방인과 유대인 사이에 담이 없어진 것을 굳게 믿고, 안디옥에 와서 그들과 습관을 따라 식사하기 시작했다고 성경은 말씀합니다. 그러던 어느 날, 예루살렘으로부터 한 무리의 사람들이 내려왔습니다. 이 사람들은 예수를 구주로 믿는 그리스도인들이지만, 바리새파 출신이었습니다. 그들은 우리가 믿음으로 구원받지만, 그것만으로는 부족하다고 주장했습니다. 이방인이 그리스도인이 되려면 할례도 받아야 하고, 모세의 율법도 지켜야 한다고 주장했습니다.

사도 베드로가 이방인들과 함께 밥을 먹고 있었습니다. 그런데 누군가가 예루살렘에서 한 무리가 도착했다고 베드로에게 전합니다. 그 무리는 할례를 매우 강조하고 모세의 율법, 즉 이방인과 식사하는 것을 싫어한다고 전합니다. 그 말을 듣자마자 베드로는 숟가락을 내려놓고 도망갔습니다. 베드로가 왜 그렇게 했습니까? 복음을 받아들인 후, 이방인과 유대인 사이의 담이 무너졌다고 확신했던 베드로였습니다. 그랬던 베드로가 이런 행동을 한 것은 무엇 때문이었습니까? 베드로의 확신이 바뀌었습니까? 그가 복음의 확신을 포기한 것입니까? 그렇지 않습니다.

우리가 이 사건을 정확히 이해하려면, 사도행전을 읽어야 합니다. 사도행전 10-11장을 보면, 하나님은 유대인과 이방인 사이에 담이 허물어졌다는 사실을 베드로에게 친히 계시해주셨습니다. 욥바의 무두장이 시몬의 집에서 베드로가 기도하려고 하는데 배가 너무 고팠습니다. 무엇을 좀 먹어야겠다는 생각을 하는데 하나님이 그에게 환상을 보여주셨습니다. 하늘에서 커다란 보자기가 내려오는 환상이었습니다. 그 보자기 안에 무엇이 있는지 살펴보니, 유대인이 도저히 먹을 수 없는 부정한 짐승들, 부정한 새들, 파충류, 뱀 같은 것들이 우글거렸습니다. 그런데 하늘에서 하나님의 음성이 들려왔습니다. "베드로야, 먹어라." 베드로가 깜짝 놀라 이렇게 대답합니다. "그럴 수 없습니다. 제가 유대인인데 어떻게 부정한 음식을 먹을 수 있습니까?" 그때 하나님이 "내가 깨끗하게 한 것을 네가 속되다 더럽다 하지 말라"고 말씀하십니다. 하나님이 베드로에게 이 같은 환상을 세 번이나 반복해서 보여주셨습니다.

베드로가 환상을 보고 난 뒤에 갑자기 누군가가 문을 두드리는 소리를 듣게 됩니다. 그가 나가 보니 고넬료가 초대한다는 소식을 전하러 온 사람이었습니다. 고넬료는 가이사랴에 사는 로마의 백부장이었습니다. 오늘날의 계급에 비유하면, 군대의 연대장 정도 되는 사람입니다. 그런 사람이 하나님을 사랑하고 싶은데, 복음이 깨달아지지 않는 것입니다. 그때 하나님이 고넬료에게 계시로 말씀하십니다. "사람을 보내 베드로를 초청하라. 그러면 그가 너에게 복음을 가르쳐주리라." 그렇게 베드로는 고넬료와 만나게 되었습니다. 베드로는 자신이 깨달은 예수 그리스도의 복음을 고넬료와 그의 모든 부하들과 가족들에게 전합니다. 그러자 놀라운 일이 생깁니다. 사도행전 2장을 보면, 유대인들에게만 임했던 성령 하나님이 그 설교를 듣는 사람들 가운데 임하신 것입니다. 그 자리에 있던 모든 사람이 구원을 받았습니다. 베드로는 그날 즉시 그들에게 침례/세례를 주었습니다.

이제 베드로는 하나님의 계시에 의해 복음의 진리가 무엇인지 알았습니다. 그는 유대인과 이방인 사이의 모든 담이 무너지고, 구약의 율법이 완성되어 폐해졌으며, 율법으로는 결코 구원에 이르지 못함을 분명하게 알았습니다. 이처럼 복음의 진리를 분명히 알게 된 베드로가 왜 그런 행동을 했을까요? 본문에서는 베드로가 복음의 진리를 몰라서가 아니라 이 복음의 진리를 행동으로 드러내는 데 실패했다고 지적합니다.

이것이 바로 우리의 문제입니다. 우리는 복음을 압니다. 하나님의 말씀도 압니다. 진리를 가슴 속에 담고 있습니다. 성경을 머리에 훤히 꿰고 있습니다. 그러나 깨달은 말씀, 곧 복음의 진리를 따라 살지 않는다는 것이 문제입니다. 혹시 불이익을 당할까 봐 두려워합니다. 베드로도 복음을 알았지만, 예루살렘으로부터 내려오는 사람들이 두려워서 그 자리를 피해 도망갔습니다. 그 결과는 어떻습니까? 13절을 읽어보십시오.

남은 유대인들도 그와 같이 외식하므로 바나바도 그들의 외식에 유혹되었느니라.

심각한 문제가 생기기 시작했습니다. 베드로만 외식하고 위선적인 가면을 쓴 것이 아니라, 남은 유대인 그리스도인들, 심지어 바나바까지 베드로를 따라 위선된 생활을 하게 되었다고 말씀합니다. 이것이 중요합니다. 외식과 위선의 가면은 결코 우리 혼자만의 문제가 아니라는 것입니다. 이것은 굉장히 강한 전염성이 있습니다. 다른 것을 감염시킵니다. 주위 사람들을 감염시키고, 우리 자녀들을 감염시키고, 때때로 내 주위의 형제들에게 이 가면을 전달할 수 있다고 성경은 이야기합니다.

본문은 간단하게 말씀합니다. 베드로가 가면을 쓰기 시작했습니다. 복음의 진리를 머리로는 알았는데, 그 복음의 진리를 행동으로는 따르지 못했습니다. 베드로가 가면을 쓰니까 그를 따라서 남은 그리스도인들, 심지어 바나바까지 유혹을 받았습니다. 바로 이런 이유 때문에 사도 바울이 어떻게 했습니까? 분연히 일어나서 모든 교인들이 보는 가운데 이렇게 말합니다. 14절을 보십시오.

> 그러므로 나는 그들이 복음의 진리를 따라 바르게 행하지 아니함을 보고 모든 자 앞에서 게바에게 이르되 네가 유대인으로서 이방인을 따르고 유대인답게 살지 아니하면서 어찌하여 억지로 이방인을 유대인답게 살게 하려느냐 하였노라.

사도 바울이 베드로를 면책했습니다. 여러분, 바울의 말이 너무 지나친 것이 아닙니까? 바울이 혹시 교만해진 것은 아닙니까? 베드로에 대한 경쟁의식 때문에 베드로를 사정없이 깎아내리는 것은 아닙니까? 바울의 의도가 도대체 무엇이기에 이렇게까지 심하게 한단 말입니까? 그 이유는 간단합니다. 사도 바울은 마음이 좁은 사람이 아니었습니다. 디도에게 할례를 주지 않은 사도 바울은 훗날 다른 곳에 가서 디모데에게 할례를 주었습니다. 그는 자신이 법 있는 자에게는 법 있는 자같이, 법 없는 자에게는 법 없는 자같이, 율법이 있는 자에게는 율법이 있는 자같이, 율법이 없는 자에게는 율법 없는 자같이 행동한다고 간증했던 사람입니다.

그런데 왜 베드로의 잘못에 대해서는 이렇게 공개적으로 책망했습니까? 그 이유는 오직 하나입니다. 지금 베드로의 개인적인 가면이 문제가 아닙니다. 베드로의 행동으로 인해 사도 바울이 전한, 예수 그리스도의 죽음으로 말미암아 이 땅에 심겨진 복음의 진리가 흔들리기 시작했다는 것입니다. 바로 이 문제 때문에 사도 바울이 베드로를 책망한 것입니다.

사도 바울은 언제나 복음의 진리에 대해서는 단호했습니다. 사랑이 많은 사도 바울이었지만, 1장에서도 볼 수 있듯이 그는 복음의 내용을 변조시킨 자들에게는 '저주받은 자'라는 단어를 써가면서 "저주를 받을지어다"라고 했습니다. 사도 바울은 복음을 변조시키는 자들에 대해서 무엇이라고 이야기합니까? "그들에게 우리가 한시도 복종하지 아니하였으니"라고 단호하게 말합니다(갈 2:5). 본문도 그런 맥락에서 이 복음의 진리를 수호하기 위해서, 복음에 대해서는 결코 타협할 수 없기에, 그의 대선배이자 교회의 기둥 같은 지도자인 베드로가 복음의 진리를 흐리자 사정없이 사람들 앞에서 면책한 것입니다.

그렇다면 사도 바울이 그렇게 강조한 복음의 진리가 무엇입니까? 그가 열을 올리며 보호하려고 했던 복음의 진리가 무엇입니까? 그리고 베드로의 행동이 어떻게 복음의 진리를 거부하는 것이 됩니까? 바울은 15-16절에 그 내용을 설명하고 있습니다. 복음의 진리는 간단합니다. 복음의 진리는 이렇게 말할 수 있습니다. "하나님의 심판 아래 있는 우리 죄인들이 하나님의 거저 주시는 은혜로, 곧 예수 그리스도의 죽으심에 근거하여 우리의 행위와 상관없이 믿음으로 의롭게 된다." 이 복음의 진리에 대해서 꼭 기억해야 할 것이 있습니다. 먼저, 우리는 하나님의 거저 주시는 은혜로 말미암아 우리의 행위와 전혀 상관없이 예수 그리스도를 믿기만 하면 의롭게 된다는 사실을 알아야 합니다. 오늘날 사람들이 이 말씀을 얼마나 많이 오해하는지 모릅니다.

오늘날 교회 안에도 머리로는 은혜로 구원받는다는 것을 알지만, 행동으로는 율법적인 신앙생활을 하려고 합니다. 어떤 분은 제게 이렇게 말합니다. "목사님, 제가 열심히 해서 어떻게든 하나님의 은혜를 갚아야 할 텐데요." 제가 시간이 없어서 그분에게 자세한 설명은 못했지만, 마음이 아팠습니다. 우리가 어떻게 하나님의 은혜를 갚겠습니까? 무엇으로 갚겠습니까? 이 몸을 다 불살라 드리면 하나님의 은혜를 만분의 일이라도 갚을 수 있을 거라고 생각하십니까? 그렇다면 우리는 진정 복음을 모르는 것입니다.

복음은 하나님이 거저 주시는 은혜입니다. 우리가 하나님이 누구신지, 예수 그리스도가 누구신지 알기도 전에 하나님이 먼저 우리를 사랑하셨습니다. 그분이 이 땅에 인간의 몸을 입고 오셔서 갈보리 십자가에서 죽으셨습니다. 우리가 달려야 할 십자가에 그분이 대신 돌아가셨습니다. 그리고 예수님은 '테텔레스타이'(*Tetelestai*), 즉 "내가 다 이루었다. 너희가 갚아야 할 죄 값을 내가 다 갚았다"라고 선포하셨습니다. 언제입니까? 우리가 하나님을 모를 때에, 우리가 아직 죄인 되었을 때에 그리스도께서 우리를 위하여 죽으심으로 하나님이 우리에 대한 자기의 사랑을 확증하셨습니다. 15-16절을 다시 보십시오.

> 우리는 본래 유대인이요 이방 죄인이 아니로되 사람이 의롭게 되는 것은 율법의 행위로 말미암음이 아니요 오직 예수 그리스도를 믿음으로 말미암는 줄 알므로 우리도 그리스도 예수를 믿나니 이는 우리가 율법의 행위로써가 아니고 그리스도를 믿음으로써 의롭다 함을 얻으려 함이라 율법의 행위로써는 의롭다 함을 얻을 육체가 없느니라.

베드로의 행동은 바로 이 복음의 진리를 흔드는 것이었습니다. 율법주의자들이 오자 그는 그 자리에서 물러났습니다. 마치 행위로 구원받는 것처럼, 예수 그리스도로 인한 복음의 진리를 받았음에도 불구하고 이방인과 식사하는 것이 무엇이 그리 대단하다고 말입니다. 식사 자리에서 물러난 것이 문제가 아니라, 그리스도께서 주신 복음의 진리를 흔들었기 때문에 사도 바울은 그를 책망한 것입니다. 무슨 말씀입니까? 오늘 베드로의 가면뿐 아니라, 우리의 가면이 진리를 혼탁하게 할 수 있다고 성경은 말씀합니다. 우리가 쓰는 가면은 무서운 파괴력을 갖고 있습니다. 말씀은 다른 사람에게 전염될 뿐 아니라 오늘 우리가 받은 이 복음의 진리를 흔들 수 있다고 가르칩니다.

그러면 우리가 어떻게 이 가면을 벗을 수 있습니까? 어떻게 복음의 진리대로 살 수 있습니까? 어떻게 하나님께서 거저 주시는 은혜 속에서 자유를 누리고 기뻐하며 평안 가운데 살 수 있습니까? 저는 오늘 본문을 통해서 그 방법과 교훈을 몇 가지 살펴보려고 합니다.

우리 모두를 유혹하는 가면

본문에서 우리가 얻을 수 있는 첫 번째 교훈은, 우리는 모두 가면의 유혹을 받는다는 것입니다. 이 유혹으로부터 자유롭지 않다는 것입니다. 그 사실을 인정하십시오. 본문은 무엇을 말합니까? 베드로가 얼마나 수치스러운 행동을 했습니까? 예수님을 세 번이나 부인했던 베드로가 세 번째 닭 울음소리에 통곡하며 뉘우친 줄 알았는데, 또 다시 교회 앞에서 부끄러운 일을 했습니다. 차라리 이 내용이 성경에 기록되지 않았으면 얼마나 좋았겠습니까? 그런데 왜 기록했을까요? 바로 우리를 위해서입니다.

베드로와 바나바가 가면을 썼다면, 초대교회의 열정적인 이 성도들이 가면을 벗어던지지 못했다면, 오늘 우리에게도 그 가능성이 있는 것입니다. 우리는 이것을 부인할 수 없습니다. 아니 오히려, 하나님 안에서 자신이 어떤 가면을 쓰고 있는지 정직하게 살펴보아야 합니다.

오늘 우리가 주님 앞에서 기도하며 이렇게 여쭤봅시다. “주님, 제가 지금 어떤 가면을 쓰고 있습니까?" 내 마음은 연약하고, 내 신앙은 흔들리지만 여전히 "나는 끄떡없어!"라는 가면을 쓰고 있지 않습니까? 때때로 저는 목사라는 가면을 집어던지고 싶습니다. 우리는 가면의 유혹으로부터 자유롭지 않음을 인정해야 합니다. 하지만 가면을 쓰고서는 결코 자유를 누릴 수 없습니다.

주위 사람들에게 전염되는 가면

오늘 본문에서 우리가 얻을 수 있는 두 번째 교훈은, 가면이 자신뿐 아니라 주위 사람들에게 전염된다는 것입니다. 베드로가 가면을 쓰자 곧바로 바나바와 다른 성도들도 가면을 쓰기 시작했습니다. 13절을 보십시오.

> 남은 유대인들도 그와 같이 외식하므로 바나바도 그들의 외식에 유혹되었느니라.

가면은 우리 자녀와 가족뿐 아니라 주위 사람들에게 무서운 속도로 전염된다는 사실을 기억해야 합니다. 율법주의가 무엇입니까? 오늘날 교회 안에 가장 심각한 이단이 있다면, 그것은 율법주의입니다. 여호와의 증인이 아닙니다. 모르몬교가 아닙니다. 율법주의는 이렇게 정의할 수 있습니다. '나의 어떤 노력으로 하나님의 호의를 얻으려는 생각'입니다. 우리가 그런 생각으로 헌금을 하고 예배에 참석하고 성경 말씀을 읽는다면, 율법적인 동기로 신앙생활을 하는 것입니다. 율법주의의 특징은 하나님이 주신 자유를 얽어매는 것입니다.

율법주의로 신앙생활을 하는 사람은 교회 안에서 굉장한 열심을 냅니다. 새벽기도, 철야기도에 빠지는 법이 없습니다. 십일조는 반드시 바칩니다. 모든 것이 완벽한 것 같습니다. 그런데 마음 깊은 곳에 기쁨이 없습니다. 늘 부족합니다. 어떻게 하면 내가 하나님의 사랑을 좀 더 받을까, 이만하면 하나님이 만족하실까, 주일 예배에 참석하지 않아서 교통사고가 나면 어떻게 하지, 하나님이 나를 미워하면 어떻게 하지를 늘 고민합니다. 하나님이 우리에게 주신 자유를 철저히 파괴합니다. 그런데 거기에서 끝나지 않습니다. 율법주의 속에서 신앙생활을 하는 사람은 다른 사람에게도 그런 신앙을 요구하며 많은 짐을 지웁니다. 율법으로 꽁꽁 얽어매는 것입니다. 결국 자신만 가면을 쓰는 것이 아니라, 다른 사람까지 가면을 쓰게 만듭니다.

어떤 사람은 우리가 "가면을 쓸 수밖에 없지 않습니까?"라고 질문할 수 있습니다. 그러나 율법으로는 하나님 앞에 의롭다 함을 얻을 육체가 없습니다. 어떤 사람은 내가 집사인데, 내가 교회에 5년을 출석했는데, 1년 넘게 성경공부를 해왔는데, 목사님이 내가 이런 것을 알면 얼마나 실망할까 하면서 가면을 씁니다. 그런 사람은 거기에서 끝나는 것이 아니라, 다른 사람에게도 율법의 짐을 지우며 가면을 쓰게 만든다고 성경은 말씀합니다. 여러분, 가면에는 무서운 감염의 능력이 있음을 기억하십시오.

행동으로 복음의 진리를 부인하게 하는 가면

오늘 본문에서 우리가 얻을 수 있는 셋째 교훈은, 가면은 복음의 진리를 행동으로 부인하게 한다는 것입니다. 우리가 가면을 쓸 때, 말과 마음으로는 복음을 반대하지 않지만 행동으로는 자신도 모르게 복음의 진리를 거역하게 됩니다.

복음이 무엇입니까? 복음을 받을 수 있는 우선적인 조건은, 하나님 앞에서 자신이 죄가 있다고 인정하는 것입니다. 유학 시절, 한 번은 미국에서 운전을 하는데 경찰이 쫓아왔습니다. 그리고 스티커를 건네 주면서 체크하라는 것입니다. 그래서 어떻게 하는 것이냐고 물었더니, 해당사항에 동그라미를 치라는 것이었습니다. 그 스티커에는 "내가 죄를 시인하느냐, 안 하느냐"라는 질문이 있었는데, 그중 하나를 선택해서 동그라미를 쳐야 합니다. 제가 죄를 시인하면 벌금을 내는 것으로 끝나지만, 시인하지 않으면 법정에 가서 재판을 받아야 합니다.

우리가 복음을 깨닫는 데 가장 심각한 걸림돌이 무엇인지 아십니까? 죄에 대한 깨달음이 없는 것입니다. 어떤 사람이 복음을 가장 잘 깨닫는지 아십니까? 하나님 앞에서 "나는 죄인입니다"라고 고백하는 사람입니다. 복음을 깊이 깨달을수록 느껴지는 감정이 있습니다. 그것은 내가 너무나 연약한 죄인이라는 것입니다. "하나님, 저는 너무 기가 막힌 죄인입니다. 제 속에 선한 것이라고는 하나도 없습니다." 이런 고백을 누가 했습니까? 사도 바울이 했습니다. 그는 말년에 이렇게 고백합니다. "하나님, 제가 죄인 중에 괴수입니다. 오! 아버지여, 제 속에 고민이 있는데 그것은 다름 아닌 제 안에 선한 것이 하나도 없다는 것입니다. 저는 곤고한 자입니다. 아버지, 저를 건져주십시오." 이 고백이 바로 복음의 진리입니다.

우리가 가면을 쓸 때, 바로 이 복음의 진리를 부인하는 것입니다. 우리가 하나님 앞에서 죄인 중에 괴수처럼 느껴진다면, 가면을 쓸 필요가 있겠습니까? 우리가 죄인이라고 하나님과 사람 앞에서 말했기 때문에 더 이상 부끄럽지 않습니다. 그러나 우리가 가면을 쓰는 그 순간, 말로는 복음을 인정하고 복음을 따라 산다고 했지만, 행동으로는 복음을 막는 것입니다. 가면을 쓴 채로 주위 사람들을 정죄합니다. "나는 의로워. 그래도 내가 저 전과자보다는 낫잖아. 이혼한 저 사람이나, 저 술주정뱅이보다는 낫지."

한번은 미국에서 아들과 함께 차를 타고 가고 있었습니다. 한참을 가고 있는데, 아들이 어떤 사람을 가리키면서 "저 사람은 나쁜 사람이에요"라고 하는 것입니다. 그래서 누구에게 그러는가 하고 봤더니 담배를 피우는 사람을 보고 그렇게 말한 것이었습니다. 저는 아들에게 왜 그가 나쁜 사람이라고 생각하는지를 물었습니다. 그랬더니 하는 말이, 그 사람이 담배를 피우기 때문이라는 것입니다. 저는 그때 아들의 잘못된 생각에 대해서 말해주었습니다.

우리 그리스도인들이 가장 많이 범하는 죄가 무엇인지 아십니까? 판단하는 죄입니다. 우리는 모두 죄인입니다. '나는 너보다 낫다'고 생각하지 마십시오. 그런 가면은 쓸 필요가 없습니다. 가면을 쓰는 것은 나도 모르게 이미 행동으로 복음의 진리를 거부하는 것입니다. 우리는 가면의 유혹에서 자유롭지 않음을 인정해야 합니다. 가면은 주위 사람들에게 급속도로 전염 됨을 기억해야 합니다. 그리고 가면을 쓰는 순간, 내가 복음의 진리를 부인하고 있음을 깨달아야 합니다. 그러면 우리는 이 가면을 어떻게 해야 합니까?

생활에 적용해야 하는 복음의 진리: 다른 사람을 은혜로 대하라

오늘 본문에서 우리가 얻을 수 있는 교훈은, 복음의 진리를 생활에 적용해야 한다는 것입니다. 어떻게 하면 우리가 가면을 벗을 수 있습니까? 복음의 진리를 생활에 적용해야 합니다. 여기에서 적용이라는 단어가 열쇠입니다. 복음을 아는 것만으로는 안 됩니다. 하나님이 우리에게 복음을 주신 것은, 그것을 믿을 뿐 아니라 복음에 따라 살게 하시고, 다른 사람에게 복음을 전하도록 하기 위해서입니다. 우리가 진정으로 거저 주시는 은혜로 구원받았다고 믿는다면, 그 은혜 속에서 자유를 누려야 합니다.

여러분, 자신의 죄를 인정하는 것을 두려워하지 마십시오. 자신이 약하다는 것을 다른 성도들에게 고백하는 것을 겁내지 마십시오. 때때로 우리는 자녀에게 잘못한 것에 대해 용서를 구할 줄 알아야 합니다. 저는 가끔 아이들에게 용서를 구합니다. 그러면 아이들이 얼마나 좋아하는지 아십니까? '아, 아빠도 실수하는구나' 하면서 굉장히 다행스러워 합니다. 또한 아이들에게 용서를 구할 때 제 자신도 달라집니다.

여러분, 이 은혜를 누리십시오. 우리 안에 숨어 있는 수많은 문제와 갈등, 더러움, 잘못, 과거의 잘못에 관계 없이 하나님은 이미 우리를 완벽하게 받아 주셨습니다. 이것을 기억할 때 우리는 비로소 가면으로부터 자유로워질 수 있습니다. 우리가 하나님의 자녀가 된 것은 우리의 행위 때문이 아닙니다. 우리의 의로움 때문이 아닙니다. 우리의 완벽함 때문이 아닙니다. 오직 하나님의 은혜 때문입니다. 우리가 은혜로 구원받았다면, 이제 가면을 벗어던지고 자유를 누려야 합니다.

그러면 우리는 복음의 진리를 어떻게 삶에 적용할 수 있습니까? 우리가 하나님께 은혜로 구원받았다면, 다른 사람을 은혜로 대해야 합니다. 법이 아닌 은혜, 정의가 아닌 사랑, 의무가 아닌 포용으로 내 주위 사람들을 감싸 안아야 합니다. 어떤 부모 밑에서 가면을 쓴 자녀가 가장 많이 나오는지 아십니까? 가장 올바르게 산다고 생각하는 부모 밑에서 가면을 쓴 자녀가 많이 나옵니다. 그런 부모는 삶에서 실수를 인정하지 않습니다. 법을 잘 지킵니다. 남을 용서할 줄 모릅니다. 잘못한 자녀를 회초리로 훈계합니다. 자녀를 엄격하게 키웁니다. 그런데 그 결과가 무엇인지 아십니까? 그 자녀는 자신도 모르게 가면을 쓰는 법을 배웁니다. 우리는 자녀의 잘못을 포용하는 부모가 되어야 합니다.

저는 신학교에 다니면서 한때 곁길로 빠진 적이 있었습니다. 신학교를 가면 모든 것이 거룩해질 줄 알았는데 그렇지 않았습니다. 강의를 듣는데 정말 재미가 없어서, 수업을 빼먹고 다방을 밥 먹듯이 갔습니다. 그때 성적을 보면 낙제하기 일보직전이었습니다. 다방의 담배 연기가 몸에 배인 채루 매일 저녁마다 형님이 목회하는 교회에 찾아갔습니다. 형님이 그것을 왜 몰랐겠습니까? 제 몸에서 담배 냄새가 나는데 말입니다. 그런데 6개월이 지나도록 한마디도 하지 않던 형님이 하루는 저를 불러놓고 이런 이야기를 하셨습니다.

"구불구불한 소나무가 어떻다고 생각하니?"

"멋있지요."

"쭉 뻗은 전나무는?"

"그것도 멋있지요."

"맞다. 둘 다 멋있지만, 하나님은 곧은 나무를 사용하신단다."

제가 그런 방탕한 생활에서 돌이킬 수 있었던 이유는 형님의 사랑 때문이라고 생각합니다. 저보다 열일곱 살이나 많은 아버지 같은 형님입니다. 형님은 끝까지 저를 기다려주셨습니다. 다방에 하루 종일 쳐 박혀 있고, 몸에서 온통 담배 냄새가 나는 저에게 용돈을 주고 뭐 부족한 것이 없느냐고 물으면서 한 번도 얼굴을 찡그리지 않았습니다.

우리가 이렇게 다른 사람을 은혜로 대할 때, 그 사람이 쓴 무서운 가면을 하나씩 벗겨낼 수 있습니다. 우리는 가면을 쓰고 있습니다. 그리고 때때로 남에게 가면을 쓰라고 강요하는 연약함까지 보입니다. 그러나 우리는 하나님의 은혜로 구원받았습니다. 모든 사람이 가면을 쓰고 서로의 마음 문을 닫고 사는 이 시대에, 우리는 가면을 벗기는 복음의 사도가 되어야겠습니다.

먼저, 우리 자신의 가면을 벗어버려야 합니다. 그리고 자녀와 배우자와 주위에 있는 사람들이 과감하게 가면을 벗어던질 수 있도록 사랑으로 용납하고 포용하며 그들을 하나님의 은혜로 껴안는 사람이 되어야 합니다.

6장

변화된 삶

갈라디아서 2장 15-21절

[15]우리는 본래 유대인이요 이방 죄인이 아니로되 [16]사람이 의롭게 되는 것은 율법
의 행위로 말미암음이 아니요 오직 예수 그리스도를 믿음으로 말미암는 줄 알므
로 우리도 그리스도 예수를 믿나니 이는 우리가 율법의 행위로써가 아니고 그리
스도를 믿음으로써 의롭다 함을 얻으려 함이라 율법의 행위로써는 의롭다 함을
얻을 육체가 없느니라 [17]만일 우리가 그리스도 안에서 의롭게 되려 하다가 죄인으
로 드러나면 그리스도께서 죄를 짓게 하는 자냐 결코 그럴 수 없느니라 [18]만일 내
가 헐었던 것을 다시 세우면 내가 나를 범법한 자로 만드는 것이라 [19]내가 율법
으로 말미암아 율법에 대하여 죽었나니 이는 하나님에 대하여 살려 함이라 [20]내
가 그리스도와 함께 십자가에 못 박혔나니 그런즉 이제는 내가 사는 것이 아니요
오직 내 안에 그리스도께서 사시는 것이라 이제 내가 육체 가운데 사는 것은 나
를 사랑하사 나를 위하여 자기 자신을 버리신 하나님의 아들을 믿는 믿음 안에
서 사는 것이라 [21]내가 하나님의 은혜를 폐하지 아니하노니 만일 의롭게 되는 것
이 율법으로 말미암으면 그리스도께서 헛되이 죽으셨느니라.

변화에 대한 두 가지 견해

요즘 우리나라 국민들이 가장 절실하게 바라는 것이 있다면 변화일 것입니다. 우리나라의 정치, 사회, 경제 등 모든 분야를 보더라도 변하지 않으면 안 될 위기에 이른 것 같습니다. 우리를 경악하게 하는 사건이 너무 많이 일어나고 있습니다. 초등학교 3학년밖에 안 된 어린 아들의 손가락을 자른 아버지의 사건을 보면서, 이 사회가 어떻게 이 지경까지 되었는지 생각하며 정말 안타까웠습니다. 그 사건에 대한 뉴스를 보면서, 아들의 눈치를 살폈습니다. '이놈이 오늘 저녁에 자러 들어가면 자기 방문을 잠그는 건 아닐까?' 하는 생각이 들었습니다. 중간에 TV를 끌 수도 없고, 이 아이가 도대체 아버지를 어떻게 생각할지 별의별 생각이 들었습니다. 등 뒤에서 식은땀이 흐르는 것을 느꼈습니다. 다음날 아침에 일어난 아들의 눈빛이 예사롭지 않게만 느껴졌습니다.

우리는 주변에서 발생하는 숱한 일들을 보면서 변화가 일어나야 한다고 생각합니다. 이 변화는 우리 주변뿐만 아니라 우리 자신도 갈망하는 것입니다. 우리는 자신의 변화를 끊임없이 갈망하고 노력합니다. 지금보다 더 나은 어떤 모습으로 변화되기를 기대하기 때문입니다. 누군가가 변화를 원하지 않는다면, 그것은 변화를 원하지 않아서가 아니라 변화를 포기했기 때문일 것입니다. 수없이 변화를 시도해보았지만 번번이 실패했기 때문에 변화를 체념한 것입니다.

하지만 우리 안에 여전히 살아 있는, 변화에 대한 갈망을 누가 부인할 수 있겠습니까? 우리는 '지금보다 좀 더 나은 성도가 되어야 할 텐데, 지금보다 좀 더 나은 아버지와 어머니가 되어야할 텐데' 하고 생각합니다. 어떻게 하면 좀 더 나은 배우자가 될 수 있을지를 생각합니다. 이것은 우리 모두의 고민이자 소원입니다.

그러면 우리가 어떻게 변화될 수 있습니까? 도대체 성경은 이 변화에 대해 어떻게 말씀합니까? 성경은 우리가 좀 더 나은 사람이 될 수 있다고 선포합니까? 이 세상에 존재하는 사람이 어떻게 변화될 수 있는가에 관한 견해는 수십 가지로 나뉩니다. 하지만 크게 두 가지로 요약 분류할 수 있습니다.

하나는 사람이 밖에서부터 안으로 변화된다는 견해이고, 또 다른 하나는 안에서부터 밖으로 변화된다는 견해입니다. 첫 번째 견해는 우리의 행위를 교정함으로써 의인이 될 수 있다고 봅니다. 예를 하나 들어보겠습니다. 나무에 문제가 있습니다. 그 나무를 어떻게 살릴 수 있습니까? 우리는 나뭇가지의 잘못된 부분을 잘라내고 교정함으로써 그 나무를 살릴 수 있다고 주장합니다. 전자는, 나무를 교정하는 것처럼 인간의 잘못된 행위를 하나씩 고쳐나가야 한다는 것입니다. 이 견해는 보통 세상에 팽배한 철학입니다. 잘못된 행동을 고치기 위해서 우리는 고행도 하고, 선을 쌓기도 하며, 깊은 철학을 배우기도 하고, 때때로 종교에 심취하기도 합니다. 불교가 바로 이런 주장을 합니다. 깊은 묵상 가운데 백팔번뇌를 다 떨어내고, 내 안에 잘못된 생각들을 내 노력으로 하나하나 가지치기를 합니다. 그래서 어느 날 깨달음에 이르면 부처가 되는 것입니다.

유교는 어떻게 가르칩니까? 우리는 끊임없이 죄를 지을 수밖에 없습니다. 그러나 계속해서 선을 쌓아나가야 합니다. 좋은 일을 많이 해야 합니다. 그러면 어느 날 우리가 하늘이 됩니다. 이처럼 사람은 밖에서부터 안으로 교정함으로써 의인이 될 수 있다는 사상은 세상 모든 종교에 깊이 박혀 있습니다.

그런데 이런 사상은 교회 안에도 수없이 들어와 있습니다. 겉으로는 그리스도와 성경을 믿고 하나님을 따르는 것 같지만, 실상은 그렇지 않습니다. 그 사람의 생각과 행동을 가만히 관찰해보면, 교회에 다니면서도 사람은 밖에서

부터 안으로 교정되어야 한다고 주장합니다.

사도 바울의 말을 빌리자면, 이 사람들은 율법주의자입니다. 우리가 율법을, 곧 하나님이 우리에게 주신 계명들을 하나하나 지켜나감으로써 의인이 될 수 있다고 생각하는 것입니다. 겉으로 보기에, 그들의 신앙은 열심 그 자체입니다. 신앙생활에 헌신되어 있습니다. 행위가 착합니다. 그러나 남에게는 굉장히 엄격합니다. 남을 판단합니다. 용납하지 못합니다.

두 번째 견해는, 사람은 안에서부터 시작해서 밖으로 변화된다고 봅니다. 나무의 예를 들자면, 우리가 아무리 가지치기로 교정해도 문제를 해결할 수 없다는 것입니다. 우리의 문제는 가지에 있는 것이 아니고 뿌리에 있기 때문입니다. 근원적인 것이 문제입니다. 단순히 우리의 행위를 고침으로써 우리가 의인이 될 수 없습니다. 아무리 가지를 쳐봐야 소용없습니다. 뿌리를 고쳐야 합니다. 이것이 바로 성경이 주장하는 것입니다.

우리는 결코 행위를 고침으로써 의인이 될 수 없습니다. 처음에는 우리의 행위로 인해 어느 정도 살아난 것처럼 보입니다. 나무가 파릇파릇해지는 것처럼 보입니다. 그러나 뿌리에 문제가 있기 때문에 언젠가 그 나무는 썩어 죽고 맙니다. 교회 강단에 놓여 있는 꽃들을 보십시오. 매 주일 섬기시는 분들로 인해 우리는 늘 아름다운 꽃을 보게 됩니다. 하지만 일주일이 지나도록 물을 주지 않고 관심을 쏟지 않으면 그 꽃은 곧 죽고 맙니다.

문제는 하나입니다. 뿌리가 없기 때문입니다. 우리가 어떻게 변화될 수 있습니까? 성경은 뿌리를 바꿔야 한다고 주장합니다. 뿌리의 힘에 의지하여 잘못된 가지의 문제를 하나씩 해결해야 한다고 합니다. 이것이 하나님의 방법입니다. 사도 바울은 이것을 강조하기 위해 16절에서 똑같은 말씀을 세 번이나 반복합니다.

사람이 의롭게 되는 것은 율법의 행위로 말미암음이 아니요 오직 예수 그리스도를 믿음으로 말미암는 줄 알므로 우리도 그리스도 예수를 믿나니 이는 우리가 율법의 행위로써가 아니고 그리스도를 믿음으로써 의롭다 함을 얻으려 함이라 율법의 행위로써는 의롭다 함을 얻을 육체가 없느니라.

첫 번째 말씀에서 대명사는 무엇입니까? '사람'입니다. 그 다음에 두 번째 말씀이 나옵니다. "우리도 그리스도 예수를 믿나니 이는 우리가 율법의 행위로써가 아니고 그리스도를 믿음으로써 의롭다 함을 얻으려 함이라." 똑같은 말씀이지만, 두 번째 말씀에서 대명사를 '우리'로 바꿉니다. 사도 바울이 처음에는 일반적인 사람에게 적용시켜 말했지만, 두 번째는 나에게 적용시키고 있습니다.

그 다음에 바울은 다시 한 번 똑같은 말씀을 합니다. 그는 우주적으로 이 진리를 선포하고 있습니다. "율법의 행위로써는 의롭다 함을 얻을 육체가 없느니라." 이것은 음악으로 말하자면 '피날레'입니다. 왜 똑같은 말씀을 세 번이나 반복했습니까? 너무나 중요한 사실이기 때문입니다. 수많은 사람들이 밖에서부터 안으로의 변화에만 치중하고 있기 때문입니다. 그래서 하나님은 우리에게 말씀하십니다. "너희의 문제는 가지에 있지 않다. 너희의 문제는 뿌리의 문제다. 가지를 치료하는 것으로 뿌리를 깨끗하게 할 수는 없다. 너희의 힘으로 되지 않는다. 율법의 행위로는 너희를 조금도 의롭게 할 수 없다. 그러니 내 방법을 따라야 한다."

우리가 어떻게 변화될 수 있을까요? 어떻게 좀 더 나은 배우자가 되고, 좀 더 아름다운 가정을 이룰 수 있을까요? 어떻게 하나님이 원하시는 사회로 변화시킬 수 있겠습니까? 하나님은 세 가지를 말씀하십니다.

하나님 앞에서 자신의 모습을 올바르게 바라보라

우리가 변화되려면 먼저 하나님 앞에서 우리 자신의 모습을 올바로 파악해야 합니다.

> 만일 우리가 그리스도 안에서 의롭게 되려 하다가 죄인으로 드러나면 그리스도께서 죄를 짓게 하는 자냐 결코 그럴 수 없느니라(갈 2:17).

이 말씀은 굉장히 어려운 말씀입니다. 저는 이 말씀 때문에 많은 고민을 했습니다. 이 말씀에 대한 신학자들의 학설이 분분하고, 그 의견이 매우 다양하기 때문입니다. 저는 그런 다양한 견해들을 깊이 다루기보다는 사도 바울이 하려는 말에 어떤 의도가 담겨 있는지를 살펴보려고 합니다.

많은 사람들이 때때로 교회에 출석하면서도 교회에 나오는 것이 어렵다고 합니다. 그 이유는 교회에 나오면 이해할 수 없는 부분이 있기 때문입니다. 어떤 사람은 예수님을 믿고 나서 그런 의문을 갖기도 하고, 또 어떤 사람은 신앙을 포기하기로 작정하고 마지막 이별을 고하기 전에 그런 말을 합니다. "목사님, 저는 못 믿겠습니다. 교회에 못 나오겠습니다." "왜요?" "이해가 안 갑니다." "무엇이 그렇습니까?" "제 문제를 좀 고쳐보려고 교회를 나왔는데, 문제를 고치기는커녕 더 커지던데요."

다시 예를 들어보겠습니다. 자기 가정에 문제가 있다고 생각하는 성도가 있습니다. 그 성도는 자기 가정의 문제가 무엇인지 곰곰이 생각해보았습니다. 그 문제는 남편에게서 시작되었습니다. 그 성도의 남편은 휴일이면 낚시나 다니면서 아이들에게는 전혀 관심을 두지 않았습니다. 그리고 밤이면 술에 취해서 집에 들어오는데, 거의 새벽 2시에 옵니다. 그뿐 아니라 고스톱까지 칩니다. 그래서 그 성도는 어떻게 하면 남편을 변화시킬 수 있을까 하며, 궁리 끝에 꼬드기고 하고 협박도 하여 남편을 교회에 데리고 나왔습니다. 교회에 나오면 어떻게 해야 합니까? 남편을 고쳐줘야 하는데, 도리어 고스톱을 쳐도 괜찮다고 하고, 남편보다 먼저 자신의 문제라고 하니 도저히 이해할 수 없다는 것입니다. 사도 바울도 이런 공격을 받았습니다. 그렇게 말하는 사람들에게 사도 바울은 이렇게 대답합니다. 17절을 다시 한 번 읽어보십시오.

> 만일 우리가 그리스도 안에서 의롭게 되려 하다가 죄인으로 드러나면 그리스도께서 죄를 짓게 하는 자냐 결코 그럴 수 없느니라.

이 말씀은, 우리가 그리스도 안에서 의롭게 되려고, 문제를 해결하려고, 변화를 받으려고 교회에 왔는데, 도리어 우리가 죄인이라는 것이 드러났다는 것입니다. 이 말씀을 원어 그대로 해석한다면, 예수를 믿으려고 왔더니 내 문제는 고쳐지지 않고, 나는 변화되지 않고, 내가 죄인임이 만천하에 드러났다는 것입니다.

> 그리스도께서 죄를 짓게 하는 자냐 결코 그럴 수 없느니라.

이 말씀이 중요하기 때문에 제가 예를 하나 들겠습니다. 하루는 어떤 사람이 샤워를 하고 기분 좋게 거울 앞에 섰습니다. 그런데 갑자기 가슴에 반점이 보입니다. 이상한 생각이 들어서 의사를 찾아갔습니다. 피부병이라 생각해서 피부약을 대강 발라줄 줄 알았는데, 세밀하게 진찰하며 가슴에 청진기를 대더니 엑스레이도 찍으라고 합니다. '이상하다. 무슨 피부병이기에 엑스레이까지 찍는 거지?' 라고 생각했습니다. 그런데 의사가 심각하게 말합니다. "간암 초기입니다." 가슴에 반점 같은 것이 생기면 간이 나쁘다는 징조임을 우리는 알고 있습니다. 그래서 의사가 더 세밀하게 검진했을 것입니다.

여러분이 그런 상황이라면 어떻게 말할 수 있습니까? "이 의사가 간암을 만들어냈다. 편안히 잘 살 수 있는데, 저 의사가 내 인생을 망쳤다"라고 말할 수 있습니까? 우리는 결코 그렇게 말할 수 없습니다. 하나님 앞에서 우리의 인생이 어떻게 올바로 변화될 수 있습니까? 성경은 이렇게 말씀합니다. "하나님 앞에서 내 모습을 올바로 파악하라!" 올바른 진단 속에 올바른 처방이 있는 것입니다.

세상의 철학과 종교는 올바른 진단을 내리지 않습니다. 인간이 누구인지, 죄가 무엇인지, 오늘 우리 문제의 근원이 어디에 있는지를 밝히지 않습니다. 그렇게 처방하니까 되지 않는 것입니다. 하나님은 병든 우리가 그분 앞에 찾아가면 우리에게 말씀하십니다. "우선 원인이 무엇인지 규명하자. 오라, 우리가 변론하자. 토론하자. 너희의 문제가 무엇인지 알아야 한다." 그래서 주님은 이 세상에 오셔서 자신이 의원이라고 말씀하십니다. "건강한 자에게는 의사가 쓸 데 없고 병든 자에게라야 쓸 데 있나니"(눅 5:31).

어느 날 여러분의 옆집에 어떤 사람이 이사를 왔다고 합시다. 그는 대학병원 내과 전문의이자 원장입니다. 사람들은 그저 이웃에 산다는 이유로 그와 가벼운 인사를 나눌 것입니다. 그러다가 갑자기 아파서 가까운 동네 병원에 갔더니, 장암인지 장염인지 잘 모르겠다며 큰 병원에 가보라고 합니다. 고민이 됩니다. 마침 그때 그 의사와 마주친다면 어떻겠습니까? 가벼운 인사를 나누는 정도가 아니라, 90도로 인사를 하면서 그에게 잘 보이려고 할 것입니다. "안녕하세요? 저는 옆집에 사는 사람입니다."

내 문제가 무엇인지 모르는 사람에게는 해결책이 없습니다. 저는 목회를 하면서 많은 사람들을 상담했습니다. 그들은 대부분 가정상담을 합니다. 아내가 찾아오면 남편의 문제를 이야기하고, 남편이 찾아오면 아내의 문제를 이야기합니다. 그런데 제가 상담을 하면서 어디로 끌고 가는지 아십니까?

예를 들어, 아내가 남편의 문제를 이야기합니다. 그러나 10분 정도 지나면 저는 남편의 문제에 대해 언급하지 않습니다. 도리어 내담자의 상황을 묻습니다. 자녀 문제로 왔다면, 먼저 내담자의 젊은 시절에 대해 자세히 묻습니다. 내담자의 부모에게 어떻게 교육받았는지, 내담자가 자녀에게 어떤 모범을 보이는지를 알아냅니다. 제가 이런 방식으로 상담을 하면, 20-30분이 채 지나지 않아 내담자의 반응이 두 가지로 나타납니다. 하나는 "예, 원인이 제게 있습니다. 제가 잘못했습니다"라고 반응합니다. 이렇게 반응하는 가정은 100퍼센트 변합니다. 그 가정의 문제가 반드시 해결됩니다.

또 다른 하나의 반응이 있습니다. "목사님, 물론 제게도 원인이 있겠지요. 그러나 제 원인이 한 가지라면 제 남편의 원인은 열 가지입니다." 이렇게 말하는 가정은 절대 변하지 않습니다.

여러분은 지금 인생의 참 변화를 원하십니까? 지금보다 더 나은 신앙생활을 하고 싶습니까? 지금보다 더 행복하고 편안한 생활을 원하십니까? 오늘 본문은 우리에게 이렇게 교훈합니다. "너희의 모습을 내 앞에서 드러내라. 너 자신을 올바르게 인식해라." 그렇습니다. 문제는 바로 나 자신에게 있는 것입니다. 성경은 우리에게 "가지가 아닌 뿌리에 문제가 있다"라고 말씀하십니다.

모든 사람이 죄를 범하였으매 하나님의 영광에 이르지 못하더니(롬 3:23).

예레미야는 자신이 의로운 줄 알았습니다. '목사니까 나는 이만하면 의롭겠지.' 그래서 백성들을 위해 기도했습니다. 그러던 어느 날 하나님 앞에서 기도를 하는데 하나님의 영감이 그에게 임했습니다. 예레미야는 그동안 자신이 쌓은 의를 환상 가운데 보기 시작했습니다. 예레미야는 너무 놀라 부르짖습니다. "오 하나님, 제가 쌓은 의가 더러운 옷과 같군요." 여기에서 "더러운 옷"이 문자적으로 무엇을 말하는지 아십니까? 여자들이 월경을 할 때 쓰던 천을 말합니다. 부상자의 상처에 감아서 피가 묻은 천을 말합니다. 내가 사람들 앞에 의롭다고 내세운 의가 더러운 옷과 같았다는 말입니다.

어느 날 이사야가 백성을 위해 기도하러 성전 앞에 왔습니다. 당시 사회가 너무 타락했습니다. "하나님, 이 사회를 고쳐주세요" 하고 기도하는 순간 하나님의 영이 그에게 임했습니다. 그는 하나님 앞에서 자기 존재를 처음으로 올바르게 파악했습니다. 이사야가 자신의 모습을 보고서 무엇이라고 말합니까? "오 주여, 나는 부정한 자로서 하나님을 뵈었습니다." 그는 자기 입술을 가리킵니다. 왜 그랬습니까? 그 당시 전통에 의하면, 한센병 환자는 성한 사람을 만났을 때 자기 입술을 가리키며 "나는 부정하다"라고 소리쳐야 합니다. 그렇게 하지 않으면 성한 사람이 그를 돌로 쳐 죽여도 죄가 되지 않습니다. 그 당시 한센병은 오늘날의 에이즈와 같은 병입니다. 참으로 불결한 병입니다. 이사야는 하나님 앞에서 자신을 재발견한 것입니다. "사회의 문제가 아니라 내 문제였구나. 하나님이여! 화로다. 내가 망하게 되었구나. 내가 한센병 환자와 같은 죄인입니다." 우리가 이렇게 고백할 때, 하나님이 천사를 보내 우리의 인생을 깨끗하게 해주십니다. 오늘 주님 앞에서 자신의 모습을 다시 한 번 발견하기 바랍니다.

복음이란 무엇입니까? 복음은 그리스도를 찾아오는 자에게 그의 죄인 됨을 명백하게 드러냅니다. 주님께서 우리의 죄를 드러내고 지적하실 때, 우리 가정의 문제를 끄집어내실 때 우리는 마음을 열고 이렇게 고백해야 합니다. "주여, 모든 것이 저의 문제입니다."

그리스도께서 나를 위해 하신 일을 받아들여라

우리가 어떻게 변화될 수 있습니까? 먼저 내 모습을 올바르게 파악해야 합니다. 또한 그리스도께서 나를 위해 하신 일을 받아들여야 합니다. 하나님이 우리에게 율법을 주셨습니다. 하나님이 율법을 주신 목적을 오해하는 사람이 많습니다. 하나님이 왜 율법을 주셨습니까? 율법주의자들은 우리가 율법을 하나씩 지킴으로써 의롭게 되기 위함이라고 이야기합니다. 하지만 그것은 잘못된 생각입니다. 하나님은 율법을 그런 의도로 주신 적이 없습니다. 하나님이 왜 율법을 주셨습니까? 갈라디아서와 로마서를 종합해보면, 이유는 하나입니다. 하나님이 우리에게 율법을 주신 이유는, 율법을 통해서 우리가 얼마나 큰 죄인인지를 깨닫게 하시기 위해서입니다. 기준이 없으면 잘못된 것이 없습니다. 정답이 없으면 오답이 없습니다. 과녁이 없으면 명중도 없습니다. 그렇기 때문에 하나님이 율법을 주신 것입니다. 인생의 정답을 주신 것입니다.

율법이 요구하는 것은 오직 하나입니다. 율법은 형벌을 요구합니다. 이 세상의 법도 그렇지 않습니까? 하나님의 법을 따라 만들었기 때문에 죄를 지으면 반드시 벌을 받아야 합니다. 율법은 아무리 작은 죄를 지었다 해도 우리가 죽음으로 그 죄를 갚아야 한다고 말합니다. 우리는 모두 죄를 지었습니다. 우리 모두가 잘못되었습니다. 율법은 우리에게 "네가 잘못되었다. 그러므로 너는 죽어야 마땅하다"라고 합니다. 희망이 없습니다. 우리 모두가 죽으면 어떻게 됩니까? 영원히 멸망하고 맙니다.

그런 우리의 모습을 보시고 하나님이 한 가지 방법을 생각해내셨습니다. 그것은 바로 제2위 하나님이신 예수 그리스도께서 이 땅에 인간의 몸으로 오시는 것이었습니다. 우리는 인간의 모습으로 오신 그분을 "예수"라고 부릅니다. 그러나 사실 그분은 제2위 하나님이십니다. 그분은 십자가에서 마지막으로 "내가 다 이루었다. 내가 다 갚았다"라고 말씀하셨습니다. "너희가 지급해야 할 율법의 요구, 너희가 마땅히 감당해야 할 죄의 형벌을 내가 대신 갚았다"라고 하셨습니다.

그런데 사도 바울은 여기에서 놀라운 이야기를 합니다. 우리 인생이 어떻게 변화될 수 있습니까? 19절을 보십시오. 19절과 20절은 쌍둥이 구절입니다. 20절이 복잡해서 이해가 안 되면 19절로 돌아가면 됩니다. 이 두 절은 사실 같은 말씀을 하고 있습니다,

내가 율법으로 말미암아 율법에 대하여 죽었나니…(갈 2:19절).

사도 바울이 이 말을 할 때 죽었습니까? 안 죽었습니다. 그런데 왜 죽었다고 합니까? 20절에서 그 설명을 하고 있습니다.

내가 그리스도와 함께 십자가에 못 박혔나니…(갈 2:20절).

이것은 '내가 율법에 대하여 죽었나니'와 같은 뜻입니다. 20절에 중요한 한 단어가 첨부되어 있습니다. "내가… 십자가에 못 박혔나니"라는 문장에 어떤 말이 나옵니까? '그리스도와 함께'라는 말이 나옵니다. 그리스도와 함께 우리는 십자가에 못 박혀야 합니다. 율법이 그것을 요구하는 것입니다. 내가 율법을 범했기 때문입니다. 죄를 범했기 때문입니다. 그러나 하나님은 나를 십자가에 못 박지 않으시고, 그리스도를 십자가에 못 박으셨습니다.

그리스도께서 십자가에 못 박히신 날, 이 세상 모든 사람의 죄가 저절로 사해졌습니까? 아닙니다. 거기에는 조건이 있습니다. 바로 그 사실을 믿는 자들만이 율법의 죄로부터 사함을 얻는 것입니다. 하나님이신 예수님이 나를 너무 사랑하셔서 인간의 몸을 입고 이 땅에 오시어 내 죄로 말미암아 내가 마땅히 달려야 할 십자가에 나 대신 돌아가셨다는 사실을 믿는 자만이 구원을 받게 됩니다. 우리가 그 사실을 믿는 순간, 하나님은 우리를 인정해주시고, 내가 십자가에 못 박히지 않았어도 그리스도가 십자가에 못 박히신 것에 나를 동참시키십니다. 내가 그분과 연합한 것이요, 내가 십자가에 못 박힌 것으로 간주한다는 것입니다.

사탄은 말합니다. "하나님, 박 목사가 죄를 지었습니다. 십자가에 못 박아야 하지 않겠습니까?" 그때 예수님이 말씀하십니다. "아버지, 박 목사가 나를 믿었습니다. 제가 박 목사를 대신해서 십자가에 달렸습니다. 박 목사가 나를 믿는 그 순간, 나의 십자가의 고난에 동참한 것입니다. 박 목사를 보지 말고 저를 보십시오. 아버지, 제가 다 갚았습니다. 제가 피를 흘렸습니다. 저를 보십시오." 하나님은 그 순간 그리스도를 통해서 저를 보십니다. 그리고 선포하십니다. "너는 의인이다. 너는 이제부터 내 아들이다."

어떻게 우리 인간이 변화될 수 있습니까? 그리스도께서 나를 위해 하신 일을 받아들여야 합니다. 에베소서 2장 8-9절에서 사도 바울은 이렇게 말합니다.

> 너희는 그 은혜에 의하여 믿음으로 말미암아 구원을 받았으니 이것은 너희에게서 난 것이 아니요 하나님의 선물이라(엡 2:8).

여러분, 선물의 뜻을 아십니까? 아버지가 우리에게 선물을 했습니다. 그런데 "아버지, 이 선물 값으로 얼마를 드리면 되겠습니까?" 하고 묻는다면, 아버지에게 얼마나 큰 모욕입니까? 선물을 받았으면, 그 선물은 내 것입니다. 하나님이 말씀하십니다.

> 행위에서 난 것이 아니니 이는 누구든지 자랑하지 못하게 함이라(엡 2:9).

> 그리스도께서도 단번에 죄를 위하여 죽으사 의인으로서 불의한 자를 대신하셨으니 이는 우리를 하나님 앞으로 인도하려 하심이라(벧전 3:18).

우리를 대신하신 하나님의 놀라운 은혜와 사랑을 받아들일 때, 하나님은 "너는 가지에 문제가 많지만, 네가 믿은 날부터 너의 뿌리는 변했어. 이제 너는 새 삶을 살 수 있다"라고 말씀하십니다. 그 사실을 깨달은 사도 바울이 말합니다.

그러므로 이제 그리스도 예수 안에 있는 자에게는 결코 정죄함이 없나니(롬 8:1).

이제 우리에게는 더 이상 정죄함이 없습니다.

이전 것은 지나갔으니 보라 새 것이 되었도다(고후 5:17).

이제 우리는 완전히 다른 인생을 살게 되었습니다.

신학교 교수 한 사람이 이 사실을 몰랐습니다. 아무리 성경을 읽어봐도 자신에게 문제가 있는데, 가지치기를 해보고, 행위를 고쳐보려고 애쓰고, 경건의 시간을 가져도 변화되지 않았습니다. 그래서 너무 고민이 되어서 어느 날 밤에 예수님을 찾아갑니다. "주님, 제가 볼 때 당신은 굉장한 사람입니다." 그러자 예수님은 그가 왜 찾아왔는지를 아시고 단도직입적으로 말씀하십니다. "사람이 거듭나지 않으면 하나님 나라에 들어갈 수 없느니라." 그때 신학교 교수인 니고데모라고 하는 사람이 이런 말을 합니다. "내가 어떻게 엄마 뱃속에서 다시 나올 수 있습니까? 이렇게 컸는데요." 그날 밤 예수님은 그에게 구원받을 수 있는 방법을 가르쳐주셨습니다. "모세가 광야에서 뱀을 든 것 같이 인자도 들려야 하리니 이는 그를 믿는 자마다 영생을 얻게 하려 하심이니라 하나님이 세상을 이처럼 사랑하사 독생자를 주셨으니 이는 그를 믿는 자마다 멸망하지 않고 영생을 얻게 하려 하심이라"(요 3:14-16).

하나님은 우리가 행위로 의롭게 될 수 없음을 아시고, 친히 내려오셔서 우리 대신 십자가에서 우리가 받아야 할 모든 고난을 받으시고, 우리를 의로움의 잔치에 초청하십니다. "나를 믿어라. 내가 행한 일을 받아들여라. 그 순간,

너의 문제는 해결될 것이다. 너는 변화된 인생을 살 수 있다. 더 좋은 부모가 될 수 있다. 네 과거를 묻지 않으마. 무슨 죄를 지었든 상관하지 않으마. 너는 다시 시작할 수 있다." 할렐루야! 이것이 하나님의 방법입니다.

그리스도와 함께 살아가라

우리가 어떻게 변화될 수 있습니까? 하나님 앞에서 우리의 문제를 올바르게 파악해야 합니다. 예수 그리스도께서 우리를 위해 하신 일을 받아들여야 합니다. 그러나 여기에서 끝나지 않습니다. 성경은 마지막으로 한 가지를 더 요구하십니다. 그것은 바로 그리스도와 함께 살아가라는 것입니다. 교회에 나오면 그리스도와 함께 죽은 사람은 많지만 그리스도와 함께 사는 사람이 적습니다.

성경의 진리는 간단합니다. 우리는 가지입니다. 우리의 인생에는 문제가 많습니다. 그런데 가지 스스로 문제를 해결할 수 없음을 보시고 하나님이 친히 손을 대십니다. 썩어버린 뿌리에서 가지를 잘라내시고 건강한 뿌리에 우리를 접붙여주십니다.

어릴 때 저는 아버지가 접붙이시는 것을 보고 얼마나 신기했는지 모릅니다. 비실비실하고 죽어가던 나무에서 가지를 하나 자르더니, 그 옆에 싱싱한 나무를 조금 베어내고 거기에 짚으로 동여맵니다. 그러면 그것이 어떻게 됩니까? 살아나서 그 가지에 열매가 주렁주렁 달립니다.

여러분, 우리가 예수 그리스도를 믿을 때 하나님이 우리 인생에 어떻게 간섭하십니까? 나무에 가지를 접붙이는 것처럼 하나님은 우리의 문제들을 잘라내어 뿌리 되신 예수 그리스도께 접붙여주십니다. 접붙인 후에 가지가 한 일은 무엇입니까? 열매를 맺는 것입니다. 어떻게 열매를 맺습니까? 가지가 "이제 나는 뿌리의 문제를 해결받았으니, 하나님이 필요 없습니다. 이제 뿌리는 필요 없어요. 나 혼자 열매를 맺을 수 있어요"라고 말할 수 있습니까? 아닙니다. 가지가 열매를 맺을 수 있는 비결은 하나입니다. 아무것도 하지 않고 그냥 뿌리에 붙어 있기만 하면 열매를 맺습니다. 십계명 때문에 두려워하지 않아도 됩니다. 믿는 자에게는 더 이상 정죄함이 없기 때문입니다. 우리가 과거에 지은 죄, 현재에 짓는 죄, 앞으로 지을 죄에 대해 염려하지 않아도 됩니다. 믿는 자에게는 더 이상 정죄함이 없기 때문입니다.

그러나 우리는 뿌리 되신 예수 그리스도께 꼭 붙어 있어야 합니다. 그 뿌리를 통해서 수분을 주시면 물을 마셔야 하고, 영양분을 주시면 영양분을 먹어야 하고, 비타민을 주시면 비타민을 먹어야 합니다.

오늘날 접붙임을 받은 그리스도인은 교회 안에 많지만, 주님께 제대로 붙어서 뿌리와 강하게 연결된 그리스도인은 적습니다. 구원받고 나서 자기 마음대로 살아갑니다. 뿌리와 상관없이 살아갑니다. 이것이 오늘날 교회의 비극입니다.

사도 바울은 이것에 대해 무엇이라고 말합니까? 20절을 보십시오.

> 내가 그리스도와 함께 십자가에 못 박혔나니 그런즉 이제는 내가 사는 것이 아니요 오직 내 안에 그리스도께서 사시는 것이라 이제 내가 육체 가운데 사는 것은 나를 사랑하사 나를 위하여 자기 자신을 버리신 하나님의 아들을 믿는 믿음 안에서 사는 것이라.

우리는 이렇게 살고 있습니까? 우리를 구원하시기 위해 하나님이 인간의 몸을 입으셨습니다. 그분이 오셔서 내가 달려야 할 그 자리에 대신 달려 죽으셨습니다. 그렇게 해서 우리가 예수 그리그도의 뿌리에 접붙임을 받았습니다.

우리는 그에 합당하게 살고 있습니까? 우리의 입술을 하나님이 주장하고 계십니까? 우리의 시간을 하나님이 다스리고 계십니까? 돈의 주인은 내가 아니라 하나님이심을 인정하며 살아갑니까? 사도 바울은 이렇게 고백합니다.

이제는 내가 사는 것이 아니요 오직 내 안에 그리스도께서 사시는 것이라.

그렇습니다. 나의 옛 뿌리는 사라졌습니다. 이제 내가 사는 것은 그리스도께서 나를 통해 사시는 것입니다. 내가 말하는 것이 아니라, 그리스도께서 말씀하시는 것입니다. 내가 돈을 쓰는 것이 아니라, 그리스도께서 쓰시는 것입니다. 내가 생각하는 것이 아니라, 그리스도께서 생각하시는 것입니다.

7장

믿음의 복, 율법의 저주

갈라디아서 3장 1-14절

[1]어리석도다 갈라디아 사람들아 예수 그리스도께서 십자가에 못 박히신 것이 너
희 눈 앞에 밝히 보이거늘 누가 너희를 꾀더냐 [2]내가 너희에게서 다만 이것을 알
려 하노니 너희가 성령을 받은 것이 율법의 행위로냐 혹은 듣고 믿음으로냐 [3]너
희가 이같이 어리석으냐 성령으로 시작하였다가 이제는 육체로 마치겠느냐 [4]너희
가 이같이 많은 괴로움을 헛되이 받았느냐 과연 헛되냐 [5]너희에게 성령을 주시고
너희 가운데서 능력을 행하시는 이의 일이 율법의 행위에서냐 혹은 듣고 믿음에
서냐 [6]아브라함이 하나님을 믿으매 그것을 그에게 의로 정하셨다 함과 같으니라
[7]그런즉 믿음으로 말미암은 자들은 아브라함의 자손인 줄 알지어다 [8]또 하나님이
이방을 믿음으로 말미암아 의로 정하실 것을 성경이 미리 알고 먼저 아브라함에
게 복음을 전하되 모든 이방인이 너로 말미암아 복을 받으리라 하였느니라 [9]그러
므로 믿음으로 말미암은 자는 믿음이 있는 아브라함과 함께 복을 받느니라 [10]무
릇 율법 행위에 속한 자들은 저주 아래에 있나니 기록된 바 누구든지 율법 책에 기
록된 대로 모든 일을 항상 행하지 아니하는 자는 저주 아래에 있는 자라 하였음

이라 11또 하나님 앞에서 아무도 율법으로 말미암아 의롭게 되지 못할 것이 분명
하니 이는 의인은 믿음으로 살리라 하였음이라 12율법은 믿음에서 난 것이 아니니
율법을 행하는 자는 그 가운데서 살리라 하였느니라 13그리스도께서 우리를 위하
여 저주를 받은 바 되사 율법의 저주에서 우리를 속량하셨으니 기록된 바 나무에
달린 자마다 저주 아래에 있는 자라 하였음이라 14이는 그리스도 예수 안에서 아
브라함의 복이 이방인에게 미치게 하고 또 우리로 하여금 믿음으로 말미암아 성
령의 약속을 받게 하려 함이라.

우리는 모두 복 받기를 좋아합니다. 저도 고통보다는 복이 훨씬 더 좋습니다. 누가 복을 싫어하겠습니까? 옛날에는 새해 첫날이 되면 서로 복조리를 돌렸습니다. 또 부적에 복(福)자를 붙이기도 합니다. 아마 우리 민족의 가장 큰 목표는 오복(五福)을 받는 것일 겁니다. 오복은 수(壽), 부(富), 강녕(康寧), 유호덕(攸好德), 고종명(古終命)을 말합니다. 오래 살아야 하고, 재물을 가져야 하고, 몸이 건강해야 합니다. 덕을 다른 사람에게 끼치기도 하지만 덕을 받아야 하고, 임종을 잘 택해야 합니다. 이 오복을 받기가 쉽지 않습니다. 사람들을 가만히 살펴보십시오. 정말 열심히 일해서 먹고 살 만하면 몸이 아파 병으로 고생합니다. 잘 사는가 싶더니 막판에 객사하고 맙니다. 이렇게 되면 오복이 아닙니다. 그런가 하면, 어떤 사람은 건강하고 다 좋은데, 하루 세끼 먹기가 힘듭니다. 오복을 골고루 가진 사람은 드문 것 같습니다.

그러나 성경은 이 땅에 사는 동안 사람이 받을 수 있는 가장 큰 복을 무엇이라고 이야기합니까? 가장 중요하고도 큰 복은 우리 인간이 하나님 앞에서 의롭다 함을 얻는 것이라고 선포합니다. 다른 말로 하자면, 하나님 보시기에 의롭다고 판정받는 것입니다.

이 땅에서 우리는 사람을 여러 가지로 분류합니다. 피부색에 따라 황인종,

백인종, 흑인종으로 구분합니다. 남녀노소, 지식, 지위, 빈부에 따라 구분하기도 합니다. 그러나 하나님이 이 땅의 인류를 구분하시는 방법은 오직 하나밖에 없습니다. 둘 중에 하나입니다. 하나님 보시기에 의로운 자인가 아니면 의롭지 않은 자인가?

하나님의 기준에 따라, 의롭다 함을 받은 자들은 영생하게 됩니다. 이들은 하나님과 영원히 같이 살게 됩니다. 그러나 하나님 보시기에 의롭지 못하다는 평가를 받은 사람은 영벌을 받게 됩니다. 하나님과 영원히 분리된 삶을 살게 된다는 말입니다. 이 영생과 영벌이 무엇인지 우리는 확실히 모릅니다. 우리가 보통 천국과 지옥이라고 말하지만 성경에 세세히 다 나와 있지는 않습니다. 그러나 우리가 추측할 수는 있습니다.

죄가 이 땅에 들어오기 전에 하나님이 에덴동산을 만드셨습니다. 에덴동산에 살았던 아담과 하와의 모습을 보면 영생이 어떤 것인지, 하나님과 동행하는 삶이 무엇인지를 조금은 알 수 있습니다. 그때에는 죽음이 없었습니다. 생명나무가 있었기 때문입니다. 생명나무 과실만 먹으면 영원히 살 수 있었습니다. 고통이 없었습니다. 질병이 없었습니다. 고난이 없었습니다. 시기와 미움, 질투가 없었습니다.

그러나 죄가 이 땅에 들어온 후에, 하나님의 벌을 받고 아담이 쫓겨난 후에 그에게 다가온 것은 다름 아닌 죽음이었습니다. 우리에게 병이 찾아왔습니다. 고통이 찾아왔습니다. 고난이 찾아왔습니다. 그런데 거기에서 끝나지 않았습니다. 아담에게 가인과 아벨이라는 두 아들이 이었는데, 형 가인이 동생 아벨을 시기하여 돌로 쳐 죽이는 끔찍한 사건이 일어난 것입니다. 그것이 바로 영벌입니다. 지옥의 모습을 알고 싶습니까? 그러면 유추해보십시오. 이것보다 열 배, 백배는 더 심할 것입니다. 모든 사람이 모여서 서로 미워하고 서로 죽이려 합니다. 그저 험담하고 비난하며 비방합니다.

그러므로 우리가 이 땅에서 물어야 할 가장 중요한 질문은 이것입니다. "나는 과연 하나님 앞에서 의롭다 함을 얻었는가?" 하나님의 기준에서 볼 때 내가 내가 과연 의로운지를 물어야 합니다.

제가 가끔 성도들에게 묻습니다. "집사님은 의인입니까?" 그러면 망설입니다. 머리를 긁적입니다. 설교할 때 회중에게 물으면 대답을 잘하다가도, 개인적으로 "당신은 의인입니까?" 하고 물으면 "네, 나는 의인입니다" 하고 대답하는 사람이 별로 많지 않습니다. 그 이유 가운데 하나는, 의롭게 되는 방법에 대한 확신이 없기 때문입니다. 내가 어떻게 의롭게 됩니까? 우리는 의롭게 되려면 내 안에 죄가 없어야 한다고 생각합니다.

지난 일주일의 삶을 돌아보니, 남에게 사기를 친 것도 없고 훔친 것도 없습니다. 그리고 옆집 사람이나 TV에 나오는 죄인들과 비교해서 괜찮은 것 같으면 "네, 나는 의인입니다" 하고 대답합니다. 그런데 지난주에 장사를 하다 사기를 쳤습니다. 500원 받아야 할 것을 2,000원을 받았습니다. 그 주에 목사님이 묻습니다. "당신은 의인입니까?" 하고 물으면, "아닙니다" 하고 대답합니다. 교회 안에서도 이러한 질문과 대답이 통용되고 있다는 사실이 정말이지 안타깝습니다.

우리가 어떻게 하나님 앞에 의롭다 함을 얻을 수 있습니까? 하나님 앞에 의롭다 하는 말을 신학적으로 이야기하면 '칭의'입니다. 이것은 곧 하나님 앞에 의롭다고 간주되는 것입니다. 여기에서 '간주'라는 말이 중요한데, 이것을 좀 더 자세히 살펴보겠습니다. 나는 의롭지 않습니다. 내 마음에 더러움과 죄악이 있습니다. 내가 과거에 지은 죄가 아직 해결되지 않았습니다. 그럼에도 불구하고 하나님이 나를 의롭다고 여겨주시는 것입니다. 마치 이렇게도 볼 수 있습니다. 성경책이 검은 색 아닙니까? 그런데 제가 성경책 위에 하얀 종이를 대면, 무슨 색으로 보입니까? 하얀 색으로 보입니다. 이것이 성경이 말씀하는 칭의입니다.

하나님이 우리를 의롭다 하실 때는, 우리를 그대로 보지 않고 예수 그리스도를 통해서 우리를 보시는 것입니다. 나는 죄인입니다. 죄를 많이 지었습니다. 내 마음에 미움이 많습니다. 사람들이 보지 못하는 온갖 죄가 내 안에 있습니다. 하나님이 나를 보실 때 그 죄가 그대로 보입니다. 그러나 내가 예수 그리스도를 믿고 나면 어떤 일이 생깁니까? 예수님이 내 앞을 가로막아 서십니다. "아버지, 박정근을 있는 그대로 보지 마시고 저를 통해 보옵소서." 갈보리 십자가에서 피 흘리신 예수님이 내 앞을 가로막아 서실 때, 하나님은 나를 보지 않고 예수님을 보십니다. 그것이 바로 칭의입니다.

우리는 하나님 앞에 의롭다 함을 얻어야 영생하도록 하나님과 같이 살 수 있습니다. 그러면 우리가 어떻게 이 칭의를 얻을 수 있습니까? 성경은 오직 한 가지 방법을 말씀합니다. 칭의는 믿음으로 얻는 것입니다. 우리가 수없이 들은 이야기입니다. 그러나 그 의미를 확실히 알고 믿는 사람이 많지 않습니다. "하나님 앞에 의롭다 함을 얻으셨습니까?"라고 물어도 확신이 없습니다. 하나님 앞에 의롭다 함을 얻고 찬송을 불러도 우리 마음에 감동이 없습니다. 그 이유가 무엇입니까? 귀로는 수없이 들었지만, 하나님 앞에 의롭다 함을 얻은 확신이 없고, 의롭다 함을 얻은 의미를 깊이 이해하지 못하기 때문에 감동이 없는 것입니다. 이렇게 주일마다 수없이 설명하고 성경공부 시간에 분명하게 가르치건만, 우리 안에 왜 확신이 없습니까? 그 이유는 하나입니다. 사탄이 우리 마음에 들어와 복음의 소리를 희미하게 하기 때문입니다.

사탄이 이 땅에 와서 인간에게 최초로 한 일이 무엇인지 아십니까? 하나님을 의심하게 만들었습니다. 창세기 3장을 보면, 하와가 아담과 사이좋게 살고 있는데 사탄이 찾아옵니다. 사탄은 피조물 가운데 가장 아름다운 모습으로 찾아왔습니다. 그래서 하와가 그에게 친근감을 가졌습니다. 사탄은 "하와, 하나님이 정말 이 모든 동산의 실과를 먹지 말라고 했니?" 하고 물었습니다. 하와는 "하나님은 이 동산 모든 나무의 실과를 마음대로 먹되, 선악을 알게 하는 나무만 먹지 말라고 하셨어" 하고 대답했습니다. 그런데 사탄이 질문을 교묘히 바꿉니다. "하나님이 동산 모든 나무의 실과를 다 먹지 말라고 했니?"

그때 갑자기 하와의 마음에 이상한 생각이 들었습니다. 그동안 하와에게 하나님은 자비로우신 하나님이었습니다. 사랑이 많으신 하나님이었습니다. 모든 실과를 마음대로 먹게 하신 아량이 넓은 분이셨습니다. 자신을 사랑하시는 하나님이었습니다. 그런데 하와의 시선이 먹지 말라고 한 열매에 가는 순간, 하나님이 먹도록 하신 모든 것의 의미가 없어졌습니다. 그래서 하와가 뭐라고 대답합니까? "이 동산의 모든 나무의 실과는 먹되, 동산 중앙에 있는 나무는 먹지도 말고 만지지도 말라고 하셨어." 하나님이 나무를 만지지도 말라고 했습니까? 아닙니다. 이것은 무슨 뜻입니까? '하나님은 너무하셔. 혹시 나를 사랑하시지 않는지도 몰라.' 그 대답을 받아서 사탄이 속삭입니다. "너희가 그 선악과를 먹으면 결코 죽지 않을 거야." 하나님은 정녕 죽으리라고 말씀하셨는데, 사탄을 그렇지 않다고 말합니다. 사탄이 그 다음으로 한 말이 무엇입니까? "하나님이 왜 그 나무의 실과를 먹지 말라고 했는지 아니? 너희가 그것을 먹는 날에는 하나님과 똑같이 될 줄을 하나님이 알았기 때문이야." 사탄이 하와의 마음에 의심을 만들었습니다. '그래, 하나님은 나를 사랑하시지 않는지도 몰라'라는 의심이 생기는 순간, 하와는 그 실과를 따먹습니다.

에덴동산에서 하와를 타락시킨 사탄은 지금도 역사하고 있습니다. 범죄한 이후에 아담과 하와는 즉시 하나님 앞에 나와서 회개해야 했습니다. 그러나 그들은 숨어버렸습니다. 자신의 벌거벗은 수치를 자기 행위와 노력으로, 무화과 잎으로 가리려고 했습니다. 그러나 하나님은 그들을 에덴동산에서 내보내시면서 "너희의 노력으로 너희의 죄를 가릴 수 없다"고 하십니다. 그리고 그들에게 가죽옷을 입혀주셨습니다. 인류 역사상 최초로 짐승을 죽이셨습니다.

그 이후, 하나님은 제사 드리는 방법을 가르쳐주셨습니다. "너희가 나와 교제하는 길은 너희가 의롭게 되는 길인데, 의롭게 되는 길은 너희의 행위로 되지 않는다. 너희를 위해서 누군가가 대신 피를 흘려야 한다. 그러므로 제사를 통해 나에게 나아오너라."

아담의 첫째 아들 가인은 자기 행위의 결실인 곡식을 하나님 앞에 바쳤고, 둘째 아들 아벨은 양을 잡아 드렸습니다. 하나님이 아벨의 제사를 받으셨지만, 행위의 결실인 가인의 제사는 받지 않으셨습니다. 결국은 가인이 아벨을 시기하여 쳐 죽였습니다. 행위가 믿음을 쳐 죽인 것입니다. 행위의 철학이 은혜의 철학을 쳐 죽인 것입니다. 이는 사탄이 생각한 것입니다. 누가 그렇게 만들었습니까? 에덴동산에서 아담을 타락시킨 사탄이 그렇게 만들었다고 성경은 선포합니다. 오늘날에도 사탄이 이 세상에서 강력하게 역사하고 있습니다. 고린도후서 4장을 보십시오.

> 만일 우리의 복음이 가리었으면 망하는 자들에게 가리어진 것이라 그 중에 이 세상의 신이 믿지 아니하는 자들의 마음을 혼미하게 하여 그리스도의 영광의 복음의 광채가 비치지 못하게 함이니 그리스도는 하나님의 형상이니라(고후 4:3-4).

왜 믿음으로 의롭게 되는 이 간단한 진리를 사람들이 받아들이지 못합니까? 설교가 부족해서입니까, 성경공부가 부족해서입니까? 그렇지 않습니다. 성경은 사탄의 역사라고 이야기합니다. 성경은 사탄이 이 세상의 믿지 않는 사람들의 마음을 혼미하게 해서 그리스도의 영광의 복음의 광채가 비치지 못하도록 막고 있다고 말씀합니다.

이 사탄의 활동은 갈라디아 교회에도 계속되었습니다. 사도 바울이 갈라디아 교회에 가서 복음을 전했을 때, 그들은 매우 감격하여 복음을 받아들였습니다. 그러나 세월이 흘러, 거짓 교사들이 들어와서 그들에게 다른 복음을 가르치자 흔들리기 시작했습니다. 사탄의 활동에 넘어가기 시작한 것입니다. 그래서 사도 바울은 갈라디아서 3-4장에 걸쳐서 사람이 믿음으로만 의롭게 된다는 중요한 교리를 여섯 가지 논리로 반박하고 있습니다.

오늘은 그 여섯 가지 논리 가운데 두 가지만 다루고자 합니다. 이 내용이 갈라디아서 강해 가운데 가장 지루하고 어렵게 느껴질지도 모르겠습니다. 그러나 저는 그 어떤 내용보다도 가장 중요하다고 생각합니다. 히브리서 기자는 수신자들에게 이렇게 이야기합니다.

> 때가 오래 되었으므로 너희가 마땅히 선생이 되었을 터인데 너희가 다시 하나님의 말씀의 초보에 대하여 누구에게서 가르침을 받아야 할 처지이니 단단한 음식은 못 먹고 젖이나 먹어야 할 자가 되었도다(히 5:12).

오늘날 교회의 문제가 바로 여기에 있습니다. 우리는 딱딱한 교리 설교에 "아멘" 하고 기뻐해야 합니다. 교리 설교에 은혜를 받아야 합니다. 그러나 사람들은 도덕에 대해 설교하고, 가정에 대해 설교하고, 생활의 문제에 대해 설교하면 귀를 기울입니다. 그러나 십자가의 복음을 설교하면 지루함을 느끼기 시작합니다. 우리는 십자가의 복음에 귀를 기울여야 합니다,

사도 바울은 두 가지 원리를 증거합니다. 왜 사람이 믿음으로만 의롭게 됩니까? 첫 번째는 갈라디아 교인들의 경험을 통해서 증명합니다. 두 번째는 간단하게 성경의 예를 통해서 증명하기 시작합니다. 갈라디아 교인들의 경험이 1-5절에 나오고, 성경의 예가 6-14절에 나옵니다. 이제 그 내용을 살펴보겠습니다.

믿음으로 의롭게 됨: 갈라디아 성도들의 경험을 통한 증명

"갈라디아 교인들아, 너희가 예수 그리스도를 믿었을 때 너희 마음에 일어난 변화를 생각해봐라. 사람이 믿음으로 의롭게 되지 않느냐." 이것을 증명하기 위해 바울은 그들의 경험 가운데 세 가지를 말합니다.

어리석도다 갈라디아 사람들아 예수 그리스도께서 십자가에 못 박히신 것이 너희 눈앞에 밝히 보이거늘 누가 너희를 꾀더냐(갈 3:1).

"눈앞에 밝히 보이거늘." 이것은 굉장히 중요한 구절입니다. '프로그라포'(*Prographo*)라는 이 단어는 '게시되었거늘'이라는 뜻입니다. 그 당시 시장이나 많은 사람이 드나드는 곳에 정부에서 알릴 것이 있으면 방(訪)을 붙였습니다. 방이라고 하면 감이 안 오는 분이 있을 것입니다. 오늘날로 말하면 저녁 9시 뉴스에 나오는 것입니다. 예를 들어, 부천에서 가스충전소가 터져서 불길이 이는 장면을 뉴스에서 보여주었습니다. 그러면 아주 의심이 많은 사람은 이렇게 생각할 수도 있을 것입니다. '부천에서 무슨 가스가 터졌겠어. 영화의 한 장면을 찍어서 보여주는 것이지.' 그러나 정상적인 사람은 그런 의심을 하지 않습니다. 왜 그렇습니까? 뉴스를 통해서 밝히 드러났기 때문입니다.

지금 사도 바울이 왜 이 단어를 사용하고 있습니까? 갈라디아 교인들은 예수님이 누구인지 보지 못했습니다. 주님이 십자가에 달리신 갈보리에 가보지도 못했습니다. 그러나 사도 바울이 와서 하나님의 능력으로 복음을 전했을 때 그들은 실제로 보지 못했지만, 예수 그리스도께서 나를 위해 갈보리 십자가에 달려 돌아가심을 매우 확실하게 밝히 보았다고 고백합니다.

저는 갈보리에 가본 적이 없습니다. 예수님을 본 적도 없습니다. 그러나 9시 뉴스에 "예수님이 나를 위해 죽으셨다"고 보도된 것보다 수천 배, 수만 배 확신하고 있습니다. 여러분도 예수님이 나를 위해 죽으셨다는 것을 확신하십니까? 이것이 믿음입니다. 설교를 들을 때는 주님이 나를 위해 죽으신 것도 같고, 집에 가면 아닌 것도 같으면, 믿는 것이 아닙니다. "갈라디아 교인들아, 너희가 그렇게 예수 그리스도를, 예수 그리스도의 십자가를 믿음의 눈으로 바라보지 않았느냐? 바로 그 믿음이 너희를 의롭게 만든 것이 아니냐? 이것은 너희가 이미 경험으로 아는 바가 아니냐?" 하고 사도 바울은 말하고 있습니다.

두 번째, 사도 바울은 사람이 믿음으로 의롭게 됨을 갈라디아 교인들이 성령을 받은 경험을 통해 증명합니다. 2절에서 사도 바울은 이렇게 이야기합니다.

> 내가 너희에게서 다만 이것을 알려 하노니 너희가 성령을 받은 것이 율법의 행위로냐 혹은 듣고 믿음으로냐(갈 3:2).

우리가 언제 성령을 받습니까? 예수님을 믿는 순간, 성령 하나님이 내 안에 거하십니다. 그럼에도 불구하고 오늘날 교회 안에서 얼마나 많은 다른 가르침을 따르고 있습니까? 예수님을 믿은 후에 바로 성령을 받는 것이 아니라고 말합니다. 예수님을 믿는 사람들에게 성령을 언제 받았느냐고 하면 많은 사람들이 이렇게 이야기합니다. "제가 예수님을 믿고 5년째 되던 해에 마음이 답답해서 갈멜산 기도원에서 소나무를 잡고 기도하는데, 등에 식은땀이 나면서 하늘에서 빛이 보였습니다. 제가 그때 성령을 받았습니다."

저도 어릴 때는 그런 줄 알았습니다. 주위의 많은 사람들이 그렇게 말했기 때문입니다. 그런데 성경은 뭐라고 말씀합니까? 예수님이 성령님을 보내주겠다고 약속하셨습니다. "내가 가면 또 다른 보혜사를 너희에게 보내리니." 보혜사가 무엇을 의미합니까? 옆에 서서 돕는 자를 뜻합니다. 우리를 구원의 길로 이끄는 인도자입니다. 예수님도 보혜사이고, 성령 하나님도 보혜사입니다. 내가 예수 그리스도를 구주로 영접하여 하나님이 나를 의롭다고 선포하신 그날, 성령 하나님이 내 안에 들어오십니다. 우리가 거룩하게 살고, 십일조를 내고, 주일예배를 한 번도 빠지지 않고, 매일 새벽기도에 나간다고 해서 성령이 우리에게 임하는 것이 아니라는 이야기입니다. 믿는 자에게 성령이 임한다는 사실을 최초로 통보받은 이들이 누구입니까? 고린도 교인입니다.

고린도 교회는 어떤 교회였습니까? 파당이 많은 교회였습니다. 담임목사 파가 있고, 부목사 파가 있고, 전도사 파가 있고, 안수집사 파가 있고, 이 밖에도 너무나 많은 파가 있었습니다. 도덕적으로 형편없었습니다. 어떤 아들은 자기 아버지의 후처를 데리고 살았습니다. 성도들끼리 서로 돈을 떼먹고 법정에 고소를 했습니다. 도덕적으로 얼마나 형편없는 교회였습니까? 그러나 하나님은 고린도 성도들을 향해 이렇게 선포하십니다. "너희가 하나님의 성전인 것과 하나님의 성령이 너희 안에 계시는 것을 알지 못하느냐"(고전 3:16). 무슨 말씀입니까? 도덕적으로 온전하지 못한 고린도 교인들이지만, 이미 그들이 성령을 받았다는 말씀입니다.

우리가 율법으로 성령을 받습니까? 도덕적으로 성령을 받습니까? 아닙니다. 오직 믿음으로 받습니다. 우리가 믿음으로 예수 그리스도를 구주로 영접할 때, 성령이 우리 안에 들어와 좌정하십니다. 사도 바울은 갈라디아 교인들에게 그들의 경험을 통해 이 교훈을 상기시키고 있는 것입니다.

마지막으로, 5절에서 사도 바울은 하나님이 갈라디아 교인들에게 능력을 주셨음을 상기시키면서 믿음으로 의롭게 됨을 증명합니다. "너희가 예수 그리스도를 믿었을 때 죄의 유혹을 이길 수 있는 능력을 하나님 아버지께서 너희에게 주시지 않았느냐?" 그들이 이 능력을 언제 받았습니까? 갈라디아 성도들이 예수 그리스도를 믿을 때 하나님이 이러한 능력을 주셨습니다. 이것은 갈라디아 성도들이 직접 경험한 사실이었습니다. 그러나 이러한 체험을 한 갈라디아 성도들에게 이상한 일이 일어났다고 사도는 말합니다. 그것이 무엇입니까? 1절을 다시 한 번 읽어보십시오.

> 어리석도다 갈라디아 사람들아 예수 그리스도께서 십자가에 못 박히신 것이 너희 눈 앞에 밝히 보이거늘 누가 너희를 꾀더냐.

요즘 말로 표현하자면, 누가 너희를 꼬셨냐는 것입니다. 유혹이 있었습니다. 어떤 유혹입니까? 구원은 믿음으로 받지만, 그 다음부터는 행위로 살아야 한다는 유혹입니다. 믿음만 가지고는 안되고, 의식과 행위가 있어야 한다는 유혹이었습니다. 갈라디아 교인들은 흔들리기 시작했습니다. 그래서 사도 바울은 그들에게 극단적인 단어를 사용했습니다. "어리석도다 갈라디아 사람들아."

3절에서는 "너희가 어떻게 이같이 어리석단 말이냐, 어떻게 그럴 수가 있단 말이냐" 하면서 통탄합니다. 무슨 말입니까? 지능지수(IQ)가 모자란 것입니까? 아닙니다. 성경은 언제나 '어리석다'는 이 말을 영적인 것과 관련시킵니다. "어리석은 자는 그의 마음에 이르기를 하나님이 없다 하도다"(시 53:1).

엠마오로 낙심하며 돌아가던 제자들에게 예수님이 나타나서 구약의 복음을 설명하면서 메시아가 죽었다가 다시 살아날 것을 말씀하셨습니다. 그러나 그들은 예수님을 보고도 믿지 못했습니다. 그러자 예수님이 누가복음에서 뭐라고 말씀하십니까?

> 이르시되 미련하고 선지자들이 말한 모든 것을 마음에 더디 믿는 자들이여(눅 24:25).

갈라디아 교인들만 어리석습니까? 아닙니다. 오늘날 우리 교회 안에 어리석은 사람이 얼마나 많은지 모릅니다. 교회생활은 아주 잘합니다. 주일 예배 시간에 거룩한 묵도가 있습니다. 성가대의 엄숙한 찬양이 있습니다. 집사님들의 거룩한 기도가 있습니다. 그리고 목사님의 설교가 있습니다. 마지막으로 믿는 자들을 향해 쏟아붓는 축복 기도가 있습니다. 사람들은 의식적으로 편안함을 느낍니다. 그렇게 거룩한 의식에 참여하고 나면 무언가를 한 것 같습니다. 무언가 뿌듯합니다. 그러나 그 안에는 복음이 없습니다. 수십 년간 교회에 다니면서도 복음에 반응하지 않는 사람들이 여전히 예배를 드립니다. 어떤 교회는 은사를 중시합니다. 어떤 사람들은 분주하게 여러 곳을 좇아다닙니다. "어떤 기도원 원장이 앞일을 신기하게 맞춘다고 하더라. 딸이 언제 결혼할지 안수기도 한번 받아봐." 그런 것이 과연 복음입니까?

과연 예수님이 우리의 병을 고쳐주시기 위해서 십자가에 돌아가셨습니까? 앞일을 알려주시기 위해서 돌아가셨습니까? 교회가 왜 이 지경이 되었습니까? 수많은 사람들이 복을 좇아갑니다. 왜 십일조를 합니까? 복 받으려고 합니다. 왜 교회에 나옵니까? 복 받으려고 나옵니다. 그저 내 유익, 내 복이 최우선 순위입니다. 그러는 사이 하나님이신 예수 그리스도가 인간의 몸을 입고 우리를 위해 십자가에서 완성하신 그 놀라운 복음은 뒷전이 되어버립니다. 이것은 갈라디아 교회만의 문제가 아닙니다. 오늘 우리의 문제입니다. 겉으로는 열심히 믿는 것 같지만, 실상은 믿음이 아닙니다. 여전히 내 열심과 내 방법을 좇고 있는 것입니다.

사도 바울은 갈라디아서 3-4장에서 한 가지 사실을 우리에게 선포합니다. "사람은 오직 믿음으로만 의롭다 함을 얻을 수 있다." 바울은 이것이 우리 신앙생활의 시작이요 마지막이라고 선포합니다. 우리 모두 이 말씀에 귀를 기울입시다. 이 선포된 말씀에 따라, 복음을 확연하게 깨닫고, 남은 생애 동안 복음의 감격 가운데 살아가기를 바랍니다. 여러분 '십자가'라는 소리만 들어도 가슴속에 설렘이 있어야 합니다. '하나님 앞에 죄 사함을 얻었다'는 소리만 들어도 엄청나게 기뻐해야 합니다.

믿음으로 의롭게 됨: 성경의 예를 통한 증명

이제 사도 바울은 성경의 예를 들어서, 사람이 믿음으로 의롭게 됨을 증명합니다. 갈라디아서 3장 6절을 보십시오.

> 아브라함이 하나님을 믿으매 그것을 그에게 의로 정하셨다 함과 같으니라.

이 말씀은 창세기 15장의 말씀을 인용한 것입니다. 하루는 아브라함이 집에서 거닐고 있는데, 하나님이 찾아오셨습니다. 그리고 대뜸 이렇게 말씀하십니다. "아브라함아, 나는 너의 방패요 너의 지극히 큰 상급이니라." 아브라함은 하나님이 "내가 너의 방패"라고 하는 말씀에는 이의가 없었습니다. 창세기 14장에 조카 롯이 소돔 고모라 왕에게 잡혀간 사건이 나옵니다. 격분한 아브라함이 318명의 하인을 데리고 가서 소돔 군대를 물리치고 조카 롯을 찾아왔습니다. 그때 하나님이 나타나셔서 "아브라함아, 내가 너의 방패"라고 하시니 그 말씀에 무슨 이의가 있겠습니까?

그런데 "내가 너의 큰 상급"이라고 하는 말씀에는 선뜻 동의할 수 없습니다. 아브라함은 비록 공손한 말투로 대답했지만, 실제로는 하나님께 이렇게 반응합니다. "아버지 하나님, 상급을 주시면 뭐합니까? 저는 씨가 없습니다. 아무리 많은 재산을 상급으로 받는다 해도 씨가 없으니, 제 상속자는 하인인 엘리에셀이 될 뿐입니다." 이렇게 아브라함은 자기 마음속의 염려를 솔직히 하나님께 아룁니다. 그때 하나님이 아브라함을 데리고 밖으로 나가십니다. 그리고 묻습니다. "아브라함아, 저 하늘에 떠 있는 별을 셀 수 있겠느냐?" 아브라함이 대답합니다. "셀 수 없습니다." 밤하늘에 가득한 수많은 별을 누가 셀 수 있겠습니까? 그런데 하나님은 "네 몸에서 날 자가 네 후사가 되리니 너의 후손이 저 밤하늘의 별과 같이 셀 수 없을 정도로 많아질 것이다"라고 말씀하셨습니다. 아브라함이 그 말씀을 믿었습니다. 아브라함이 이 사실을 믿자, 창세기 15장 6절에 놀라운 말씀이 선포됩니다.

아브람이 여호와를 믿으니 여호와께서 이를 그의 의로 여기시고.

사람이 최초로 하나님 앞에 의롭다 함을 얻었습니다. 성경에 나오는 어떤 사람도 의롭다 함을 얻지 못했는데 누가 얻었습니까? 믿음의 조상 아브라함입니다. 그가 어떻게 의롭다 함을 얻었습니까? 예배를 잘 드렸습니까? 헌신을 했습니까? 깨끗하게 살았습니까? 아닙니다. 전혀 행위와 상관없이 의롭다 함을 얻었습니다. 아브라함은 늙었고 그의 아내도 경수가 끊어졌습니다. 아이를 낳지 못할 정도로 늙었음에도 불구하고, "네 몸에서 날 자가 저 별과 같이 되리라"고 하신 하나님의 말씀을 믿었을 때, 그 믿음으로 말미암아 하나님이 아브라함을 의롭게 여기셨습니다. "아브람이 여호와를 믿으니 여호와께서 이를 그의 의로 여기시고."

우리가 어떻게 의롭게 됩니까? 믿음으로 의롭게 됩니다. 아브라함이 누구의 조상입니까? 그는 우리 믿음의 조상입니다. 그러면 아브라함만 믿음으로 의롭게 되었습니까? 아닙니다. 아브라함뿐 아니라 그 이후에 태어난 모든 사람도 하나님을 의심하지 않고 믿을 때 의롭다 여김을 받습니다.

"오! 예수님, 당신은 하나님이십니다. 내 죄로 말미암아 내가 십자가에 달려야 하는데 어찌하여 당신이 내 대신 달려 돌아가셨습니까? 내 죄를 대신해서 주님이 십자가에 달리심을 믿습니다"라고 고백한다면, 그가 강도일지라도, 마음속에 죄를 가득 품고 있을지라도, 도덕성이 형편없을지라도 하나님은 그를 의롭게 여기십니다.

> 무릇 율법 행위에 속한 자들은 저주 아래에 있나니 기록된 바 누구든지 율법 책에 기록된 대로 모든 일을 항상 행하지 아니하는 자는 저주 아래에 있는 자라 하였음이라… 율법은 믿음에서 난 것이 아니니 율법을 행하는 자는 그 가운데서 살리라 하였느니라(갈 3:10, 12).

계속해서 13절을 보겠습니다.

> 그리스도께서 우리를 위하여 저주를 받은 바 되사 율법의 저주에서 우리를 속량

하셨으니 기록된 바 나무에 달린 자마다 저주 아래에 있는 자라 하였음이라.

예수 그리스도께서 십자가에 달려 돌아가셨다고 하지 않고 왜 저주를 받았다고 했습니까? 이 말씀은 신명기 말씀을 인용한 것인데, 그 당시 죽음에는 두 종류가 있었습니다. 무덤도 두 종류가 있었습니다. 그냥 살다가 사고로 죽거나 질병으로 죽으면 사람들이 땅에 묻었습니다. 그러나 율법을 범해서 죽은 경우는 달랐습니다. 당시에 율법을 범하면 돌로 쳐 죽이라고 했습니다. 이스라엘을 가보면 더 정확하게 알겠지만, 제주도를 연상하면 됩니다. 땅만 파면 돌입니다. 이스라엘도 그렇습니다. 가장 흔한 것이 돌이니까, 돌로 쳐 죽이는 것입니다. 율법을 범한 자는 반드시 돌로 쳐 죽여야 합니다. 그런 사람은 바로 무덤에 묻지 않고 나무에 그 시체를 달아놓았습니다. 어떤 사람의 시신이 나무에 달려 있다면 어떻게 된 것입니까? 그는 율법을 범해 저주를 받은 것이 분명했습니다.

하나님의 아들 예수 그리스도께서 이 땅에 오셔서 쇠로 만든 십자가가 아니라 나무로 만든 십자가에 달려 돌아가셨습니다. 왜 그렇습니까? 율법의 저주를 다 받으시기 위함입니다. 예수께서 율법의 저주를, 돌에 맞아 죽을 그 저주의 죽음을 다 받으심으로 우리를 속량하셨습니다. 내가 돌에 맞아 나무에 달려 저주를 받아야 마땅하건만, 하나님이 이 땅에 오셔서 내 대신 저주를 당하셨습니다. 왜입니까? 우리를 속량하시기 위해서, 저주에서 저와 여러분을 건져내시기 위해서입니다.

여러분, 예수님을 믿고도 왜 우리의 삶이 변하지 않습니까? 도덕을 배우지 않아서가 아닙니다. 복음의 의미를 깊이 깨닫지 못하기 때문입니다. 하나님 앞에 믿음으로 의롭다 여김을 받는 이 놀라운 사실을 평생 연구하고 묵상함으로 우리 마음속에 뜨거움이 넘쳐나기를 원합니다. 이 세상에는 두 가지 길이 있습니다. 두 가지 운명이 있습니다. 복과 저주의 운명입니다. 이 땅에서 우리가 어떻게 사는지와 상관없이 하나님은 우리를 둘로 나누십니다. 하나님 앞에 복을 받은 자와 저주를 받은 자로 나누십니다.

하나님 앞에 의롭다 함을 얻은 자는 복을 받을 것이요, 하나님 앞에 의롭다 함을 얻지 못한 자는 저주를 받을 것입니다. 우리는 어떻게 의롭게 됩니까? 세상과 종교는 우리의 행위와 방법으로 의롭게 된다고 가르칩니다. 그러나 하나님은 오직 믿음으로만 의롭게 된다고 선포하십니다. 여러분, 어느 길을 택하시겠습니까? 우리 모두 믿음으로 의롭게 되는 이 길을 힘써 달려나가는 복된 성도가 되기를 간절히 바랍니다.

8장

율법과 약속

갈라디아서 3장 15–22절

[15]형제들아 내가 사람의 예대로 말하노니 사람의 언약이라도 정한 후에는 아무
도 폐하거나 더하거나 하지 못하느니라 [16]이 약속들은 아브라함과 그 자손에게
말씀하신 것인데 여럿을 가리켜 그 자손들이라 하지 아니하시고 오직 한 사람을
가리켜 네 자손이라 하셨으니 곧 그리스도라 [17]내가 이것을 말하노니 하나님께서
미리 정하신 언약을 사백삼십 년 후에 생긴 율법이 폐기하지 못하고 그 약속을
헛되게 하지 못하리라 [18]만일 그 유업이 율법에서 난 것이면 약속에서 난 것이 아
니리라 그러나 하나님이 약속으로 말미암아 아브라함에게 주신 것이라 [19]그런즉
율법은 무엇이냐 범법하므로 더하여진 것이라 천사들을 통하여 한 중보자의 손
으로 베푸신 것인데 약속하신 자손이 오시기까지 있을 것이라 [20]그 중보자는 한
편만 위한 자가 아니나 하나님은 한 분이시니라 [21]그러면 율법이 하나님의 약속
들과 반대되는 것이냐 결코 그럴 수 없느니라 만일 능히 살게 하는 율법을 주셨
더라면 의가 반드시 율법으로 말미암았으리라 [22]그러나 성경이 모든 것을 죄 아
래에 가두었으니 이는 예수 그리스도를 믿음으로 말미암는 약속을 믿는 자들에
게 주려 함이라.

여러분, 좋은 약속을 받은 적이 있으십니까? 아무리 어려움 가운데 처하고 고난 가운데 있다 하더라도 좋은 약속을 받은 사람은 기쁘게 살아갈 수 있습니다. 저는 그것을 체험했습니다. 제가 인생을 살아오면서 뚜렷하게 기억하는 몇 가지가 있습니다. 그중 하나가 약속이었습니다. 저희 어머니가 복막염에 걸리셨는데, 그 당시에는 상당히 고치기 어려운 병이라서 기도원으로 요양을 떠나셨습니다. 제가 네 살 때의 이야기입니다. 아버지 혼자 저를 잘 키울 수 없으니까, 서울에 있는 작은 집에 저를 보냈습니다. 엄마가 보고 싶고, 낯설은 서울 땅에 사는 것이 얼마나 힘들었는지 모릅니다.

그러나 제게는 소망이 있었습니다. 아버지가 곧 저를 데리러 온다고 약속하셨기 때문입니다. 그날을 얼마나 손꼽아 기다렸는지 모릅니다. 오늘 오실까, 아니면 내일 오실까? 그러던 어느 날 아버지가 오셨습니다. 드디어 저를 어머니에게 데려가겠다고 하셨습니다. 얼마나 기뻤는지 모릅니다. 그 말이 얼마나 충격적으로 제 뇌리에 각인되었는지 지금도 눈에 훤합니다. 기차를 타고 아버지와 함께 어머니를 만나러 갔습니다. 용문산 기도원에 어머니가 계셨는데, 아버지가 "네 엄마다"라고 하셨을 때 저는 온 힘을 다해서 어머니에게 뛰어갔습니다. 그곳에서 이틀간 어머니와 같이 지냈는데, 그 모든 기억이 제 머릿속에서 잊히지 않습니다. 그 약속 때문에 저는 모든 힘든 환경을 견뎠던 것입니다.

그러나 사람의 약속은 참으로 불안합니다. 이제는 어머니와 다시는 헤어지지 않겠다는 다짐과는 달리, 이틀이 지나서 집에 돌아갈 시간이 되었습니다. 그런데 어머니가 같이 가지 않는 것이었습니다. 어머니는 병원에 잠시 들러서 주사를 맞고 갈 테니까 저에게 집에 가서 기다리라고 했습니다. 그것은 선의의 거짓말이었습니다. 그 후로 3개월이 지나서야 저는 어머니와 같이 살 수 있게 되었습니다. 이처럼 인간의 약속은 불안한 것입니다.

오늘 본문은 하나님이 우리에게 놀라운 약속을 주셨다고 말씀합니다. 그런데 약속을 이미 받은 우리가 그 약속을 잘 모르고 약속에 대해 깊이 묵상하지 않기 때문에, 그 약속을 잊어버리고 세상의 고민 가운데 빠져 살고 있다고 성경은 지적합니다. 하나님이 우리에게 주신 약속이 무엇입니까? 그 약속에 대해서 오늘 본문이 가르치는 몇 가지를 깊이 상고해보기를 원합니다. 하나님이 우리에게 주신 약속은, 믿는 자에게 엄청난 축복을 주신다는 것입니다.

오늘 본문은 그 약속에 대해서 좀 더 여러 가지를 설명합니다.

> 형제들아 내가 사람의 예대로 말하노니 사람의 언약이라도 정한 후에는 아무도 폐하거나 더하거나 하지 못하느니라(갈 3:15).

오늘 본문은 약속과 언약이라는 말을 겸하여 쓰고 있습니다. 언약은 중요한 약속을 말합니다. 15절에서 말하는 것은 간단합니다. 우리 사람도 귀한 약속을 하면 그 약속을 번복하지 않은데, 하물며 하나님이 약속을 하셨으면 얼마나 신실하실까 하는 것입니다.

무조건적인 약속

먼저 하나님이 우리에게 무조건적인 약속을 하셨음을 알아야 합니다. 사람의 약속은 대개 조건적입니다. 저도 아들에게 가끔 약속을 합니다. "아들아, 네가 사고 싶은 게 있으면 다 사줄게." 그런데 그 약속에는 반드시 '무엇을 하면'이란 조건이 따릅니다. 아이가 피아노 치기를 싫어해서 "피아노 책 한 권 끝낼 때마다, 네가 사고 싶은 거 다 사준다"고 하니까, 이 아이가 혈안이 되어서 피아노를 쳤습니다.

우리가 하는 약속은 모두 조건이 있습니다. 그런데 하나님이 오늘 저와 여러분에게 베푸신 이 약속은 조건이 없다고 말씀합니다. 사도 바울이 무엇을 근거로 하여 감히 이런 선포를 합니까? 하나님이 갈대아 우르에서 우상을 섬기던 아브라함을 은혜로 부르셨습니다. 그런데 놀랍게도 아브라함이 하나님을 믿고 그분이 말씀하신 대로 그 땅을 떠났습니다. 하나님은 아브라함에게 "내가 너에게 땅을 주겠다, 복을 주겠다, 자손을 주겠다"라고 세 가지를 약속하셨습니다.

그런데 그 약속의 말씀을 믿고 떠난 지 10년이 지나도 아브라함에게 재산이 약간 늘어난 것 외에는 아무것도 변한 것이 없었습니다. 하루는 하나님이 "아브라함아, 내가 너에게 복을 주겠다"고 하시자 아브라함이 이렇게 말합니다. "하나님이 복을 주시면 뭐합니까? 저는 상속받을 아들이 없습니다." 그때 하나님이 아브라함을 데리고 나가서 하늘의 별들을 보시며 "저 별들을 네가 셀 수 있느냐" 하고 물었습니다. 아브라함이 대답합니다. "셀 수 없습니다." 그런데 "하나님이 네 자손이 이와 같이 많아질 것이다"라고 말씀하셨을 때, 아브라함이 그것을 믿었습니다. 이를 창세기 15장 6절에서는 이렇게 말씀하고 있습니다.

아브람이 여호와를 믿으니 여호와께서 이를 그의 의로 여기시고.

그 말씀을 마치신 뒤에 하나님이 또 하나의 약속을 하십니다. "내가 너에게 땅을 주겠다." 그러자 아브라함이 이런 질문을 합니다. "하나님, 제가 땅을 받을 것을 무엇으로 알 수 있겠습니까?" 그때 하나님께서 3년 된 수양과 암염소와 집비둘기를 제물로 준비하라고 명하십니다. 그러자 아브라함이 뛰어가 그 짐승들을 다 잡고 나서 신기한 일을 행했습니다. 그 짐승들의 절반을 정확히 갈라서 양쪽으로 늘어놓고 누군가를 기다린 것입니다. 아브라함이 누구를 기다린 것입니까? 바로 하나님입니다.

이 말씀은 최근에야 비로소 올바르게 해석되었습니다. 고고학을 통한 문서가 많이 발견되면서, 아브라함이 살았던 문화적 배경이 드러나기 시작했습니다. 그 당시 사람들은 중요한 약속을 할 때, 가령 국가와 국가 간에 언약을 맺을 때 반드시 이 예식을 행했습니다. 보통 중요하지 않은 약속은 말로 했습니다. 그런데 중요한 약속은 반드시 짐승을 잡아서 반으로 갈라놓고 두 계약자로 하여금 그 사이를 지나가게 했습니다. 그 의미는 '우리 둘 가운데 누구든지 이 약속을 어기면 이 짐승과 같이 찢어짐을 당할 것이다' 하는 것입니다. 하나님이 아브라함에게 제사를 드리라고 했을 때, 아브라함은 그 말의 뜻을 속히 알아들었습니다. '하나님이 나와 언약을 맺기 원하시는구나.' 그래서 짐승을 잡아놓고 하나님을 기다립니다.

그런데 창세기 15장에 보면, 하나님이 나타나시지 않습니다. 오히려 하나님은 아브라함을 깊이 잠들게 했습니다. 하나님을 기다리던 아브라함이 잠든 사이에 하나님이 나타나셔서 혼자 그 사이를 지나가셨다고 창세기 15장은 말씀합니다. 이것이 어떻게 된 일입니까? 하나님이 계약하자고 하시고는, 두 당사자가 지나가야 하는데 어찌하여 하나님 혼자 지나가십니까? 왜 아브라함을 잠들게 하셨습니까? 여기에는 아주 깊은 의미가 있습니다. 지금 사도 바울이 갈라디아서 3장에서 이 말씀을 지적하는 것입니다. 하나님이 우리와 중요한 약속을 하셨는데, 그 약속은 조건적인 약속이 아니라는 것입니다. 쌍방의 약속이 아니라는 것입니다. 하나님의 일방적인 약속, 무조건적인 약속이라고 말씀합니다. 하나님이 지나가시고, 아브라함이 지나가면 어떻게 복을 받을 수 있습니까? 하나님은 "내가 너를 축복하마"라고 언약하셨는데, 아브라함이 지나가면 언제 아브라함이 하나님의 복을 받을 수 있습니까?

아브라함이 순종하면 그 축복이 아브라함의 것이 되고, 아브라함이 불순종하면 하나님의 축복이 아브라함의 것이 되지 못합니다. 그러면 그 약속은 조건적인 언약이 되는 것입니다. 믿음의 조상 아브라함의 믿음이 아무리 좋다 한들, 하나님은 아셨던 것입니다. 아브라함이 하나님의 은혜를 행위로, 순종으로, 그의 삶으로 받을 만한 자격이 없었기 때문에 아브라함을 깊이 잠들게 하신 것입니다.

아브라함뿐 아니라 이 세상에 살고 있는 그 누구라도 감히 행위로 하나님의 복을 받을 자격이 있는 사람이 있겠습니까? 하나님은 그것을 아셨습니다. 그래서 "아브라함아, 내가 너를 축복하기로 언약한다. 그러나 이 약속은 너의 행위와 상관없는 것이다. 너의 순종과 상관없는 것이다. 내가 일방적으로 너를 축복하마. 내가 은혜로 축복하마. 내가 무조건적으로 축복하마"라고 하신 것입니다. 그래서 하나님은 홀로 그 짐승들 사이로 지나가신 것입니다. 우리가 하나님께 받은 약속이 어떤 약속입니까? 무조건적인 약속입니다. 여러분, 이 사실을 반드시 기억하시기 바랍니다.

오늘날 수많은 사람들이 하나님의 이 엄청난 약속의 의미를 모르고 자기 행위로 약속을 받아보려고 노력합니다. 율법을 지키려고 노력합니다. 그렇게 하면 안 됩니다. 하나님은 결코 우리를 자신의 약속의 당사자로 삼으셔서 지나가게 하신 일이 없습니다. 그러면 이 약속은 누구에게 임합니까? 하나님이 누구와 이 약속을 맺으셨습니까? 이 축복을 받는 사람이 누구입니까? 아브라함입니다. 그것이 아무리 무조건적인 약속이라 할지라도 약속에 참여한 자만이 그 약속의 축복과 혜택을 받게 되는 것입니다. 누가 참여합니까? 아브라함입니다. 그런데 하나님은 아브라함뿐 아니라 아브라함의 자손을 한 사람 여기에 포함시키셨습니다. 16절을 보겠습니다.

이 약속들은 아브라함과 그 자손에게 말씀하신 것인데 여럿을 가리켜 그 자손들이라 하지 아니하시고 오직 한 사람을 가리켜 네 자손이라 하셨으니 곧 그리스도라.

하나님이 약속의 대상으로 한 사람을 더 추가하십니다. 창세기 17장과 22장에 이 약속이 반복되는데, 하나님이 아브라함뿐 아니라 아브라함의 자손과도 약속을 맺으셨습니다. 그런데 그 자손이 누구입니까?

우리는 하나님의 약속을 받은 적이 없습니다. 하나님이 그 언약식을 행하실 때 우리는 참석하지 않았습니다. 단지 아브라함과 아브라함의 자손과 약속하셨습니다. 그런데 놀랍게도 '자손들'이라고 복수를 쓰지 않고 '자손'이라는 단수를 썼습니다.

창세기 3장 15절에서도 하나님은 뱀을 저주하면서 이렇게 말씀하셨습니다. "내가 너로 여자와 원수가 되게 하고 네 후손도 여자의 후손과 원수가 되게 하리니 여자의 후손은 네 머리를 상하게 할 것이요 너는 그의 발꿈치를 상하게 할 것이니라." 여기에서도 여자의 후손이 단수로 쓰였습니다. 사탄의 머리를 박살 낸 여자의 후손이 누구입니까? 뱀이 물었던 여자의 후손의 발꿈치는 누구의 것입니까? 예수 그리스도입니다. 아브라함의 후손이 하늘의 별과 같이 많아질 것이지만, 하나님이 언약식에 참석시킨 아브라함의 후손은 단수로 쓰였습니다. 그는 다름 아닌 아브라함의 육신적인 혈통을 이어 받아서 이 땅에 태어나신 예수 그리스도를 말합니다. 오늘 사도 바울이 그 말을 하는 것입니다. "곧 그리스도시라."

그리스도를 통한 약속

우리가 어떻게 하나님의 약속을 받을 수 있습니까? 하나님이 우리에게 주신 약속은 무조건적인 약속일 뿐 아니라 그리스도를 통한 약속입니다. 이 세상에서의 자격을 묻지 않습니다. 신분을 묻지 않습니다. 이 무조건적인 하나님의 약속을 받을 수 있는 방법이 우리에게 열려 있다는 것입니다.

하나님이 아브라함과 약속하셨기에, 아브라함의 친자손만 그 약속에 참여하는 것이 아닙니다. 예수 그리스도를 자손으로 지칭하셨기에, 누구든지 예수 그리스도 안에 들어가는 자, 예수 그리스도와 연합한 자는 하나님이 아브라함에게 주신 무조건적인 약속의 축복을 남김없이 다 받는 것입니다.

우리의 행위와 상관없습니다. 내가 과거에 아무리 흉악한 죄를 지었더라도, 미래에 내가 어떠한 죄를 지을지도 상관없습니다. 내가 믿음으로 예수 그리스도와 연합할 때 하나님이 아브라함에게 허락하신 무조건적인 축복이 나의 축복이 됩니다. 27절을 읽어보십시오.

> 누구든지 그리스도와 합하기 위하여 세례/침례를 받은 자는 그리스도로 옷 입었느니라(갈 3:27).

이 말씀에서 침례/세례가 무엇을 상징합니까? 대부분의 성경에는 세례로 되어 있는데, 원어에는 침례라고 나와 있습니다. 그렇다고 저는 세례를 부정하지 않습니다. 그러면 침례의 참 의미가 무엇입니까? 물속에 들어갔다 나오는 것입니다.

그리스도와 합하여 물속에 들어갔다 나오는 것이 무엇을 상징합니까? 물속에 들어가는 것은 내가 예수 그리스도와 함께 죽은 것을 의미합니다. 내가 지은 죄 때문에 십자가에 달려야 합니다. 그런데 내가 죽을 수가 없습니다. 왜입니까? 나는 죽으면 그것으로 끝납니다. 나는 부활할 능력이 없습니다. 그래서 나를 불쌍히 여기신 하나님의 아들 예수 그리스도께서 이 땅에 오셔서 내가 달려야 할 그 십자가에 달려 돌아가셨습니다.

내가 죽지 않아도 그 사실을 믿는 순간, 하나님은 나를 어떻게 생각하십니까? 내가 예수 그리스도를 믿을 때, 하나님을 믿을 때, 십자가를 믿을 때, 침례/세례를 받을 때 물속에 들어가는 것으로 여기십니다. 내가 장사된 것으로 여기십니다. 물속에서 올라오는 것이 무엇을 상징합니까? 주님께서 사흘 만에 죽음의 권세를 이기시고 부활하는 것을 상징합니다. "누구든지 그리스도와 합하기 위하여 침례/세례를 받은 자는 그리스도로 옷 입었느니라."

제 가슴에 점이 몇 개가 있는지 아무도 모를 것입니다. 제가 옷을 입고 있기 때문입니다. 여기에서 옷을 입는다고 하는 것은 비유입니다. 그리스도에 초점을 맞추어서 이 말씀을 다시 한 번 읽어보시기 바랍니다. "누구든지 그리스도와 합하기 위하여 침례/세례를 받은 자는 그리스도로 옷 입었느니라." 하나님이 나를 보실 때, 나 자신을 보지 않고 내 옷을 보십니다. 내가 그리스도로 옷 입었기 때문에 하나님이 나를 보시지 않고, 나를 둘러싸고 계신 그리스도를 보신다는 말씀입니다.

하나님이 아브라함과 무조건적인 언약을 맺었습니다. "아브라함아, 내가 너를 무조건 축복하마." 그 축복이 어떻게 우리의 축복이 될 수 있습니까? 그것은 무조건적인 축복일 뿐 아니라 그리스도를 통한 약속입니다. 우리는 그리스도를 믿어야 합니다. 그리스도와 함께 침례/세례를 받아야 합니다. 그리스도와 함께 연합해야 합니다. 이것을 성경은 거듭났다고 말합니다. 구원받았다고 말합니다. 의롭게 되었다고 말합니다. 죄사함 받았다고 말합니다. 성령 받았다고 말합니다. 그리스도의 몸의 일부가 되었다고 말합니다. 성령의 침례/세례를 받았다고 말합니다. 성령의 내주하심을 입었다고 말합니다. 두 번 태어났다고 말합니다. 천국에 갈 확신이 있다고 말합니다. 영생을 얻었다고 말합니다.

우리가 믿음으로 예수 그리스도를 구주로 영접하여 하나님의 자녀가 되면 어떤 일이 벌어지는지 아십니까? 우리의 과거, 현재, 미래의 행위와 상관없이 하나님은 우리를 무조건적으로 축복하십니다. 그러므로 하나님이 우리에게 주신 놀라운 약속은 무조건적인 약속입니다. 그리스도를 통한 약속입니다.

확실한 약속

마지막으로 하나님이 우리에게 허락해주신 약속은 확실한 약속입니다. 다른 말씀으로 하면, 아무것도 폐할 수 없는 약속입니다. 17절을 보십시오.

> 내가 이것을 말하노니 하나님께서 미리 정하신 언약을 사백삼십 년 후에 생긴 율법이 폐기하지 못하고 그 약속을 헛되게 하지 못하리라.

이것은 영원불변한 약속입니다. 사도 바울이 이런 복음을 전했습니다. "누구든지 예수 그리스도를 믿고, 예수 그리스도와 합하여 예수 그리스도로 옷 입은 자는 하나님이 무조건 축복하십니다. 그때 율법주의자들이 이런 질문을 던집니다. "그러면 믿음으로 구원받은 사람을 하나님이 무조건적으로 축복하신다면, 순종 안 하고, 십일조 떼어먹고, 교회 안 나오고, 다른 살림 차리고 마음대로 살면 어떻게 하느냐?" 연이어 그들은 두 번째 질문을 합니다. "당신이 뭔가 잘못 가르치고 있다. 그러면 하나님이 율법을 왜 주셨느냐? 간음하지 말라, 도적질하지 말라고 하셨다. 도적질하면 하나님이 형벌을 내리신다. 하나님의 형벌이 두려워서 사람들이 죄를 짓지 않는 것이 아니냐? 분명히 하나님이 율법을 주셨는데, 그러면 율법이 무슨 소용이 있겠는가? 하나님이 왜 율법을 주셨는가? 당신은 이단 교리를 가르치고 있다."

사도 바울은 갈라디아서 3장을 통해서 하나님이 율법을 왜 주셨는지, 율법의 의미가 무엇인지, 율법과 약속의 관계는 무엇인지를 자세히 설명하고 있습니다. 오늘 우리는 율법에 대해서 몇 가지를 살펴보기 원합니다. 사도 바울은 약속이 율법보다 더 위대하다는 것을 증명하기 위해서 19절에서 이렇게 말합니다.

> 그런즉 율법은 무엇이냐 범법하므로 더하여진 것이라.

여기에 중요한 단어가 두 가지 나옵니다. '범법함'과 '더함'입니다.

> 천사들을 통하여 한 중보자의 손으로 베푸신 것인데 약속하신 자손이 오시기까지 있을 것이라.

바울은 율법에 대해 정확히 말하고 있습니다. 왜 하나님의 약속이 율법보다 더 위대합니까? 하나님의 약속은 하나님이 아브라함에게 직접 전하신 것이지만, 율법은 그렇지 않다는 것입니다. 천사들을 통해서 주셨고, 중보자의 손을 빌려서 주셨습니다. 하나님이 십계명을 전하실 때 모세의 손을 통하셨습니다. 중보자의 손은 모세를 의미하는 것입니다. 약속은 직접 전하셨지만, 율법은 천사들을 통해서, 모세를 통해서 전하신 것만 봐도 약속이 율법보다 위대한 것을 알 수 있지 않느냐고 말합니다. 또한 역사성을 말합니다. 약속이 먼저냐, 율법이 먼저냐를 묻습니다. 약속이 율법보다 먼저라는 것입니다. 무려 430년이나 먼저입니다.

왜 430년이라고 했습니까? 아브라함에게 하신 약속을 하나님은 이삭과 야곱에게도 하셨습니다. 그래서 하나님은 아브라함의 하나님이요, 이삭의 하나님이요, 야곱의 하나님이십니다. 사도 바울이 430년이라고 표현한 이유가 무엇입니까? 하나님이 야곱에게 마지막으로 이 약속을 주셨을 때의 시점으로부터 시내산에서 모세가 율법을 받을 때까지 정확하게 430년이 지났기 때문입니다. 하나님이 430년 전에 이미 약속을 만들어놓으셨습니다. 그러므로 430년 후에 생긴 이 율법이 430년 전에 만들어진 하나님의 약속을 무효화할 수 없다는 것입니다. 그러면 하나님이 도대체 왜 율법을 주셨습니까? 무엇 때문에 율법을 허락하셨습니까?

이 율법의 기능과 목적에 대해서 사도 바울은 두 가지를 지적합니다. 먼저 19절 말씀을 보겠습니다.

그런즉 율법은 무엇이냐 범법하므로 더하여진 것이라.

'더했다'는 말이 왜 중요한지 아십니까? 더했다는 것은 처음부터 있었던 일이 아니라는 것입니다. 나중에 생긴 것입니다. 나중에 더했습니다. 그 이유가 무엇입니까? 범법함을 인하여 그렇게 한 것입니다. 율법의 목적이 무엇입니까? 죄를 깨닫게 하기 위해서 하나님이 우리에게 율법을 허락하신 것입니다.

이것은 무슨 말씀입니까? 하나님이 아브라함 한 사람만 아니라 이후에 태어날 모든 사람을 무조건적으로 축복하기 위해서 언약을 맺으셨습니다. 그리고 사람들을 초대하십니다. 그러자 사람들이 어떻게 합니까? "하나님이 무조건적으로 축복했든, 안 했든 그것이 나와 무슨 상관인가? 하나님이 축복하지 않아도 내 힘으로 복을 얻을 수 있어. 나는 꽤 괜찮은 사람이야. 내가 얼마나 훌륭한지 알아? 내가 열심히 노력하고, 선을 쌓고, 법을 잘 지키면 하나님이 나를 축복하지 않아도 나는 넘치게 축복을 받을 수 있어." 사람들이 이러고 있는 것입니다.

하나님이 만민을 축복하시기 위해 무조건적으로 약속하신 그 약속이 무효화되기 직전에 이르렀습니다. 하나님이 생각다 못해서 율법을 보내신 것입니다. 그래서 무엇을 말씀하셨습니까? 간음하지 말라, 도적질하지 말라, 부모를 공경하라 했습니다. 바리새인들은 이렇게 해석합니다. "나는 간음 하지 않았어, 나는 다른 여자와 잔 적이 없어." 그러자 예수님이 "너희가 육체적으로 다른 자와 동침하지 않았더라도 마음으로 동침하고 싶은 욕심을 가졌으면 이미 간음하였느니라"고 말씀하십니다. 이 율법에서 빠져나갈 자가 누가 있습니까?

오늘 이러한 면으로 볼 때 "목사님, 저는 율법을 하나도 범하지 않았습니다"라고 말할 자가 누가 있겠습니까? 이것이 하나님이 율법을 주신 목적입니다. 율법은 무슨 역할을 합니까? 사람들로 하여금 죄를 깨닫게 하는 것입니다. 내가 얼마나 무능한지, 내가 얼마나 선을 행할 능력이 없는지, 내가 얼마나 하나님의 법을 어겼는지, 내가 얼마나 큰 죄인인지를 깨닫게 함으로써 내 힘으로는 하나님의 복을 받을 수 없으니 은혜의 보좌 앞으로, 무조건적인 하나님의 약속으로 우리를 나아가게 하는 것입니다.

율법의 두 번째 기능을 사도 바울은 24절에서 이렇게 이야기합니다.

> 이같이 율법이 우리를 그리스도께로 인도하는 초등교사가 되어 우리로 하여금 믿음으로 말미암아 의롭다 함을 얻게 하려 함이라.

여러분, 초등교사가 무엇입니까? 영어로는 이 단어를 튜터(tutor), 즉 '가정교사'라고 번역했습니다. 그러나 이것은 좋지 않은 번역입니다. 한국말로 번역한 초등교사도 그렇습니다. 이 단어는 어느 나라 말로도 번역될 수 없습니다. 이 성경이 기록될 때, 로마에 있었던 직책이요 문화이기 때문입니다. 원어는 파이다고고스(*paidagwgov*)입니다. 영어의 페다고지(pedagogy)가 바로 이 단어에서 나온 것입니다. 이것은 아주 특별한 말입니다.

그 당시 로마 귀족들은 자식을 낳으면 자신이 직접 기르지 않았습니다. 왕들도 자식을 돌볼 시간이 없으므로 다른 누군가에게 맡깁니다. 누구에게 맡겼느냐 하면 파이다고고스에게 맡겼습니다. 이 사람의 신분은 종입니다. 노예로 잡혀 온 사람에게 자기 아들을 맡깁니다. 그런데 매우 특별한 노예입니다. 굉장한 권한을 가지고 있습니다. 직접 아이를 가르치지 않지만 아이의 생활을 하나하나 간섭합니다. 모든 생활습관을 책임지고 가르치는 사람이 파이다고고스였던 것입니다.

아들이 자랍니다. 그러다가 주인이 볼 때 아들답게 성장했으면 아들을 입양합니다. 자기 아들을 어떻게 입양합니까? 로마서에 나오는 이 입양의 의미를 우리 식으로 생각하면 안 됩니다. 이 입양은 성인식을 의미합니다. 그 성인식은 어떤 것입니까? 주인이 낳았다 하더라도 성인식을 치루지 않은 아들은 재산을 한 푼도 받지 못하고, 주인의 권리도 받지 못합니다. 그런데 파이다고고스가 잘 교육시켜서, 주인이 아들을 보니 마음에 들었습니다. 열 아들 가운데 '이 아들은 괜찮구나' 해서 이 아들을 입양합니다. 그 아들에게 성인식을 해줍니다. 그날은 굉장한 날입니다. 그날 이후, 그 아들은 똑같은 아들이지만 다른 아들과 비교가 안 될 정도의 신분을 얻습니다. 아버지의 모든 재산과 권리를 상속받는 것입니다.

영화 〈벤허〉를 보면 한 장군이 벤허를 입양시키는데, 자기 반지를 뽑아서 그에게 끼워줍니다. 그것이 무슨 의미인지 아십니까? 입양식입니다. '너는 내 아들이다. 내 모든 권한과 재산은 앞으로 너에게 넘어갈 것이다'라는 뜻입니다. 파이다고고스의 역할은 주인의 아들이 아버지의 재산을 이을 만한 입양식을 할 때까지 그를 훈련시키는 것입니다. 그런데 사도 바울은 그리스도인에게 있어서 이 율법의 역할을 파이다고고스에 비유해서 말하는 것입니다.

율법의 역할이 무엇입니까? 율법은 나쁜 것이 아닙니다. 때때로 잔혹하고, 때때로 우리를 찌릅니다. 하지만 율법은 하나님이 허락하신 좋은 것입니다. 그것이 파이다고고스입니다. 그런데 이것이 언제까지 필요합니까? 우리를 그리스도에게 인도할 때까지만 필요합니다. 율법이 우리의 마음을 찌릅니다. 죄를 지으면 율법이 우리의 양심을 가차 없이 찌릅니다. "네가 그런 죄를 짓고 어떻게 사느냐, 네가 게으르게 살면서 어떻게 하나님의 아들이 될 수 있어?" 율법이 우리를 다그칩니다. 종아리를 칩니다. 율법이 하는 일은 어떤 방법을 통해서든지 우리를 그리스도에게로 인도하는 것입니다. 율법은 파이다고고스입니다.

우리가 예수 그리스도를 믿을 때 율법의 모든 요구에서 우리는 해방됩니다. "진리가 너희를 자유하게 하리니." 여기서 진리는 누구입니까? 예수 그리스도이십니다. 수많은 그리스도인들 중에 예수 그리스도를 구주로 영접하고 하나님의 무조건적인 약속을 받았음에도, 여전히 율법의 종이 되어서 신앙생활을 하는 사람이 얼마나 많은지 모릅니다. 그들이 왜 신앙생활을 합니까? 무서워서 합니다. 왜 교회에 나옵니까? 법 때문에 나옵니다.

그렇다면 그는 아직도 파이다고고스 밑에 있는 자입니다. 여러분, 구원받으셨습니까? 하나님의 자녀가 되셨습니까? 그러면 우리는 율법으로부터 해방되었습니다. 하나님의 약속은 어떠한 약속입니까? 이 세상 그 어느 것, 율법조차도 그것을 무효화할 수 없는 확실한 약속입니다. 영원불변한 약속입니다.

하나님의 약속이 가져다주는 축복

그러면 하나님의 이 놀라운 약속이 우리에게 어떤 축복을 가져다줍니까? 우리에게 세 가지 축복을 말씀합니다.

> 너희가 다 믿음으로 말미암아 그리스도 예수 안에서 하나님의 아들이 되었으니 누구든지 그리스도와 합하기 위하여 침례/세례를 받은 자는 그리스도로 옷 입었느니라(갈 3:26-27).

먼저 어떤 축복이 우리에게 임합니까? 하나님의 아들이 된다는 것입니다. 우리 아버지가 1조원을 가지고 있다고 생각해보십시오. 아버지가 돌아가시면 우리는 얼마의 재산을 받는가 하면, 상속세로 40퍼센트를 내더라도 6천 억을 상속받게 됩니다. 그런데 하나님은 그것과 비교할 분이 아닙니다. 우리 하나님 아버지는 1조원을 가진 분이 아닙니다. 이 세상을 만드시고 우주를 창조하신 하나님이십니다. 그런 분의 아들이 되는 것입니다. 그것이 하나님의 약속입니다.

오늘 두 번째 축복은 이렇게 이야기합니다. 28절을 읽어보십시오.

> 너희는 유대인이나 헬라인이나 종이나 자유인이나 남자나 여자나 다 그리스도 예수 안에서 하나이니라.

우리가 어떤 축복을 누립니까? 예수 그리스도를 믿으면 다 하나가 된다는 것입니다. 오늘 하나님이 이 축복을 주셨음에도 불구하고 우리 한국사회는 아직도 하나 되지 못한 부분이 많습니다. 특별히 어른과 아이가 하나 되지 못했습니다. 그러나 믿음 안에 들어오면 어른과 아이가 하나 되어야 합니다.

여러분, 아이들을 존중하십시오. 가정에서 아이들의 인격을 존중해주십시오. 나는 아이의 육체적인 아버지이지만, 그 아이는 하나님의 영혼입니다. 하나님이 이 땅에 보내신 귀한 영혼인데, 내가 잠시 양육할 책임을 맡았을 뿐입니다. 그 영혼과 내가 다른 것이 아무것도 없음을 기억하시기 바랍니다.

또한 한국사회에는 남존여비(男尊女卑) 사상이 있습니다. 남편들은 집에 오면 아무것도 하지 않고 앉아서 아내에게 모든 것을 시킵니다. 경상도 남자는 세 마디만 한다고 합니다. “아는?” “밥 묵자.” “자자.” 손가락 하나 까딱 하지 않습니다. 제가 남자들 설거지하라고 교회 부엌에 여러 도구를 사다주었는데, 처음에는 하는 척하더니 요즘은 하지 않는 것 같습니다.

물론 성경은 아내는 남편에게 복종하라고 합니다. 그러나 그 앞 구절을 보십시오. 사도 바울을 통해서 하나님은 너희는 서로 복종하라고 말씀하셨습니다. 우리가 예수 그리스도를 믿으면 남자와 여자, 어른과 아이, 사장과 직원, 지위나 신분에 관계없이 모두 하나입니다. 그런 축복이 우리에게 임하는 것입니다.

우리 교인들 간에 서로 다툼이 일어납니다. 말도 안하고 서로 피하는 교인이 있습니다. 왜 그런지 아십니까? 우리가 예수님을 믿고 나서 한 형제보다 더 가까운 하나가 된 사실을 모르기 때문입니다. 왜 교회에 나오면서도 외로움을 느끼는지 아십니까? 하나 된 것을 모르기 때문입니다. 왜 어떤 사람은 굶는데, 어떤 사람은 흥청망청 돈을 쓰는지 아십니까? 우리가 하나 된 것을 모르기 때문입니다.

저는 우리 영안교회에 감사하고 있습니다. 사랑의 헌금이 계속적으로 들어오고 있습니다. 그 돈으로 지금 우리가 많은 사람을 돕고 있습니다. 교회가 그렇게 해야 합니다. 많은 자는 자기 것을 내놓아서 적은 자에게 나눠주어야 합니다. 목사가 할 일은 균등하게 하는 것입니다. 이 어려운 시국에 돈을 많이 벌고 있습니까? 내놓으십시오. 후하셔야 합니다. 우리는 하나이기 때문입니다. 하나님의 약속 가운데 거하는 자는 우리 모두 하나가 될 줄 믿습니다. 이제 마지막 축복이 29절에 나옵니다.

너희가 그리스도의 것이면 곧 아브라함의 자손이요 약속대로 유업을 이을 자니라.

제가 유학을 할 때 뭇사람들이 우리 부부를 굉장히 부러워했습니다. 대부분 한국에서 돈을 보내줘서 공부하는 사람도 어려워서 끙끙대는데, 저희는 두 사람이 모두 공부를 했기 때문입니다. 사람들은 저희 아버지가 굉장한 부자, 한국에서는 이름만 대면 다 알만한 유명한 부자라고 생각했습니다. 저는 부인하지 않았습니다. 그런데 그것은 제 마음속 하나님 아버지를 염두에 둔 것이었습니다. 그래서 제 아버지의 성함은 끝까지 가르쳐주지 않았습니다.

여러분, 이 땅에서 몇 천억의 유산을 받을 때 우리가 얼마나 기대를 합니까? 10년 후에 내가 아버지 재산 6천 억을 받는다고 하면 잠이 오겠습니까? 얼마나 기쁘겠습니까? 지금의 고난을 못 견디겠습니까? 성경이 무엇을 말씀합니까? 하나님이 우리에게 주신 이 약속의 놀라운 축복이 있는데, 그것은 바로 하나님 아버지에게 속한 모든 것을 우리가 상속할 수 있다는 것입니다. 모든 것을 유업으로 받을 수 있다는 것입니다. 그분의 영원한 생명, 그분의 놀라운 생명나무, 천국에 있는 하나님 아버지의 모든 것이 바로 우리의 것입니다.

우리는 매우 힘든 시대를 살고 있습니다. 그러나 이런 힘든 환경 가운데서도 이 말씀이 우리에게 소망의 말씀이 되기를 바랍니다. 우리는 약속을 받았습니다. 내 행위가 아니라 하나님의 은혜 아래 무조건적인 약속을 받았습니다. 변치 않는 약속을 그리스도를 통해서 받았습니다. 언젠가 우리는 하나님의 상속자가 되어 천국의 모든 것을 누릴 날이 올 것입니다. 이 땅에서 잠깐 겪는 질병과 고통을 웃음으로 날려 보내시기를 바랍니다.

9장

종에서 아들로

갈라디아서 4장 1–11절

1내가 또 말하노니 유업을 이을 자가 모든 것의 주인이나 어렸을 동안에는 종과
다름이 없어서 2그 아버지가 정한 때까지 후견인과 청지기 아래에 있나니 3이와 같
이 우리도 어렸을 때에 이 세상의 초등학문 아래에 있어서 종 노릇 하였더니 4때가
차매 하나님이 그 아들을 보내사 여자에게서 나게 하시고 율법 아래에 나게 하신
것은 5율법 아래에 있는 자들을 속량하시고 우리로 아들의 명분을 얻게 하려 하
심이라 6너희가 아들이므로 하나님이 그 아들의 영을 우리 마음 가운데 보내사
아빠 아버지라 부르게 하셨느니라 7그러므로 네가 이 후로는 종이 아니요 아들
이니 아들이면 하나님으로 말미암아 유업을 받을 자니라 8그러나 너희가 그 때에
는 하나님을 알지 못하여 본질상 하나님이 아닌 자들에게 종 노릇 하였더니 9이
제는 너희가 하나님을 알 뿐 아니라 더욱이 하나님이 아신 바 되었거늘 어찌하여
다시 약하고 천박한 초등학문으로 돌아가서 다시 그들에게 종 노릇 하려 하느
냐 10너희가 날과 달과 절기와 해를 삼가 지키니 11내가 너희를 위하여 수고한 것
이 헛될까 두려워하노라.

요즘 명절을 지내면서 드는 생각은, 옛날 명절이 더 좋았다는 것입니다. 옛날에는 먹을 것이 귀해서 감주도 담그고 솔잎을 뜯어다가 송편도 빚는 재미가 있었는데, 요즘은 떡 방앗간에 가서 송편을 사오니까 명절 기분이 안 납니다. 옛날에는 명절을 오랫동안 준비하며 온 동네가 즐거워했습니다. 그런데 제 어린 시절을 떠올려보면, 명절이 되어도 별로 즐거워하지 않은 사람이 있었습니다. 아니 오히려 명절이 되면 더 고달프고 힘든 부류의 사람들이 있었습니다. 그들은 다름 아닌 머슴들이었습니다. 주인과 그 가족의 뒷바라지를 하기 위해서 그들은 잠도 자지 못하고 음식을 만들었습니다. 그리고 명절이 되기 얼마 전부터는 집을 수리해야만 했습니다. 똑같은 사람이지만 머슴과 주인집 아들의 차이는 하늘과 땅 차이였습니다.

주인집 아들은 명절이 되면 오래전부터 옷을 맞추어 입고, 머슴은 그 옷을 만들어야 했습니다. 머슴의 1년 봉급이 쌀 한 가마였던 것 같습니다. 지금으로서는 말도 안 되지만, 그 당시는 먹고 사는 것만 해결해주면 그것이 고마워서 쌀 한두 가마면 휴일도 없이 1년 365일 일하는 것입니다. 제가 오늘 왜 머슴 이야기를 하는지 아십니까? 머슴은 그래도 봉급이라도 있지요. 하인과 종은 봉급도 없이 평생을 일하고 자자손손 대대로 그렇게 살아야 합니다. 이 얼마나 비참한 일입니까?

엄청난 신분의 변화

갈라디아서 4장에서 사도 바울은 예수님을 믿으면 어떤 신분의 변화가 일어나는지를 설명합니다. 우리가 예수님을 믿으면서 감사와 감격이 없어지고 그리스도인의 삶을 합당하게 살지 못하는 이유 가운데 하나는 신분의 변화를 마음속에 느끼지 못하기 때문이라고 말합니다. 우리가 예수님을 믿기 전에는 종의 신분이라고 말합니다. 예수님을 믿지 않는 이 세상 모든 사람의 신분은 종과 같다고 말합니다.

> 이와 같이 우리도 어렸을 때에 이 세상의 초등학문 아래에 있어서 종 노릇 하였더니(갈 4:3).

'종'이라는 말을 성경에서 누누이 사용해왔지만, 갈라디아서 4장에서 바울은 좀 색다른 종을 이야기합니다. 우리가 어디에 종 되었다고 말합니까? 이 세상 초등학문의 종이 되었다고 합니다. 이것이 무슨 말입니까? 초등학문이라고 하면, 초등학교에서 배우는 학문이라고 말합니다. 원어로도 초등학문이라고 하면 학문의 ABC입니다. 기초 지식입니다. 우리가 언제 기초 지식의 종이 되었습니까? 그리고 기초 지식의 종이 된 것이 나쁩니까?

오늘 사도 바울의 말에 귀를 기울여보십시오. 사도 바울은 초등학문에 종 노릇했다고 하지 않고, 이 세상 초등학문에 우리가 한때 종 노릇했다고 이야기합니다. 그런데 오늘 본문을 자세히 읽어보면, 이 초등학문에 대해서 몇 가지를 더 말하고 있습니다.

> 이제는 너희가 하나님을 알 뿐 아니라 더욱이 하나님이 아신 바 되었거늘 어찌하여 다시 약하고 천박한 초등학문으로 돌아가서 다시 그들에게 종노릇 하려 하느냐(갈 4:9).

초등학문이 약하고 천박하다고 이야기합니다. 그뿐만이 아닙니다.

그러나 너희가 그때에는 하나님을 알지 못하여 본질상 하나님이 아닌 자들에게 종노릇 하였더니(갈 4:8).

이것이 무슨 말씀입니까? 3절에서는 우리가 이 세상 초등학문의 종이 되었다 하고, 8절에서는 본질상 하나님이 아닌 자들의 종이었다고 말합니다. 본질상 하나님이 아닌 자는 이 세상의 악한 영이요 사탄입니다. 이 세상 초등학문은 사탄과 관계가 있습니다. 사탄이 그것을 사용해서 우리를 한때 종으로 삼았습니다. 그리고 이 세상 초등학문은 약하고 천박한 것입니다. 오늘 본문을 잘 읽어보면, 이 세상 초등학문은 사도 바울이 유럽을 향해 쓴 말임을 알 수 있습니다. 그러나 이 율법은 보통 우리가 알고 있는 율법이 아닙니다.

하나님이 우리에게 율법을 언제 주셨습니까? 시내산에서 모세를 통해 주셨습니다. 그러면 이런 질문을 해봅시다. 하나님이 기원전 1400년 전에 시내산에서 모세를 통해 율법을 주시기 전에는 우리에게 법이 없었습니까? 아닙니다. 법이 있었습니다. 모세를 통해 우리가 하나님의 율법을 받기 전에도 이미 법이 있었습니다. 사람들은 죄가 무엇인지 알았고, 잘못이 무엇인지 알았고, 법을 세워놓고 잘못하면 징벌을 받았습니다.

그러므로 사도 바울이 갈라디아서 4장에서 말하는 이 세상의 초등학문이 무엇입니까? 학자들의 다양한 의견들 가운데서 공통적이고 핵심적인 의견은, 하나님이 이 땅을 창조하시면서 우리 인간에게 내려주신 도덕적 법을 말하는 것이라는 것입니다.

이 세상에는 도덕적 법이 있습니다. 인간이면 누구든지 도덕을 가지고 있습니다. 하나님이 이 도덕적 법을 우리 양심에 기록해놓으셨습니다. 그래서 아무리 흉악한 죄인이라도 죄를 지을 때는 그 양심이 찔리는 법입니다. 물론 사람에 따라 그 정도의 차이는 있습니다. 성경은 우리에게 선한 양심을 가꾸라고 말씀합니다. 양심에 화인 맞은 자들에 관해서도 언급합니다. 어떤 사람의 양심은 예민합니다. 성령을 우리 마음에 모시면 아주 작은 죄를 지어도 마음이 두근거립니다. 그래서 아이들이 어리면 어릴수록 “너 거짓말 했지?”라고 하면 얼굴이 빨개집니다. 그런데 나이 오십쯤 되면 도리어 거짓말을 했으면서도 눈을 치켜뜨며 “너 죽을래?”라고 합니다. 그것은 양심이 무뎌져서 그렇습니다. 우리가 예수님을 믿기 전에는 하나님이 우리에게 내려주신 율법적인 도덕적 양심의 법 아래 있었습니다.

여러분, 실제로 전도를 해보십시오. 우리가 예수님을 믿으라고 전도할 때 가장 방해되는 것이 무엇인지 아십니까? 사람들이 “나는 그래도 선하게 살았다”고 대답할 때 가장 어렵습니다. 하지만 그것은 자기 양심에 비추어서 그렇다는 것입니다. 또 이웃에 비추어서 ‘나는 그래도 괜찮은 사람이야. 예수님 없이도 나 스스로 의로워질 수 있다’고 생각하기 때문에 그들은 하나님께로 나오지 못합니다. 이런 사람들은 양심이 무딘 사람입니다.

양심이 예민한 사람은 절망 가운데 빠져 있습니다. ‘내가 이렇게 살아서 뭐하나. 내일부터 잘 살아 봐야지. 내년부터는 잘 살아 봐야지. 아내와 1년에 몇 번이나 싸우는데, 이제는 안 싸워야지. 자식한테 좋은 말을 해야지’ 했다가도 얼마 지나지 않아 나쁜 말과 행동을 하고는 돌아서서 후회합니다.

여러분, 이것이 어떤 현상인지 아십니까? 하나님이 우리에게 주신 양심의 법 아래 종 노릇하고 있는 것입니다. 하나님이 이러한 우리에게 어떤 일을 이루셨습니까? 이 양심, 이 세상의 초등학문은 천박하고 약한 것이라고 표현합니다. 왜 그렇습니까? 우리 양심에 따라, 우리의 의로운 행위와 노력으로 말미암아 하나님 앞에 의로워질 자가 없기 때문입니다. 이 세상에 우리에게 주신 양심, 도덕적 법, 모든 율법으로 말미암아 하나님 앞에 나아갈 수 있는 의를 획득할 만한 사람은 없습니다. 그래서 이 세상의 초등학문은 천박한 것입니다.

그런데 이 세상의 초등학문과 악한 영이 도대체 어떤 연관이 있다는 말입니까? 하나님은 이 세상의 초등학문, 즉 양심을 통해서 우리가 하나님 앞에 나아갈 수 있도록 하시지 않습니다. 하나님이 우리의 양심을 들여다보니 도저히 의로워질 수가 없습니다. 하나님이 주신 양심과 도덕적 법과 율법에 가만히 비추어보니 나는 환자입니다. 나는 병이 들었습니다. 내 힘으로는 고칠 수가 없습니다. 그래서 의원되신 예수 그리스도께 우리의 발걸음을 재촉하기 위해서, 우리를 몰고 가기 위해서 하나님께서 이 세상에 초등학문을 허락하신 것입니다.

그런데 사탄이 이 원래 목적을 바꾸기 시작했습니다. 어떻게 바꿨습니까? "너희의 양심으로, 착한 행실로 의로워질 수 있어." 사람은 그때부터 하나님의 도움을 받기보다 자기 양심에 따라 살기로 택했습니다. 이것이 사탄이 노리는 것입니다. 하나님이 율법과 양심을 주신 본래 목적과 완전히 대치되는 것입니다.

우리는 양심으로는 결코 의롭게 될 수 없습니다. 오히려 양심으로 말미암아 나의 노력과 행위로는 결코 의롭게 될 수 없음을 깨닫고, 갈보리 십자가 앞에 나아가야 하는 것입니다. 십자가를 붙들어야 하는 것입니다. 하나님이 그 목적을 위해 우리에게 양심을 주셨습니다. 그러나 이 세상 모든 사람은 하나님을 멀리하고 세상의 학문, 곧 초등학문에게 종 노릇했습니다.

지난 4월 초파일, 저는 수많은 사람이 절에 가서 부처 앞에 절하는 것을 보았습니다. 제 마음이 무너져 내렸습니다. 존재하지 않는 신 앞에 나아가는 것이고, 그 자신도 도달하지 못했던 한 사람의 형상 앞에 절하는 것입니다. 석가는 평생 거룩하고 의로워지려고 노력했지만, 자신이 거룩해질 수 없다는 결론을 내리고 세상을 떠났습니다. 그런데 후세 사람들이 석가의 형상을 만들어 놓고 절하는 것입니다. 그도 이루지 못한 행위로 말미암아 거룩함을 얻는 일에 나아가 절하는 것입니다. 이 세상 초등학문에 종 노릇하고 있는 자들입니다. 이 얼마나 무서운 일입니까? 그런데 다른 사람이 아니라 바로 우리가 그러한 자였습니다. 이 신분을 이해해야 합니다. 우리는 머슴이었습니다. 하인이었습니다. 종이었습니다. 그런데 하나님이 어떻게 하셨습니까? 놀라운 일을 행하셨습니다.

> 때가 차매 하나님이 그 아들을 보내사 여자에게서 나게 하시고 율법 아래에 나게 하신 것은(갈 4:4).

무슨 때가 찼습니까? 우리가 성경을 볼 때 문화적 배경을 이해하는 것이 중요합니다. 사도 바울은 우리가 종 노릇했다는 것을 알게 하려고 로마 시대의 성년식을 비유로 들고 있습니다. 로마 시대는 굉장히 엄격한 사회였습니다.

본문 1-2절에서 무슨 말씀을 합니까? 로마 시대에는 아들을 낳는다고 다 아들이 아니라는 것입니다. 아들로 태어났다고 해서 다 상속자가 되는 것이 아닙니다. 보통 18세에 성인식을 행했는데, 그가 성년이 될 때까지 기다려야 했습니다. 유대인은 12세에 미스바라고 하는 예식을 행했습니다. 나라마다 달랐는데, 로마 시대에는 정확한 나이를 긋지 않았습니다. 아버지가 때를 정하는 것입니다. 그때까지 후견인과 청지기에게 맡기는 것입니다. 그래서 아들은 아들이지만 종 취급을 당하면서 자라는 것입니다.

어느 날 아버지가 보니 아들이 여러 면에서 성숙해 보입니다. 그러면 온 가족을 모아놓고 성인식을 행합니다. 아버지가 반지를 빼서 그 아들의 손가락에 끼워줍니다. 그러면 그날부터 그 아들의 신분이 하늘과 땅 차이로 변하는 것입니다. 아버지의 모든 권리를 이어 받은 주인이 되는 것입니다.

성인식을 하기 전의 아들은 아들이되 종과 같다고 사도 바울은 말합니다. 본문은 지금 이 문화를 이야기하는 것입니다. 성인식을 하고 나면 아버지의 모든 재산이 자기 것이 됩니다. 놀라운 신분의 변화를 가져오는 것입니다.

내가 또 말하노니 유업을 이을 자가 모든 것의 주인이나 어렸을 동안에는 종과 다름이 없어서 그 아버지가 정한 때까지 후견인과 청지기 아래에 있나니(갈 4:1-2).

그런데 4절을 보십시오. "때가 차매." 하나님이 이 세상을 한때 율법 아래 가두셨습니다. 세상의 초등학문 아래 가두셨습니다. 그 이유는 율법과 세상의 초등학문을 통해서 그리스도를 사모하게 하기 위해서입니다. "아, 내가 양심으로는 깨끗해질 수가 없구나." 이렇게 말하는 사람은 양심이 올바른 것입니다. 내 양심으로, 내 노력으로 하나님 앞에 갈 수 있다고 생각하는 사람은 양심이 무뎌진 것입니다. 양심이 예민해 보십시오. 어떻게 우리의 양심에 100퍼센트 맞게 행동할 수 있겠습니까? 율법 아래 가두셨습니다. 그런데 때가 차매, 하나님이 정한 때가 되어 누구를 보내셨습니까? 그리스도를 보내셨습니다.

이 그리스도께서 오셔서 우리를 위해서 두 가지 큰일을 행하셨습니다. 그것을 사도 바울은 5절에 이렇게 기록했습니다.

율법 아래에 있는 자들을 속량하시고 우리로 아들의 명분을 얻게 하려 하심이라.

예수님은 두 가지 일을 하셨습니다. 하나는 율법 아래 종 노릇하는 자들을 속량하셨습니다. 이 '속량하다'라는 단어가 흥미롭습니다. 이것은 노예를 사고팔 때 사용한 단어였습니다. 수많은 노예 상인들이 아프리카로 가서 죄 없는 사람들을 노예로 잡아왔습니다. 그리고 노예시장에 세워 놓고 "이 이빨을 보십시오. 옥니 아닙니까? 충치도 없습니다. 팔뚝을 보십시오. 힘을 얼마나 쓰겠습니까?" 그리고 몸 이쪽저쪽을 쑤셔가면서 500달러라고 가격 흥정을 하는 것입니다.

우리가 지금 노예 상인 앞에서 팔려가는 처지가 되었다고 상상해보십시오. 가족을 떠나 평생 노예로 살아야 합니다. 주인이 팔 한쪽을 자르면 잘려야 합니다. 주인이 밤새워 일하라고 하면 일해야 합니다. 무슨 낙이 있겠습니까? 그런데 한 부자가 우리 옆에 서더니 500달러를 주고 사갑니다. '아이고, 나는 저 사람의 종이 되는구나' 생각했는데 시장을 빠져나온 부자가 갑자기 나를 불러 세우더니 이렇게 이야기합니다. "여보게, 내가 자네를 500달러를 주고 샀지 않았나" 바로 그런데 그가 노예 문서를 주면서 "자네는 오늘부터 자유인이네. 내가 돈을 주고 샀기에 자네를 내 마음대로 할 수 있네. 내가 자네를 자유인으로 놓아 보내네." 이것이 바로 속량입니다. 양심의 법 아래, 율법 아래 눌려 내 행위로는 구원받지 못해서 영원히 종의 신분으로 이 세상을 살다가 지옥에 갈 수밖에 없는 우리 앞에 '때가 차매' 그리스도께서 나타나셔서 저와 여러분을 위해 피 흘리심으로 우리를 속량하셨다고 성경은 말씀합니다.

종에서 아들이 된 것입니다. 그러나 하나님의 은혜는 여기에서 끝나지 않습니다. 우리가 예수 그리스도를 믿었을 때, 예수 그리스도께서 우리를 위해 어떤 일을 하셨습니까? "자네는 오늘부터 자유인이네. 내가 자네를 자유인으로 놓아 보내네"라고 했을 때 우리가 그 은혜를 어떻게 갚겠습니까?

저는 이 장면을 수십 분간 묵상해보았습니다. 아마 저는 그 사람의 발이라도 핥아주었을 것입니다. 그런데 내가 떠나려고 하자, 주인이 내 팔을 잡으면서 말합니다. "여보게, 실은 내게 아들이 없네. 내 재산은 어마어마하지만 아들이 없어. 내가 자네를 아들로 삼고 싶은데, 어떤가? 내가 오늘 자네 이름을 내 호적에 옮기겠네." 여러분, 상상이 가십니까? 이 얼마나 놀라운 은혜입니까? 하나님이 저와 여러분을 위해서 하신 일이 바로 이렇습니다. 우리가 예수 그리스도를 마음속에 영접했을 때, 우리를 죄에서 속량하실 뿐 아니라 이 세상을 지으신 하나님의 아들로 삼으셨다고 성경은 선포합니다. 우리는 하나님의 아들의 명분을 얻은 것입니다.

오늘 사도 바울은 이 말씀을 크게 세 단락으로 이어가고 있습니다. 우리가 이미 그리스도인의 삶을 살고 있는데, 왜 이제 내 신분을 알아야 합니까? 하나님의 은혜가 얼마나 큰지를 알아야 하기 때문입니다. 예수님을 믿기 전에 우리의 신분이 어땠습니까? 우리는 종이었다고 성경은 말합니다. 하인이었습니다. 그러나 예수 그리스도를 믿는 순간, 우리를 속량하셨습니다. 그 다음에 우리를 무엇으로 삼으셨습니까? 아들로 삼으셨습니다. 이 엄청난 신분의 변화를 가진 우리가 어떻게 살아야 할지를 8-11절이 알려줍니다.

> 그러나 너희가 그때에는 하나님을 알지 못하여 본질상 하나님이 아닌 자들에게 종노릇 하였더니 이제는 너희가 하나님을 알 뿐 아니라 더욱이 하나님이 아신 바 되었거늘 어찌하여 다시 약하고 천박한 초등학문으로 돌아가서 다시 그들에게 종노릇 하려 하느냐 너희가 날과 달과 절기와 해를 삼가 지키니 내가 너희를 위하여 수고한 것이 헛될까 두려워하노라.

그리스도인의 삶의 본질을 알아야 한다

저는 이 구절에서 우리가 어떻게 살아야 하는지를 두 가지로 설명하고자 합니다. 사도 바울은 먼저 우리에게 이렇게 요구합니다. "우리가 어떻게 이 신분에 합당하게 살 수 있는가? 이 엄청난 신분의 변화, 우리를 속량하시고 하나님의 아들로 삼으신 이 은혜에 어떻게 보답하며 살 수 있는가?" 사도 바울은 먼저 그리스도인의 삶이 무엇인지를 알아야 한다고 말합니다. 그리스도인의 삶의 본질을 알아야 한다고 이야기합니다. 이것은 굉장히 중요한 이야기입니다. 그러면서 9절에서 대조를 합니다.

> 이제는 너희가 하나님을 알 뿐 아니라 더욱이 하나님이 아신 바 되었거늘.

우리가 하나님을 아는 것도 중요하지만, 사실은 하나님이 아신 바 된 것이 더 중요하다고 말합니다. 무슨 말씀입니까? 그리스도인의 삶의 본질이 무엇인지를 말하고 있는 것입니다. 그리스도인의 삶의 본질은, 내가 하나님을 알아가는 것이라기보다는 하나님이 나를 알아주시는 삶이라는 것입니다. 좀 더 구체적으로 말하면, 그리스도인의 삶이란 내 방식대로 사는 것이 아닙니다. 내 철학대로 사는 것이 아닙니다. 내 생각대로 인생을 사는 것이 아닙니다. 하나님의 방식대로, 하나님이 인정하시는 방법대로 살아야 하는 것입니다.

이 진리를 주님은 한 비유로 가르쳐주셨습니다. 주님의 보좌 심판대 앞에서 예수 그리스도께서 만유의 주로서 심판하시는데, 믿는 자들을 양과 염소로 나누었습니다. 이들은 교회 안에 있는 자들입니다. 염소를 향해서 꾸중하자, 그 염소의 무리 가운데 있던 여러 사람이 일어나서 항의합니다. "주님, 무슨 말씀입니까? 우리가 주의 이름으로 귀신을 쫓아내고 병을 고치며 주의 이름으로 선지자 노릇하지 않았습니까?" 거기에는 오늘날의 목사님을 비롯한 여러 직분자들이 있었던 것 같습니다. 교회에서 열심히 봉사하고, 십일조와 심지어 십이조까지 바치던 신자도 있었을 것입니다. "주여, 우리가 주의 이름으로 선지자 노릇하며 주의 이름으로 귀신을 쫓아내며 주의 이름으로 많은 권능을 행하지 아니하였나이까?" 그때 주님께서 말씀하십니다. "내가 너희를 도무지 알지 못하니 불법을 행하는 자들아, 내게서 떠나가라." 이 얼마나 무서운 말씀입니까? 그들의 잘못이 무엇이었습니까? 그들은 그리스도인의 삶의 본질을 이해하지 못했습니다. 겉으로 보기에 그들은 열심히 일했습니다. 집사 노릇도 했고 목사 노릇도 했습니다. 교회에 헌금도 바쳤습니다. 그러나 그들은 그들의 방식대로, 그들의 생각대로 살았을 뿐 하나님이 아신 바 되지 못했다고 주님은 말씀하십니다.

여러분, 이단들을 보십시오. 그들에게 얼마나 큰 열심이 있습니까? 때로는 집을 팔아치웁니다. 자식도 버립니다. 남편도 버리고 그 종교를 따라갑니다.

그런데 왜 그들이 멸망합니까? 그 이유는 오직 하나입니다. 그들은 하나님을 알기 원했지만 하나님은 그들을 모르셨던 것입니다. 자기 방식대로 신앙생활을 해왔던 것입니다. 그리스도인의 삶의 본질이 무엇입니까? 내 방식이 아닌 하나님의 방식대로 신앙생활을 하는 것입니다. 열심의 문제가 아닙니다. 우리는 그리스도인의 삶의 본질이 무엇인지를 깨달아야 합니다.

감리교의 창시자 요한 웨슬리(John Wesley)를 잘 아실 것입니다. 그는 영국 옥스퍼드 대학을 수석으로 졸업한 사람입니다. 당시 옥스퍼드 대학은 세계 제일의 대학이었습니다. 그는 세계 제일의 학자였습니다. 졸업한 후에 그는 목사가 되었습니다. 그는 완벽한 지식인이었고 완벽한 성품의 소유자였습니다. 그의 전기를 읽어보니, 그는 수많은 사람들에게 존경을 받았습니다. 설교도 잘했습니다. 목회도 잘했습니다. 설교를 마치고 돌아가면 일주일 내내 감옥을 다니며 심방을 합니다. 거리의 거지들을 집에 데려다 잠을 재웁니다. 자신의 사례금을 다 털어서 거지들을 돌보며 훌륭한 목회를 해왔습니다. 그는 하나님 앞에 의로운 줄 알았습니다. 모든 것이 해결된 줄 알았습니다. 다른 사람도 그를 그렇게 인정했습니다.

그러던 어느 날, 그가 배를 타고 아메리카대륙 원주민 인디언들을 위한 선교여행을 마치고 돌아오던 길에 풍랑을 만났습니다. 그때 그는 놀라운 사실을 발견했습니다. 두려움이 엄습해오는 것입니다. "내가 지금 죽으면 어떻게 하나, 오늘 이 배가 난파하여 죽으면 과연 나는 하나님 앞에 갈 수 있는가" 하는 질문에 "예"라고 대답할 수 없었습니다. 너무 두려웠습니다. 그런데 그 배 위에서 놀라운 광경을 목도하게 됩니다. 한 무리의 사람들이 배의 한구석에서 찬양을 하는 것입니다. 그리스도인들이었습니다. 그들은 구해 달라고 악을 쓰면서 찬양하지 않았습니다. 그 배가 위험한 상황에 처해 있는데도 너무 감사해서 이렇게 찬양하는 것입니다. "주여, 우리의 영혼을 받아주옵소서. 당신의 뜻이 오늘 우리의 영혼을 데려가는 것이라면, 우리가 당신의 나라에 '아멘' 하며 가겠습니다." 그는 충격을 받았습니다. 그들은 바로 모라비안교도였습니다.

요한 웨슬리는 고민에 빠졌습니다. 그는 이렇게 고백합니다. "그날 이후, 나는 고민하여 성경을 읽는 가운데 옥스퍼드 대학 수석 졸업이, 나의 선행이, 나의 완벽한 설교가 나를 구원하는 것이 아니라, 내가 나를 구원할 수 없어서 하나님의 아들 예수 그리스도께서 십자가에 내 대신 못 박히신 사실을 드디어 발견하게 되었습니다."

이후로 요한 웨슬리는 행위에 의한 삶을 버리고 은혜에 의한 삶을 살아가기 시작했습니다. 어떻게 사는 것이 놀라운 은혜를 받은 자의 삶인가요? 우리는 그리스도인의 삶의 본질을 알아야 합니다. 그것은 다름 아닌 내 방식이 아닌, 하나님이 요구하는 방식으로 하나님께 인정받는 삶을 사는 것입니다.

그리스도인의 삶을 살아야 한다

두 번째, 하나님이 우리에게 주신 의무는 우리가 그리스도인의 삶을 살아야 한다는 것입니다. 이는 비슷한 이야기 같지만 다른 이야기입니다. 갈라디아 교인들은 구원받았습니다. 복음을 받았습니다. 그런데 이들의 문제는, 다시 율법으로 돌아가려고 하는 것이었습니다. 10절을 읽어보십시오.

> 너희가 날과 달과 절기와 해를 삼가 지키니.

이것은 무슨 말씀입니까? 사도 바울이 갈라디아 교인들을 책망하고 있는 것입니다. 오늘 이 말씀을 다 해석하지는 않겠습니다. 사도 바울은 왜 그들의 신앙이 잘못되었다고 지적합니까? 구원은 받았지만 그들의 신앙생활이 형식주의와 율법주의로 흐르고 있다는 것입니다. 그러면 이 형식주의와 율법주의적 신앙생활은 어떤 것입니까? 제가 예를 하나 들어보겠습니다. 왜 주일날 교회에 오고 십일조를 하는지 아십니까? 의무감에서 하는 것입니다. 두려움에서 하는 것입니다. '혹시 내가 십일조를 떼어먹었다가 하나님이 몽둥이로 내려치셔서 내 사업을 망하게 하시면 어떻게 하지?' 많은 사람이 이러한 동기로 헌금을 한다는 사실을 아십니까? 이것이 바로 율법주의적인 태도입니다. 형식주의적인 태도입니다. 우리가 어느 날 구원은 받았습니다. 그런데 언제인지 나도 모르게, 형식주의와 율법주의의 삶으로 돌아가고 있다는 것입니다.

겉모습은 똑같아도 우리의 신앙생활은 두 종류가 있습니다. 예를 하나 들어보겠습니다. 구제에도 율법적인 구제와 복음적인 구제가 있습니다. 율법적인 선행이 있고 복음적인 선행이 있으며, 율법적인 헌금이 있고 복음적인 헌금이 있을 수 있습니다. 율법적인 성경공부를 할 수도 있고 복음적인 성경공부를 할 수도 있으며, 율법적으로 봉사할 수도 있고 복음 때문에 봉사할 수도 있다는 것입니다.

겉모습은 똑같습니다. 아무도 모릅니다. 그러나 하나님은 아십니다. 문제는 우리의 동기가 무엇인가 하는 것입니다. 구제와 성경공부와 헌금과 예배참석과 봉사가 다 좋은 것이지만 율법적인 동기에서 하는 것이라면, 그것은 그리스도인의 삶이 아니라는 것입니다. 하나님의 은혜에 감사해서 행해야 합니다.

저는 목회를 하면서 많은 사람이 헌금하는 모습을 바라봅니다. 성경은 이상하게도 헌금을 많이 강조합니다. 예수님도 강조하십니다. 왜일까요? 헌금이 곧 그 사람의 신앙생활을 측정하는 바로미터가 될 수 있기 때문입니다. 헌금을 잘한다고 해서 그 사람의 신앙이 좋은 것은 아니지만, 신앙이 좋은 사람은 반드시 물질 문제에 대해서 마음이 열려 있습니다. 이 말을 반대로 하면, 물질에 대해서 하나님 앞에 마음이 열려 있지 않은 사람의 신앙은 올바르지 않다는 것입니다. 주님은 물질이 그 사람의 신앙 척도라고 수없이 말씀하셨습니다. 많은 사람이 십일조를 합니다. 그러나 아까워하면서 합니다. 바들바들

떨면서 합니다. '그래도 내가 집사인데 우리 목사님이 보면 어떻게 하나' 하면서 합니다.

우리가 그러한 동기에서 예배에 참석하고, 헌금하고, 봉사한다면 그리스도인의 삶이 아닌 율법적인 삶을 살고 있는 것입니다. 왜 예배에 참석합니까? 종과 같은 우리를 속량해주신, 자신의 아들로 입양하신 하나님의 은혜가 너무 감사해서 참석해야 합니다. 감사해서 헌금을 드려야 합니다. 감사해서 봉사해야 합니다.

존 뉴턴(John Newton)은 여덟 살이라는 어린 나이에 부모를 잃고 고아가 되었습니다. 열한 살에 선원이 되어서 배를 타기 시작했습니다. 그는 상당히 억세게 자라났습니다. 열여덟 살에는 매우 악한 일을 행하는 노예상인의 우두머리가 되었습니다. 그러던 어느 날 노예를 잡아 오다가 풍랑을 만났습니다. 그는 성경을 아는 사람이었습니다. 그러나 풍파로 인해 죽을 지경이 되어서야 하나님께 매달립니다. 복음을 영접합니다. 그러고 나서 그가 지은 찬송이 "나 같은 죄인 살리신"(Amazing Grace)입니다. 존 뉴턴은 비록 용서받을 수 없는 죄를 수없이 지은 사람이었지만, 그날 이후로 변했습니다. 오늘날 그는 율법적으로 살지 않은 은혜의 사람으로 우리에게 알려져 있습니다.

도대체 뉴턴이 어떤 사람이기에 이처럼 놀라운 찬송을 썼을까요? 잘 알려지지 않은 한 가지 사실이 그의 삶의 이력에 포함되어 있습니다. 그는 복음을 묵상하다가 방에 큰 글자를 써서 액자로 걸어놓은 것이 아니라 벽을 파서 이 글자를 새겨 놓았습니다. 신명기 15장 15절의 말씀입니다.

> 너는 애굽 땅에서 종 되었던 것과 네 하나님 여호와께서 너를 속량하셨음을 기억하라.

여러분, 그리스도인의 삶이 어떤 것인지 아십니까? 예수님을 믿기 전에 내가 종 되었던 것과 내 행위가 아니라 하나님의 은혜로, 하나님의 일방적인 사랑하심으로 종 되었던 자리에서 하나님이 우리를 속량하신 것을 날마다 때마다 기억하는 것입니다. 우리가 이것을 잃어버리면 신앙생활이 힘들어집니다. 봉사가 힘들어집니다. 성경공부가 짐이 됩니다. 그러나 이것을 기억하면서 봉사하면 불평할 필요가 없습니다. 내 목숨을 다 바쳐도 아까운 것이 무엇이겠습니까?

네 하나님 여호와께서 너를 속량하셨음을 기억하라.

여러분, 오늘 존 뉴턴같이 여러분이 하나님 앞에서 흉악한 죄인임을 인정하십니까? 우리가 종 되었음을 깨닫게 해달라고 기도하십시오. 왜 우리가 교만합니까? 왜 부부간에 그렇게 목이 곧습니까? 은혜를 모르기 때문입니다. 내가 얼마나 죽을 죄인이었는지를 모르기 때문에 교만한 것입니다. 하나님의 은혜의 보좌 앞에 여러분의 영혼을 다시 내어보이십시오. 주님이 우리를 속량하셨습니다. 아들로 삼으셨습니다. 오늘 사도 바울의 권면에 따라 결심하지 않겠습니까? "주여, 내가 그리스도인의 삶에 합당하게 살겠습니다. 주님 앞에 인정받는 길을 걸어가겠습니다. 내 철학을 버리고, 내 생각을 버리겠습니다. 주여, 은혜의 삶을 살게 도와주옵소서. 하나님의 은혜에 감사하게 하옵소서, 내 배우자와 자녀를 율법이 아닌 은혜로 대하게 도와주옵소서." 이 기도가 우리의 평생의 기도가 되기를 간절히 바랍니다.

10장

목사와 성도 간의 바람직한 관계

갈라디아서 4장 12-20절

[12]형제들아 내가 너희와 같이 되었은즉 너희도 나와 같이 되기를 구하노라 너희
가 내게 해롭게 하지 아니하였느니라 [13]내가 처음에 육체의 약함으로 말미암아
너희에게 복음을 전한 것을 너희가 아는 바라 [14]너희를 시험하는 것이 내 육체에
있으되 이것을 너희가 업신여기지도 아니하며 버리지도 아니하고 오직 나를 하
나님의 천사와 같이 또는 그리스도 예수와 같이 영접하였도다 [15]너희의 복이 지금
어디 있느냐 내가 너희에게 증언하노니 너희가 할 수만 있었더라면 너희의 눈이
라도 빼어 나에게 주었으리라 [16]그런즉 내가 너희에게 참된 말을 하므로 원수가
되었느냐 [17]그들이 너희에게 대하여 열심 내는 것은 좋은 뜻이 아니요 오직 너희
를 이간시켜 너희로 그들에게 대하여 열심을 내게 하려 함이라 [18]좋은 일에 대하
여 열심으로 사모함을 받음은 내가 너희를 대하였을 때뿐 아니라 언제든지 좋으
니라 [19]나의 자녀들아 너희 속에 그리스도의 형상을 이루기까지 다시 너희를 위하
여 해산하는 수고를 하노니. [20]내가 이제라도 너희와 함께 있어 내 언성을 높이려
함은 너희에 대하여 의혹이 있음이라.

막대기 신앙으로부터의 탈출

성경은 목사가 성도에게 가져야 할 태도와 성도가 목사에게 가져야 할 태도에 대해서 상당히 구체적으로 그리고 여러 번에 걸쳐서 언급합니다. 그것이 매우 중요하기 때문입니다. 우리의 경험으로 미루어 봐도 그렇지 않습니까? 신앙생활을 몇 년 이상 해온 사람이라면, 신앙생활에서 목사와의 관계가 얼마나 중요한지를 잘 알 것입니다. 신앙생활을 진지하게 한 사람은 영적 지도자와의 관계가 신앙생활에 상당한 영향을 끼친다는 것을 뼈저리게 경험했을 것입니다.

영적 지도자와의 관계에서 막혀버리면, 아무리 신앙생활을 열심히 해도 기쁨이 없습니다. 성장이 없고 축복이 되지 않습니다. 이것은 우리가 경험하는 바가 아닙니까? 목사도 마찬가지입니다. 성도와의 관계에서 막히고 잘못되어 있으면, 아무리 열심히 목회를 하고 그 교회가 부흥한다고 해도 보람이 없고 기쁨이 없습니다.

흔히들 "주님을 보고 교회에 나오지, 목사를 보고 교회에 나오느냐?"고 말합니다. 또 어떤 사람이 성도 사이에서 시험에 빠지면 목회자가 찾아가서 이렇게 상담해줍니다. "우리가 하나님을 보고 교회에 나가야지, 사람을 보고 교회에 나갈 수 있느냐! 그러니까 그 집사님 때문에 시험에 들지 말라"고 합니다. 좋은 교훈입니다만, 그것을 결코 문자적으로 다 받아들일 수는 없을 것 같습니다.

우리가 주님만 보고 신앙생활을 한다면 교회는 필요 없습니다. 기도원이나 집에서 혼자 수도하면서도 신앙생활을 얼마든지 할 수 있기 때문입니다. 그럼에도 불구하고 얼마나 많은 사람들이 오늘날 교회 안에서 주님과만 신앙생활을 영위하려고 하는지 모르겠습니다. 이것을 어느 목사님은 '막대기 신앙'이라고 표현했습니다. 하나님과의 관계만 중요하게 생각하고, 넘어지기 쉬운 신앙이기 때문입니다.

하나님이 교회를 만드신 이유는 목회자와의 관계, 주위 사람들과의 관계, 수많은 관계 가운데 신앙생활을 함으로써 수평적인 관계의 중요성을 일깨우기 위함입니다. 그래서 우리를 한 자리에 한 몸으로 불러모으신 것입니다. 오늘날 교회에 5년, 10년, 20년을 다니고도 옆에 있는 사람과 진지한 기도를 해보지 않은 성도가 많습니다. 목회자와 마음을 터놓고 상담하며 중보하지 않는 신앙생활을 하는 성도가 얼마나 많은지 모릅니다. 그러니 축복이 있을 수 없습니다. 오늘 이 말씀을 통해 성령의 도우심으로 말미암아 우리가 그 중요한 관계를 깨닫고 남은 신앙생활을 보다 성숙하게 하기를 바랍니다.

오늘 본문의 구조를 살펴보면, 세 가지 뼈대로 구성되어 있습니다. 첫째는 목사와 성도에게 주시는 공통적인 말씀입니다(12절). 둘째는 성도가 목사, 즉 영적 지도자에게 가져야 할 몇 가지 태도에 관해 말씀합니다(13-18절). 마지막으로, 목사가 성도에게 어떤 태도를 가져야 하는지를 말씀합니다(19-20절). 이 세 가지 구조에 따라 간단하게 말씀을 살펴보겠습니다.

목사와 성도가 공통적으로 가져야 할 태도

먼저 목사와 성도가 공통적으로 가져야 할 태도에 관한 말씀이 12절에 기록되어 있습니다.

> 형제들아 내가 너희와 같이 되었은즉 너희도 나와 같이 되기를 구하노라 너희가 내게 해롭게 하지 아니하였느니라.

목사와 성도에게 공통적으로 주시는 권면의 말씀은, 영적 지도자와 성도 간에는 모든 것에서 같이 되고 모든 일을 같이 하라는 것입니다.

매우 간단한 말씀입니다. 때때로 우리가 성경을 연구하다 보면, 우리가 이 세상에서 배운 교육 철학과 성경의 사상이 다른 것을 발견하게 됩니다. 그중 가장 다른 차이점 가운데 하나는 '가르치다'와 '배우다'의 개념입니다. 세상에서는 어떻습니까? 가르치다와 배우다의 동사가 따로 존재합니다. 저는 우리 한국교회나 이 세상의 교육이 잘못된 이유가 바로 여기에 있다고 생각합니다. 선생과 학생은 하늘과 땅처럼 거리가 멉니다. 선생은 거룩한 분이고, 학생은 마구잡이로 얻어맞아도 되는 사람입니다.

가르치는 것과 배우는 것이 다릅니다. 저는 가르치고 성도는 배웁니다. 그래서 성도는 가만히 앉아서 졸아도 됩니다. 누가 뭐라고 합니까? 그런데 제가 졸 수 있습니까? 한번은 제가 가르치면서 잠깐 졸아본 적이 있습니다. 한여름에 신학교에서 여덟 시간씩 강의를 하는데, 밥을 먹고 나니 얼마나 졸리던지 순간적으로 무슨 이야기를 했는지 잊어버린 적이 있습니다. 그러나 그런 특별한 경우를 제외하고 이 자리에서 졸 수 있는 사람이 누가 있겠습니까? 저는 말씀을 전하기 위해 며칠을 고민하며 준비합니다. 성도가 저의 심정으로 말씀을 듣는다면 태도가 달라질 것입니다.

그러나 성경은 뭐라고 말씀합니까? 가르치는 것과 배우는 것의 차이를 어떻게 정의합니까? 신명기 말씀을 보겠습니다.

> 이스라엘아 이제 내가 너희에게 가르치는 규례와 법도를 듣고 준행하라(신 4:1).

> 모세가 온 이스라엘을 불러 그들에게 이르되 이스라엘아 오늘 내가 너희의 귀에 말하는 규례와 법도를 듣고 그것을 배우며 지켜 행하라(신 5:1).

히브리어에서 '가르치다'라는 단어와 '배우다'라는 단어는 어원이 같습니다. 이 얼마나 놀라운 일입니까? 똑같은 히브리어 단어가 '배우다'라는 뜻도 되고, '가르치다'라는 뜻도 된다고 성경은 말씀합니다. 이것이 얼마나 중요한 의미를 내포하는지 아시겠습니까?

성경이 말씀하는 것은, 배움과 가르침은 결코 분리될 수 없다는 것입니다. 이 둘은 결합되어 있고 한 몸인 것입니다. 이것이 성경의 사상입니다. 가르치는 자와 배우는 자는 다르지 않다는 것입니다. 같이 걸어가야 합니다. 같이 되어야 합니다. 모든 것에서 모든 일을 같이 해야 합니다.

여러분, 가르칠 때 어떤 자세로 가르쳐야 합니까? 내가 학생이라면, 이 말을 했을 때 학생으로서 얼마나 이해할 것인지를 염두에 두어야 합니다. 배우는 자는 어떤 자세로 배워야 합니까? 내가 저 강단에 서 있다면, 어떤 마음으로 외칠 것인지를 염두에 두어야 합니다. 그러한 마음으로 가르치고 배워야 한다고 성경은 말합니다.

오늘날 이 세상의 교육은 가르침과 배움이 분리되었습니다. 비극이 찾아온 것입니다. 이러한 의미에서 12절 상반절을 다시 한 번 읽어보십시오.

> 형제들아 내가 너희와 같이 되었은즉 너희도 나와 같이 되기를 구하노라(갈 4:12).

'같이함'의 원리입니다. 우리가 예수님의 삶을 여러 가지로 요약할 수 있겠지만, 그분의 삶 가운데 가장 두드러진 부분이 무엇인지 아십니까? 예수님은 '같이함'의 원리를 몸소 실천하셨습니다. 그분은 원래 하나님이셨습니다. 이 천지를 지으신 창조주였습니다. 우리를 만드신 분이셨습니다. 그런데 그분이 어떻게 하셨습니까? 스스로 이 땅에 찾아오셔서 우리와 같이 되었다고 성경은 말씀합니다.

너희 안에 이 마음을 품으라 곧 그리스도 예수의 마음이니 그는 근본 하나님의 본체시나 하나님과 동등됨을 취할 것으로 여기지 아니하시고 오히려 자기를 비워 종의 형체를 가지사 사람들과 같이 되셨고(빌 2:5-7).

이것을 신학적인 표현으로 성육신(incarnation)이라고 합니다. 이 성육신의 교리가 왜 위대합니까? 그분은 우리와 같이 될 수 없는 분이십니다. 하나님이십니다. 창조주이십니다. 그분이 우리와 교통하기 위해서, 우리와 교제하기 위해서, 우리와 같은 몸을 입으시고, 인간의 몸으로 이 땅에 태어나셨다는 것입니다. 이것이 바로 같이함의 원리입니다. 오늘 하나님은 목사와 성도를 향해 이렇게 말합니다. "너희가 같이 되어라." 그러므로 교인 같은 목사가 훌륭한 목사입니다.

사실 오늘날 우리 한국교회 안에 이상한 운동이 퍼지고 있습니다. 목회를 굉장히 잘하는 어느 목사님이 수많은 목사들을 모아놓고 이렇게 강의했다고 합니다. "평신도와 너무 깊이 어울리지 마라. 그러면 성도가 목사를 존경하지 않는다. 따로 놀아야 한다. 차별화 정책을 써야 한다." 놀랍게도 그 세미나가 지금 먹혀들고 있습니다.

그러나 제가 성경을 근거해서 말씀드립니다. 그런 말을 하는 목사를 따라가지 마십시오. 그런 지도자를 영적 지도자로 삼지 마십시오. 그러면 어떤 목사를 우리의 목자로 삼아야 합니까? 교인과 함께하는 목사를 목자로 삼아야 합니다. 저는 종종 제가 교인들과 같은 사람임을 말합니다. 그리고 저를 바라보지 말라고 말합니다. 저도 양복을 입으면 꽤 괜찮습니다. 그런데 저는 주중에는 평상복을 입고 다닙니다. 제가 양복이 없어서가 아닙니다. 교인들과 같이 되고자 노력하는 것입니다. 식당에 가서 제가 밥값을 굳이 내려고 고집하는 것도 교인들과 같이 되기 위함입니다.

하나님은 우리에게 사도 바울을 통해서 말씀하십니다. 목사는 어떤 태도를 가져야 합니까? 교인 같은 목사가 되어야 합니다. 교인은 어떤 태도를 가져야 합니까? 목사 같은 교인이 되어야 합니다. 오늘날 교회가 능력을 상실하고 있습니다. 교회 건물은 커지고 사람들은 모이지만, 하나님이 초대교회에 주셨던 엄청난 영혼을 변화시키는 능력을 상실해가고 있습니다. 왜 그런지 아십니까? 목사 같은 교인이 없기 때문입니다. 제가 교인들을 붙잡고 물어봅니다.

"성도님, 교회 일은 누가 하는 것입니까?"

"그야, 목사님이 하시는 거지요."

"그러면 전도는 누가 합니까?"

"그야, 목사님이 하셔야지요."

"양육은 누가 합니까?"

"그야, 목사님이 하셔야지요."

"예배 인도는 누가 합니까?"

"그것도 당연히 목사님이 하셔야지요."

다시 제가 묻습니다.

"그러면 도대체 집사님과 성도님은 무엇을 하십니까?"

"우리는 헌금하잖아요. 그리고 나와서 예배드려주고요. 봉사하잖아요. 식당에서 국수도 삶고요."

이것이 교회가 병든 이유 가운데 하나입니다. 누가 사역자가 되어야 합니까? 성경은 뭐라고 말씀합니까? 주님이 어떻게 교회를 세우셨습니까? 주님이 처음 교회를 세우시면서 주신 명령은 성도가 목사가 되어야 하고 온 성도가 사역자가 되어야 한다는 것입니다. 목사의 일은 무엇입니까? 목사는 코치입니다. 온 성도가 사역을 감당할 수 있도록 그들을 훈련시키는 일이 목사가 해야 할 일입니다.

오늘날 교회는 어떤 모습입니까? 마치 목사는 운동 시합을 하는 선수와도 같습니다. 목회라는 농구 경기장에서 시합이 벌어집니다. 교인들은 관중석에서 관전을 합니다. "목사님, 아무개 집사님이 낙심해 있습니다." 그러자 목사는 달려갑니다. 그리고 한 시간이 지나도록 상담을 합니다. 그러면 그 집사님이 일어나서 신앙생활을 잘합니다. 관중들은 "와! 우리 목사님 최고다"라며 박수를 칩니다. 그렇게 목회를 하는데 자꾸 교인이 줄어듭니다. 시합을 못하고 있습니다. 그러면 관중들이 이번에는 야유를 보냅니다. 이것이 우리 교회의 모습은 아닙니까? 그러다가 목사는 탈진해버립니다. 교인들은 그저 일주일에 한 번 교회에 와서 멋진 예배쇼를 보고 돌아가는 것 같습니다. 사역을 감당하려고 하지 않습니다. 하나님의 교회가 힘을 잃는 것은 당연한 이치입니다.

> 그가 어떤 사람은 사도로, 어떤 사람은 선지자로, 어떤 사람은 복음 전하는 자로, 어떤 사람은 목사와 교사로 삼으셨으니 이는 성도를 온전하게 하여 봉사의 일을 하게 하며 그리스도의 몸을 세우려 하심이라(엡 4:11-12).

이 말씀은 한국말로 잘못 번역되어서 사람들이 오해를 하는 것 같습니다. 그래서 한국교회의 성도들이 관중 노릇을 하려는 생각이 가득한지도 모르겠습니다. 여기 보면 세 가지 일이 나오는데, 그것은 성도를 온전하게 하고, 봉사의 일을 하고, 그리스도의 몸을 세우는 일입니다. 또한 이 일은 목사가 해야 할 일로 나타나 있습니다.

그러나 이것은 헬라어의 콤마를 잘못 번역한 것입니다. 원래 제대로 번역하면, "목사와 교사로 주셨으니(영적 지도자를 주셨으니) 이는 성도를 온전하게 하여 봉사의 일을 하게 하며"라고 번역해야 합니다. 그렇다면 봉사의 일은 누가 해야 합니까? 성도가 해야 합니다. 목사의 일은 무엇입니까? 성도를 온전하게 하는 것입니다. 온전하게 한다는 말은 '구비한다'는 뜻입니다. 군대에 가면 훈련을 시킵니다. 군사들이 나가서 전쟁을 잘할 수 있도록 구비시키는 것이 훈련입니다. 이것이 목회자의 일입니다. 그러면 그 나머지 사역은 성도가 감당해야 합니다.

두 번째로 한국교회 안에서 오해하는 부분은 봉사의 일에 대한 개념입니다. 봉사라고 하면 무엇이 생각나십니까? '예배 끝나면 빨리 식당에 가서 멸치국물에 국수를 삶아야 하는데, 교회 청소를 해야 하는데'라고 생각하십니까? 성경이 말하는 봉사의 일에는 그런 것이 포함되어 있지 않습니다. 봉사는 예배 인도요, 사역입니다. 누가 믿지 않는 영혼에게 찾아가서 전도해야 합니까? 성도가 해야 합니다. 누가 그들을 성숙한 교인으로 양육해야 합니까? 성도가 해야 합니다.

그런데 오늘날 교회 안에 얼마나 많은 성도들이 사역은 하지 않고 관중이 되어서 교회 예배당만 왔다 갔다 하는지 모르겠습니다. 당연히 하나님의 교회가 힘이 없을 수밖에 없습니다. 그래서 사도 바울이 이렇게 말합니다. "형제들아 내가 너희와 같이 되었은즉 너희도 나와 같이 되기를 구하노라." 저는 우리 교회와 모든 교회 안에 이런 일이 일어나기를 간절히 바랍니다.

제가 영안교회에 부임하면서 "주여, 제가 이 교회를 5년 안에 변화시키게 도와주십시오"라고 기도했습니다. 그 변화는 어떤 특별한 것이 아닙니다. 관중으로 머물던 교인을 선수로 끌어올리는 것입니다. 저는 불철주야로 이 일을 감당했습니다.

그렇게 하는 목적은 다른 데 있지 않습니다. 목자가 할 일은 무엇입니까? 제가 성도들에게 영혼을 맡길 것입니다. 그러면 그들이 저와 똑같은 권위와 책임을 가지고 일하게 됩니다. 일주일에 한 번 모여서 성경을 가르치고, 자신이 맡은 양들을 사랑하여 함께 교제하며, 두세 명씩 짝을 지어 나가서 상담하고 전도하게 될 것입니다. 저는 제 목회의 성패를 여기에 걸고 있습니다. 저는 이 일을 위해서 온전히 기도하고 있습니다. 우리 교회가 해를 거듭할수록 관중으로서의 교인이 아니라 모두 목자가 되기를 간절히 바라고 있습니다.

또한 다른 어린 영혼을 돌볼 수 있는 목자 같은 교인이 우리 교회에서 무수하게 일어나기를 바랍니다. 저는 우리 교회 안에 목사 같은 교인 100명만 일어나면 이 지역을 뒤흔들 수 있다고 생각합니다. 그러나 관중으로서 예배만 드리고 돌아가는 교인들로 가득하다면, 이 교회는 하나님의 능력을 세상에 드러내지 못하는 죽은 교회가 되고 말 것입니다. 하나님은 목사와 교인에게 동시에 부탁하셨습니다. 모든 것에서 같이 되고 모든 일을 같이 하라고 말입니다.

목사에 대한 성도의 네 가지 태도

이제 두 번째 구조를 살펴보겠습니다. 사도 바울은 구체적으로 성도들에게 몇 가지 권면을 합니다. 목사를 어떻게 대해야 합니까? 첫 번째, 외모로 판단하지 말라고 합니다.

> 내가 처음에 육체의 약함으로 말미암아 너희에게 복음을 전한 것을 너희가 아는 바라 너희를 시험하는 것이 내 육체에 있으되(갈 4:13-14).

이것이 무슨 말씀입니까? 육체의 약함으로 말미암아 복음을 전했다고 하는데, 여기서 말하는 육체의 약함은 무엇입니까? 학자들 간에 여러 의견이 분분하지만 한 가지 공통된 사실은, 갈라디아 지방의 성도들이 보기에 사도 바울이 한눈에 알아 볼 수 있는 큰 질병을 가지고 있었다는 것입니다. 그런데 어떻게 했습니까? 우리가 보통 전도하는 사람들이 큰 질병을 가지고 있으면 전도받는 사람이 뭐라고 합니까? "자기 몸 하나 추스르지 못하고 무슨 전도? 자기 병이나 고칠 것이지." 이렇게 시험에 빠지지 않겠습니까? 그런데 그들은 사도 바울을 업신여기지 않았습니다.

더구나 유대인들은 병에 걸리면 곧 하나님의 저주를 받은 것으로 생각했습니다. 제자들이 하루는 길을 걸어가다가 소경을 보고 예수님께 묻습니다. "예수님, 이 소경이 소경 된 것은 본인의 죄 때문입니까? 아니면 부모의 죄 때문입니까?" 그들이 그렇게 물은 것은 병이 곧 하나님의 저주라고 생각했기 때문입니다. 그럼에도 불구하고 이 갈라디아 교인들은 사도 바울을 업신여기지 않고 그를 받아주었습니다.

오늘날 세상에서의 승진과 출세는 외모와 직결됩니다. 외모와 승진이 비례한다고 해서 남성 미용실이 생기기 시작했다고 합니다. 그곳은 일반 이발관과 달리 남자들이 누워서 오이 마사지를 받는다고 합니다. 왜 그렇게 합니까? 외모가 출세에 비례한다고 생각하기 때문입니다. 이러한 위험한 생각들이 교회 안에도 들어와 있습니다.

우리는 영적 지도자를 외모로 판단하지 말아야 합니다. 목사는 탤런트가 아닙니다. 목사는 배우가 아닙니다. 목사는 성우가 아닙니다. 그의 훌륭한 목소리와 화법과 외모를 보아서는 안 됩니다. 성도는 목회자를 볼 때는 그의 영을 보아야 합니다. 그 마음이 얼마나 잃어버린 영혼을 향한 열심을 가지고 있는지, 주의 복음을 향한 열정이 있는지, 성도를 사랑하는 열심이 있는지를 눈여겨보라고 성경은 말씀합니다. '목사가 오늘은 넥타이를 괜찮게 매고 나왔네'라며 외모로 평가하지 마십시오. 목사는 믿지 않는 영혼을 깨우기 위해서 있는 것입니다. 그것이 제가 할 일입니다. 그러므로 성도는 목회자, 영적 지도자를 볼 때 외모로 판단할 것이 아니라 그의 영을 깊이 보는 눈을 가져야 합니다.

두 번째, 하나님은 목사를 존중하는 태도가 있어야 함을 말씀하십니다.

> 너희를 시험하는 것이 내 육체에 있으되 이것을 너희가 업신여기지도 아니하며 버리지도 아니하고 오직 나를 하나님의 천사와 같이 또는 그리스도 예수와 같이 영접하였도다(갈 4:14).

이것이 어떻게 가능할까요? 성경은 하나님의 천사와 같이 또는 예수님과 같이 그들의 지도자를 영접했다고 말씀합니다. 사실 우리는 목사를 존중하는 태도를 보기가 쉽지 않은 시대에 살고 있습니다.

그 이유는 우선, 목사가 너무 많습니다. 옛날 우리 할아버지가 목회를 하실 때는 열 교회에 목사님이 한 분밖에 안 계셨습니다. 그래서 목사님이 일 년에 교회에 머물 수 있는 기간은 고작 한두 달이었습니다. 그 나머지 기간은 집사들이 설교와 목회를 했습니다. 그러다가 일 년이 지나서 목사님이 오시면 그날은 축제입니다. 난리가 났습니다. 온 동네가 떡을 하고, 정말 천사와 같이 목사님을 영접했습니다. 물론 그분들의 인격이 훌륭했기 때문이기도 하지만 그 당시 초대 한국교회는 목회자를 존중하는 분위기였습니다. 그것이 교회 부흥의 결정적인 요소였다고 할 수 있습니다.

그러나 오늘날은 어떻습니까? 우선 목사의 수가 너무 많아졌습니다. 요즘에는 목사 되기도 쉬운 것 같습니다. 한때 저는 "주님, 제가 목사 안 하고 다른 것 하면 안 되겠습니까?"라며 도망치기도 했습니다. 저는 빨리 은퇴하려고 합니다. 그렇게 해야 목사 수를 줄일 수 있습니다. 구조조정이 먼저 일어나야 할 데는 목사 세계입니다. 그 수가 너무 많습니다.

성경은 성도가 영적 지도자를 마음 깊이 존중하고 귀하게 여길 때 축복이 된다고 가르칩니다. 저는 어떤 경우에도 우리가 하지 말아야 할 두 가지에 대해서 자주 말합니다. 그것은 선생님 욕과 목사 욕은 하지 말아야 한다는 것입니다. 특히 자녀 앞에서 그렇습니다. 자녀 앞에서 선생님을 욕한다면, 그 자녀가 학교에 가서 무엇을 배울 수 있겠습니까? 자녀 앞에서 영적 지도자인 목사를 험담한다면, 그 자녀가 교회에 가서 어떻게 올바른 신앙생활을 할 수 있겠습니까?

영적 지도자가 불완전할 수 있습니다. 목회자가 부족할 수 있습니다. 그러나 성도로서 험담을 하지 말아야 합니다. 이것은 제 짧은 목회 경험 동안 뼈저

리게 느낀 것입니다. 저를 위해서가 아니라 성도의 신앙 유익을 위해서입니다. 그렇게 하면 축복이 없습니다.

하나님의 천사와 같이 또는 그리스도 예수와 같이 영접하였도다.

짧은 말씀이지만 우리가 귀담아 들어야 할 귀한 교훈이라고 생각합니다.

성도들에게 주시는 세 번째 권면이 15절에 나오는데, 그것은 사랑해야 한다는 것입니다.

너희의 복이 지금 어디 있느냐 내가 너희에게 증언하노니 너희가 할 수만 있었더라면 너희의 눈이라도 빼어 나에게 주었으리라(갈 4:15).

여기에는 두 가지 해석이 있습니다. 첫 번째는 사도 바울의 눈이 정말로 나빴기 때문에 갈라디아 교인들이 눈을 빼주려고 했다는 해석입니다. 다른 한 가지는 이것을 관용어로 해석하는 것입니다. 흔히 아기를 보고 "얼마나 귀여운지 눈에 넣어도 안 아프겠다"고 하지 않습니까? 여기서 눈은 굉장히 중요한 것을 나타내는 관용어입니다. 무엇을 의미하든 간에, 이것은 갈라디아 교인들이 사도 바울에게 굉장한 사랑을 쏟았던 것을 의미합니다.

성경은 목사를 사랑하라고 말씀합니다. 우리 교회에 와서 절기때마다 제게 구두상품권을 주는 분이 있습니다. 때때로 부담이 되었지만 그분은 때마다 그것을 주십니다. 그래서 올해는 제가 말씀드렸습니다. "이제 그만 하시지요. 제가 집사님의 마음을 다 알았습니다." 그러자 그분이 이렇게 이야기했습니다. "목사님, 이것은 제가 목사님을 위해 드리는 것이 아니라 저를 위해 하는 것입니다. 이것이 제 기쁨입니다." 이 말에 제가 얼마나 감사했는지 모릅니다.

'내가 그래도 안수 집사인데, 목사님에게 선물을 해야겠다'라는 마음이라면 하지 마십시오. 그러나 목사를 사랑하는 마음에서 선물한다면, 그것은 아름다운 일일 것입니다. 저는 제 유익을 위해서가 아니라 여러분의 유익을 위해서 말씀드립니다. 목회자를 사랑하십시오. 여러분의 영적 지도자를 마음을 다해 사랑하십시오. 성경은 그렇게 할 때 우리의 신앙에 유익이 있다고 말씀합니다.

> 너희의 복이 지금 어디 있느냐 내가 너희에게 증언하노니 너희가 할 수만 있었더라면 너희의 눈이라도 빼어 나에게 주었으리라(갈 4:15).

사도 바울을 향한 갈라디아 교인들의 극진한 사랑은 사도 바울의 복이 아니라 갈라디아 교인들의 복이라고 그는 말합니다. 이것이 하나님의 가르침이요, 성경의 내용입니다.

저는 가끔 선물을 받을 때마다 황송한 마음이 듭니다. 그래서 아내에게 말합니다. "여보, 내가 뭐라고 성도들이 나를 이렇게 사랑해줄까?" 하루는 제가 이런 이야기를 했습니다. "사실은 내가 집사라도 그렇게 했을 거야." 저는 가끔 집사, 즉 평신도가 되고 싶을 때가 있습니다. 평신도였다면 저도 그렇게 했을 것입니다. 뭐 아까운 것이 있겠습니까? 자신이 맡은 영혼을 위해서 자기 일같이 기도하고 생명의 말씀을 주는 영적 지도자에게 뭐 아까운 것이 있겠습니까?

제가 영안교회로 부임하고 나서 가끔 모임에 나가면 목사님들이 이렇게 묻습니다. "박 목사, 요새 교회 어때? 괜찮아?" 그중에는 저를 사랑하기에 굉장히 걱정하며 묻는 분도 있고, 또 다른 의미로 묻는 분도 있습니다. 그러면 저는 늘 이렇게 대답합니다. "그럼요, 아직 신혼인 걸요!" 그런데 그 신혼도 벌써 꽤 오랜 시간이 흘렀습니다. 정말 믿을 수 없습니다. 지금껏 저와 성도 사이에 문제가 생긴 적은 한 번도 없었던 것 같습니다. 성도님들이 얼마나 저를 사랑해주시는지요.

저는 지금 신혼의 단꿈에 취해서 살고 있습니다. 제 인간적인 생각으로는 은퇴할 때까지 영안교회에 있고 싶지만, 그것은 하나님께 달린 것이라고 생각합니다. 이곳에 얼마나 남겨두실지 모르겠으지만, 간에 저는 성도님들과 늘 첫날밤 같은 신혼을 보내고 싶습니다. 성도가 목사를 사랑하고 목사가 성도를 사랑할 때, 곧 그것이 목사와 성도에게 서로 유익이 되고 교회가 부흥하는 지름길이라고 생각합니다.

마지막으로 성도에게 주시는 권면이 16절에 기록되어 있습니다.

그런즉 내가 너희에게 참된 말을 하므로 원수가 되었느냐.

무슨 말씀입니까? 갈라디아 교인들과 사도 바울 사이에 사랑이 있었는데 갑자기 원수가 되어버렸습니다. 모든 교인이 다 그런 것은 아니지만 그중 몇몇 교인들이 사도 바울과 원수처럼 지내는 것입니다. 그 이유가 무엇인지 아십니까? 사도 바울이 참된 말을 했기 때문입니다.

오늘 하나님이 이 구절을 통해서 우리에게 주시는 말씀은, 강단에서 선포되는 말씀을 주의 말씀으로 주의해서 받아들여야 한다는 것입니다. 그들이 유대주의자들과 율법주의를 좇아갔을 때, 사도 바울이 강한 어조로 설교하고 책망합니다. 그러자 그중 몇몇 성도들이 그 사랑을 버리고 사도 바울과 원수처럼 지냈던 것입니다.

때때로 제 설교에 대한 항의 전화를 받습니다. "목사님, 왜 저를 치셨습니까?" 저는 하나님의 말씀에 손을 얹고 말씀드립니다. 제가 목사가 되고 나서 어떤 사람을 개인적으로 놓고 설교한 적이 한 번도 없습니다. 제가 설교할 때 자신에게 설교하는 것이라고 생각되면, 그것을 저의 편협함으로 여기지 말고 성령의 인도함으로 이해하시기를 바랍니다. 성령 하나님께서 저를 사용하여 성도 개인에게 말씀하시는 것입니다. 이것은 참으로 중요한 문제입니다. 성경에 어긋나는 것이 없다면, 이 강단에서 저를 통해 선포되는 모든 말씀을 하나님의 말씀으로 받아야 할 것에 대해 오늘 교훈하십니다.

저는 지금까지 목사에 대한 성도의 네 가지 태도를 말씀드렸습니다. 외모로 판단하지 말아야 합니다. 존경해야 합니다. 사랑해야 합니다. 선포되는 말씀을 주의 말씀으로 받아야 합니다.

성도에 대한 목사의 두 가지 태도

이제 사도 바울은 목회자의 태도에 대해서 말합니다. 목사는 성도를 어떻게 대해야 합니까? 19-20절을 보십시오.

> 나의 자녀들아 너희 속에 그리스도의 형상을 이루기까지 다시 너희를 위하여 해산하는 수고를 하노니 내가 이제라도 너희와 함께 있어 내 언성을 높이려 함은 너희에 대하여 의혹이 있음이라(갈 4:19-20).

여기서 두 가지를 말씀하십니다. 19절에서는 해산하는 수고를 말하고, 20절에서는 담대함을 말씀합니다. 목사는 이 두 가지를 가져야 한다는 것입니다.

제가 아이를 낳아보지 않아서 해산하는 수고는 잘 모릅니다. 하지만 미국에서는 산모가 아이를 낳을 때 그 남편도 함께 분만실에 들어가야 합니다. 그래서 저도 억지로 도살장 끌려가듯이 들어갔는데, 그날 저도 얼마나 힘을 썼는지 사흘 동안 허리가 아팠습니다. 그때 저는 여자가 참으로 대단하다는 생각이 들었습니다. 제가 아내를 다시 보았습니다. 저 같으면 포기했을 것입니다. 내 배를 갈라 꺼내든지 말든지 하라고 했을 텐데, 여덟 시간을 참으며 결국 아이를 낳았습니다. 저는 해산하는 과정을 보면서 두 가지를 깨달았습니다. 하나는 사랑이고 또 하나는 인내입니다.

목사는 성도를 사랑하는 마음을 가져야 합니다. "너희를 위하여 해산하는 수고를 하노니." 아이를 낳기가 정말 힘들지만 사랑의 마음으로 그 영혼을 돌봐야 할 것을 성경은 말씀합니다. 그리고 인내해야 한다는 것입니다. 저는 이 말씀을 놓고 얼마나 오랫동안 묵상했는지 모릅니다.

제가 목회를 시작하고 보니 얼마나 힘들고 어려운 일이 많은지 모릅니다. 미국에서 목회할 때 "집사님, 다음 주부터 우리 교회에 나오지 마세요"라고 말하고 싶을 정도로 제 속을 썩이는 교인이 있었습니다. 그때 그런 마음이 들었습니다. '성경은 인내해야 한다고 말씀하셨는데… 나와 뜻이 맞지 않는 교인들, 내 뜻대로 성장하지 않는 교인에 대해서 한없이 참고 인내하라고 말이야.'

이어지는 20절은 담대함을 이야기합니다.

> 내가 이제라도 너희와 함께 있어 내 언성을 높이려 함은 너희에 대하여 의혹이 있음이라.

19절은 어머니를 비유한 것 같고, 20절은 아버지를 비유한 것 같습니다. 성도들을 훈육해야 한다는 것입니다. 사실 저는 이 부분이 굉장히 부족합니다. 남에게 싫은 소리를 잘 못합니다. 그런데 목회자, 영적 지도자는 성도를 책망할 수 있어야 합니다. 목회를 잘 하시는 어느 목사님을 만난 적이 있습니다. 그분은 성도 개개인의 교회출석을 다 체크해서 안 나오면 책망하고, 또 예배시간에 졸면 바로 예배 후에 불러서 책망합니다. 또 헌금하는 것을 쭉 살펴보고 헌금생활을 제대로 못하면 책망하고 권면합니다. 사실 목회는 그렇게 해야 합니다.

사도 바울이 "이제라도 내 언성을 높이려" 한다고 말합니다. 이제까지는 따뜻한 음성으로 이야기했지만 너희가 교리적으로 잘못되어가고 있기 때문에 언성을 높이려 한다고 말합니다.

우리는 모두 교회와 한 몸이 되었습니다. 주님이 주신 목표는 하나입니다. 그리스도의 장성한 분량을 따라 성장하는 것입니다. 이 성장에서 목사와 성도의 관계는 중요합니다. 목사와 성도가 주님 안에서 좋은 관계, 아름다운 관계를 맺어갈 때 교회는 반드시 부흥할 것입니다. 이 관계에 대한 교훈이 우리 신앙의 지침이 되어 날마다 우리를 성숙하게 하기를 간절히 기도합니다.

11장

두 아들의 이야기

갈라디아서 4장 21-31절

21내게 말하라 율법 아래에 있고자 하는 자들아 율법을 듣지 못하였느냐 22기록
된 바 아브라함에게 두 아들이 있으니 하나는 여종에게서, 하나는 자유 있는 여
자에게서 났다 하였으며 23여종에게서는 육체를 따라 났고 자유 있는 여자에게서
는 약속으로 말미암았느니라 24이것은 비유니 이 여자들은 두 언약이라 하나는
시내 산으로부터 종을 낳은 자니 곧 하갈이라 25이 하갈은 아라비아에 있는 시내
산으로서 지금 있는 예루살렘과 같은 곳이니 그가 그 자녀들과 더불어 종노릇
하고 26오직 위에 있는 예루살렘은 자유자니 곧 우리 어머니라 27기록된 바 잉태하
지 못한 자여 즐거워하라 산고를 모르는 자여 소리 질러 외치라 이는 홀로 사는
자의 자녀가 남편 있는 자의 자녀보다 많음이라 하였으니 28형제들아 너희는 이
삭과 같이 약속의 자녀라 29그러나 그때에 육체를 따라 난 자가 성령을 따라 난
자를 박해한 것 같이 이제도 그러하도다 30그러나 성경이 무엇을 말하느냐 여종
과 그 아들을 내쫓으라 여종의 아들이 자유 있는 여자의 아들과 더불어 유업을
얻지 못하리라 하였느니라 31그런즉 형제들아 우리는 여종의 자녀가 아니요 자유
있는 여자의 자녀니라.

은혜와 율법의 관계

저는 갈라디아서 3-4장을 설교할 때 많은 부담이 됩니다. 그 이유는 갈라디아서가 쉬운 책이 아닐뿐더러, 특히 3-4장이 상당히 어렵기 때문입니다. 이 어려운 마지막 부분을 오늘 우리가 살펴볼 것입니다.

사도 바울은 은혜와 율법의 관계를 설명하고 있습니다. 다른 말로 표현하면, 은혜를 따라 사는 자들과 율법을 따라 사는 자들의 삶의 특징을 소개하면서, 우리가 은혜를 받았다면 어떻게 은혜를 받은 자답게 살아가야 하는지를 말합니다. 즉 우리 삶의 신분과 특징, 태도 등을 말합니다.

왜 이것을 이렇게 중요한 교리서의 마지막 부분에 기록해 놓았을까요? 이것이 그만큼 중요하기 때문입니다. 이 관계를 잘 알아야 그리스도인의 삶을 승리로 이끌 수 있기 때문입니다. 다른 말로 하면, 율법을 따라 사는 자들의 삶의 특징과 은혜를 따라 사는 자들의 삶의 특징이 어떠한지를 우리가 분명히 알아야 그리스도인답게 살 수 있기 때문입니다.

갈라디아 성도들은 이 관계를 몰라서 율법 아래로 돌아가는 자가 생겼습니다.

> 내게 말하라 율법 아래에 있고자 하는 자들아(갈 4:21).

과연 갈라디아 교인들만 복음을 떠나서 율법으로 돌아가려고 했을까요? 아닙니다. 이런 현상은 오늘 우리 주위에서도 얼마든지 일어나고 있습니다. 수많은 사람들이 교회에는 나오지만 도덕적으로 돌아가려고 합니다. 복음을 떠나 다시 종교생활로 돌아가려고 합니다. 왜 교회를 나옵니까? 거기에는 거룩한 성가대의 찬양, 거룩한 예식이 있습니다. 아무 의미 없는 예식이지만 굉장히 거룩해 보입니다. 사람들이 거기에 뭔가 있을 것으로 생각합니다.

어느 기도원에 유명한 사역자가 왔다고 하면 사람들이 몰려갑니다. 거기에 가서 안수 받고 뜨거움을 느꼈다, 방언이 터졌다, 하나님이 계시를 보여주셨다고 합니다. 저 사람이 마음을 다 알아맞춘다고 말합니다. 하나님이 우리에게 주신 복음이 그런 신비스러운 장난입니까? 수많은 사람들이 복음을 떠나 진정한 복음이 아닌 다른 것에 관심을 가집니다. 우리는 본문의 말씀을 마음 속 깊이 받아들여야 합니다.

이 말씀은 상당히 어려운 본문이지만, 우리가 골격을 이해하고 나면 좀 더 쉬울 것 같습니다. 본문 말씀은 기본적으로 세 기둥으로 이루어져 있습니다.

첫 번째로 사도 바울은 먼저 역사적 배경을 말합니다(22-23절). 창세기 12-21장에 나오는 말씀이 두 구절로 요약되어 있습니다. 이 역사적 배경, 아브라함의 이야기를 잘 아는 사람이라면 보다 이해하기가 쉬울 것입니다. 아브라함과 사라가 누구인지, 하갈과 이삭과 이스마엘이 누구인지, 시내 산이 어디 있고, 아라비아와 예루살렘이 어떤지를 어느 정도 알고 본문을 보면 이해하기가 쉽습니다.

두 번째 골격은 비유적 해석입니다. 역사적 사실을 근거로 해서 설명하지만, 역사가 중요한 것이 아니라, 그 역사는 하나의 비유일 뿐입니다. 사도 바울이 말하고 싶은 교리를 그 비유를 통해서 해석하고 있습니다.

마지막으로, 사도 바울은 적용을 말합니다(28-31절).

역사적 배경

사도 바울은 이를 위해 구체적으로 네 가지 교훈을 말합니다.

먼저 역사적인 배경입니다. 창세기 12장을 보면 하나님이 아브라함이 일흔다섯 살이 되던 해에 부르셨습니다. "아브라함아, 너희 본토 친척 아비 집을 떠나라. 내게 네게 복을 주겠으며, 또한 너에게 땅을 주고, 씨를 주마. 자손을 주겠다." 그래서 아브라함은 아내를 데리고 떠났습니다. 그런데 하나님의 명령에 순종해서 떠난 지 10년이 지났는데도 아브라함에게는 자녀가 없었습니다.

사라의 나이가 많아 아이를 낳을 가망성이 전혀 없었습니다. 그러던 어느 날, 그녀가 자기 여종 하갈을 아브라함의 방에 들여보내면서 아브라함에게 말합니다. "하나님께서 내게 아이를 안 주실 것 같으니까, 내 종을 통해서 당신의 아이를 낳으세요. 그 아이를 호적에 입적시켜서 우리 아이로 키워요." 믿음의 사람, 아브라함도 그 말을 듣고 보니 마음이 흔들리기 시작합니다. 지금까지 하나님이 자식을 주시지 않았으므로 혹시나 하는 인간적인 마음에 그 제안을 받아들입니다. 그 결과 아들을 얻게 됩니다.

그런데 문제가 생겼습니다. 아브라함이 아흔아홉 살이 되던 해에 하나님이 나타나셔서 "아브라함아, 내가 너에게 아들을 주마"라고 하셨습니다. 아브라함이 말했습니다. "제 아내 사라가 여든아홉이고, 경수가 끊어진 지 오래되었는데요?" 그러자 하나님이 말씀하셨습니다. "나를 믿어라." 아브라함이 믿었습니다.

아브라함이 백 살이 되던 해, 하나님이 그 집에 아들 이삭을 주셨습니다. 문제는 거기에서 끝나지 않았습니다. 이삭이 어렸을 때는 별 문제가 없었습니다. 그런데 이삭이 세 살, 아브라함이 백세 살이 되던 해에 집안에 큰 문제가 생겼습니다. 유대인은 세 살이 되면 큰 잔치를 합니다. 우리나라는 아이가 한 살이 되면 돌잔치를 합니다. 옛날에는 아이가 돌이 되기 전에 죽는 경우가 많아서 그때까지 살아 있으면 대단한 일이었습니다. 그래서 돌이 되면 "이제는 이 아이가 살 가능성이 있구나"라며 축하했던 것입니다. 그런데 아브라함 시대에는 더 많이 죽었던 모양입니다. 그래서 젖을 떼고 세 살은 되어야 "이 아이가 이제는 사람 구실을 하고 자라겠구나"라고 여겨 만 세 살이 지나면 큰 잔치를 해주었습니다.

젖을 떼는 이 예식, 우리나라 같으면 돌잔치를 하고 난 뒤에 이스마엘의 태도가 달라집니다. 그동안은 자신이 아버지의 유산을 다 이어받아 상속자가 될 줄 알았는데, 이제는 이삭이 눈에 거슬리는 것입니다.

처음에는 '이삭이 죽지 않을까? 세 살이 되어 봐야 알지' 하면서 아마 죽기를 기다리며 마음을 놓고 있었는지 모르겠습니다. 그런데 이삭이 튼튼하게 자라서 세 살이 되는 잔치를 하고 나자 그때부터 이스마엘의 태도가 바뀌었습니다. 이스마엘이 이삭을 핍박하기 시작합니다. 인격적으로 조롱하고 놀렸습니다. 사라가 그것을 발견하고 아브라함에게 말하자, 아브라함이 괴로워서 하나님께 기도합니다. 결국 하나님은 이스마엘을 떠나보내게 하십니다.

하갈과 이스마엘이 떠난 역사, 그 역사의 흐름 가운데 오늘의 중동이 있게 된 것입니다. 그들이 처음 아라비아로 떠나 그곳에 정착하면서 대를 이었습니다. 그 후손들이 바로 아랍 사람입니다. 그리고 이삭의 자손들은 유대인입니다. 사실 이 해묵은 전쟁은 4천 년 전부터 시작되었다고 할 수 있습니다. 이 역사적 배경을 잘 기억하십시오. 그러나 오늘 사도 바울은 자기 교리를 설명하기 위해서, 우리가 이 모든 역사를 통해 중요한 두 가지를 이해하기 바랍니다.

우리가 반드시 알아야 할 두 가지는, 이스마엘과 이삭에 관한 이야기입니다. 이 두 아들은 두 가지 면에서 서로 크게 달랐습니다. 하나는 어머니가 달랐습니다. 둘 다 아버지는 아브라함이었습니다. 그런데 어머니는 달랐습니다. 어머니가 다른 것이 왜 중요합니까? 우리는 부계사회라서 자식이 아버지의 성을 따릅니다. 예를 들어, 아버지가 한국 사람이고, 어머니가 일본 사람이면, 자식은 한국 사람이 됩니다. 그런데 이스라엘의 유대인은 그 반대입니다. 어머니가 유대인이어야 합니다. 아버지가 유대인이고 어머니가 이방인이면, 그 사람은 절대 유대인이 될 수 없습니다. 그런데 아버지가 이방인이고 어머니가 유대인이면, 그 사람은 유대인이 되는 것입니다. 어쨌든 유대인의 관습은 어머니를 따라서 그 자식의 신분이 정해지게 됩니다.

이 두 아들의 차이는 어머니가 다른 것입니다. 하갈은 종의 신분이었습니다. 그래서 아버지가 아브라함인 것과 상관없이, 종이 낳은 아들이라서 이스마엘은 종의 신분이었습니다. 우리는 이것을 이해해야 합니다. 그러나 이삭은 사라의 자식이었습니다. 사라는 자유인이었습니다. 아브라함의 아내였습니다. 그러므로 사라가 낳은 이삭은 자유인입니다.

또 다른 하나는, 그 자녀를 낳는 방법이 달랐습니다.

여종에게서는 육체를 따라 났고 자유 있는 여자에게서는 약속으로 말미암았느니라(갈 4:23).

육체를 따라 났고, 약속을 따라 났다는 말이 무슨 말씀입니까? 이스마엘은 믿음의 방법으로 탄생한 것이 아니라는 것입니다. 하나님이 아브라함에게 사라를 통해 자녀를 주실 것을 분명히 약속하셨는데, 아브라함의 기력이 쇠하고 사라의 경수가 끊어졌습니다. 그러자 믿음의 방법을 포기하고 인간의 지혜와 방법과 생각으로 낳은 자녀가 이스마엘입니다. 그런데 이삭은 누구입니까? 매우 놀라운 아이입니다. 아브라함이 백 살에 이삭을 낳았습니다. 사라가 아흔 살에 낳은 아이입니다.

히브리서를 보니, 사라는 이미 경수가 끊어져 단산했습니다. 그런데 죽은 자와 같은 그 몸에서 이삭을 낳았다고 말씀합니다. 왜 죽은 자와 같다고 합니까? 사라는 살아 있었지만 아이를 낳을 수 있는 능력에서는 이미 죽은 몸이었다는 것입니다. 여자는 보통 쉰다섯이나 육십이 되면 경수가 끊어지지 않습니까?

그런 죽은 자의 몸, 도저히 아이가 생길 수 없는 사라의 몸에서 하나님의 능력과 약속을 따라 아이가 생겼습니다. 그러므로 이삭은 사라가 낳았지만 인간적인 방법으로 낳은 자가 아닙니다. 믿음과 하나님의 약속, 하나님의 능력을 따라 난 자입니다. 이 두 차이를 알겠습니까? 이스마엘은 육신을 따라 난 자요 이삭은 하나님의 능력과 약속을 따라 난 자입니다. 여기까지가 역사적 배경입니다.

비유적 해석

그런데 이제부터 좀 더 어려운 부분으로 들어갑니다. 사도 바울은 이 역사적 배경을 근거로 해서 다른 중요한 진리를 우리에게 설명합니다. 이 아들의 이야기는 하나의 비유입니다. 이스마엘과 이삭의 이야기를 왜 꺼냈는지 아시겠습니까? 지금 뭔가 다른 커다란 교훈을 주기 위해 그 사실을 비유로 들고 있는 것입니다.

여기 두 어머니가 있습니다. 하갈과 사라입니다. 하갈은 종이고 사라는 주인(자유인)입니다. 그런데 사도 바울은 구약성경의 사라와 하갈의 기사에서 이 비유적 해석을 끌어옵니다. 그래서 사라와 하갈이라는 이 두 어머니를, 곧 두 언약이라고 해석하여 설명합니다.

> 이것은 비유니 이 여자들은 두 언약이라 하나는 시내 산으로부터 종을 낳은 자니 곧 하갈이라 이 하갈은 아라비아에 있는 시내 산으로서 지금 있는 예루살렘과 같은 곳이니 그가 그 자녀들과 더불어 종노릇 하고 오직 위에 있는 예루살렘은 자유자니 곧 우리 어머니라(갈 4:24-26).

이 두 여인은 두 가지 언약을 말하는 것입니다. 예수님을 믿지 않는 사람이 처음 교회에 나와서 "성경이 무엇으로 이루어졌습니까?"라고 물었습니다. 그래서 구약과 신약으로 이루어졌다고 말하니까, 그 사람이 '교회에 나가면 병 고치겠구나'라고 생각했답니다. 그리고 그는 이웃 사람들에게 "교회에 나와 봐! 거기에는 온갖 약이 다 있어"라고 말했습니다. 그 사람은 구약을 한약으로, 신약을 양약으로 해석해서 말한 것입니다. 그 해석이야 어떻습니까? 그래서 저는 이렇게 농담을 해봅니다. "성경으로 못 고치면 못 고치는 것입니다. 구약, 신약 다 써보고 못 고치면 농약밖에 없습니다. 그렇기 때문에 이것으로 못 고치면 안 됩니다."

구약을 다른 말로 번역하면 '언약'이라는 말입니다. 옛날 언약과 새로운 언약입니다. 옛날 언약은 모세가 시내산에서 받은 율법입니다.

거기에서 끝나면 우리가 이해하기 쉬운데, 또 두 가지 예루살렘을 말합니다. 그러면 시내산에서 받은 아라비아 사람들은 종이고, 예루살렘을 성전으로 삼는 유대인들은 아들입니까? 오늘 유대인들은 그렇게 생각합니다. 그런데 사도 바울은 그렇지 않다고 말합니다. 사람들이 그렇게 오해할까 봐 사도 바울은 예루살렘을 시내산에 갖다 붙인 것입니다. 그래서 예루살렘을 두 종류로 나누어 설명합니다. 땅에 있는 예루살렘과 하늘에 있는 예루살렘으로 말입니다. 그리고 이 땅에 있는 예루살렘을 믿는 유대인들, 이 세상의 모든 사람은 다 옛 언약의 자녀요 하갈의 자손이라고 하는 논리를 전개합니다.

다음에 두 자녀가 나오는데, 이스마엘과 이삭입니다. 그러면 땅에 있는 예루살렘과 하늘에 있는 예루살렘, 종인가 아들인가, 하갈에게 속할 것인가 사라에게 속할 것인가는 어떻게 결정됩니까? 이 엄청난 두 신분을 구별할 수 있는 방법은 무엇입니까?

사도 바울은 이렇게 말합니다. 우리가 율법을 따라 살면, 이 세상의 관습과 초등학문과 도덕을 따라 살면 모두 멋진 사람 같지만, 그는 하갈의 자손이요, 땅에 있는 예루살렘의 자손이요, 종이라는 것입니다. 사라에게 속하고, 하늘에 있는 예루살렘에 속하고, 하나님의 자녀가 될 수 있는 오직 한 가지 방법은 믿음과 은혜라는 것입니다.

하나님은 이 세상에 여러 종류의 사람이 많은 것 같지만 오직 두 종류의 사람밖에 없다고 말씀하십니다. 한 종류의 사람들은 오늘도 옛 언약, 율법을 좇아 살아갑니다. 자기 조상들에게 배운 구전과 습관, 관습과 전통에 의해 살아갑니다. 그들의 인생 기준, 남을 판단하는 기준과 태도는 바로 율법입니다. 전통입니다. 도덕입니다.

예를 하나 들어 봅시다. 한 사람이 밤에 거지가 지나가는 것을 보았습니다. 왠지 도와주고 싶은 마음이 생겨서 주머니를 뒤졌더니, 보통 때는 천 원짜리가 나와도 바들바들 떨렸는데, 그날은 만 원짜리가 나왔는데도 거리낌이 없었습니다. 그가 선행을 하고 나서 다음날 교회에 나갔습니다. 그날 목사님이 "당신은 구원받았습니까?" 하면 그 사람은 "아멘"으로 답합니다.

다른 한 사람이 주일 아침, 교회에 가려고 하는데 아내가 가지 말라고 붙듭니다. 그래서 화를 내며 싸우다가 나왔습니다. 여간 찜찜하고 불안한 것이 아닙니다. 그 와중에 예배를 드렸는데, 예배를 마친 뒤에 목사님이 "당신은 구원받았습니까?" 하고 느닷없이 묻습니다. 이런 상황에서 어떻게 구원받았다고 말을 할 수 있겠습니까? 얼마나 많은 성도들이 자기 기준으로 살아가는지 모릅니다.

그런가 하면 새 언약으로부터 나온 사람이 있습니다. 새 언약은 내 힘으로 이루는 것이 아닙니다. 내 행위로 하나님의 자녀가 되는 것이 아닙니다. 아이를 도저히 낳을 수 없는 사라의 몸에서 새 생명이 태어나듯이 우리가 구원을 받는 것입니다. 내가 믿음으로, 하나님의 은혜로 말미암아 하늘의 예루살렘에 속한 자녀가 되는 것입니다. 우리는 과연 이 두 종류의 사람 가운데 어디에 속해 있습니까?

개인적인 적용

마지막으로 본문에서 가장 중요한 부분을 다뤄보고자 합니다. 바로 그것은 개인적인 적용입니다. 사도 바울은 우리 그리스도인들이 도대체 어떤 사람들인지, 그리스도인의 특징과 그리스도인들이 어떤 태도를 가지고 살아가야 할지에 대해 네 가지를 말합니다.

1. 하나님의 능력으로 태어난 자

첫 번째로 우리 그리스도인들은 하나님의 능력으로 태어난 자들입니다.

> 형제들아 너희는 이삭과 같이 약속의 자녀라(갈 4:28).

앞서 말했듯이, 이삭은 인간적인 방법으로 태어나지 않았습니다. 사라의 몸으로 아이를 갖는다는 것은 도저히 불가능했습니다. 아이를 낳을 수 없는 죽은 몸입니다. 그런데 하나님이 아론의 죽은 나무 지팡이에서 꽃이 피게 하신 것과 같이 사람의 죽은 몸에서 아들을 갖게 하셨습니다. 누가 하셨습니까? 히니님이 하셨습니다. 하나님의 능력으로 하셨습니다.

여러분, 우리는 어떤 자들입니까? 우리는 인간의 얄팍한 노력으로 태어난 자들이 아닙니다. 알량한 몇 가지 착한 일을 해서 하나님이 우리를 자녀로 삼아 주신 것이 아닙니다. 우리가 예배를 잘 드리고, 헌금을 잘하고, 봉사를 잘 해서 하나님이 우리의 이름을 하늘의 생명책에 기록하신 것이 아닙니다. 우리는 죽어 있었습니다.

우리의 능력으로는 도저히 할 수 없는 상황, 사라의 몸이 죽었던 것처럼 우리는 도덕적으로 무능한 자들이었습니다. 율법으로 하나님 앞에 의롭다 함을 얻을 능력이 없는 자들이었습니다. 우리 마음의 생각이 얼마나 악합니까? 얼마나 많은 유혹을 느낍니까? 마음으로 얼마나 많은 죄를 짓습니까? 그럼에도 불구하고 우리의 능력이 아닌 하나님의 능력으로 우리를 자녀로 삼았다고 선포하십니다. 우리는 이것을 분명히 깨달아야 합니다.

니고데모는 이 사실을 깨닫지 못했습니다. 그는 이 세상에 태어남이 한 번만 있는 줄 알았습니다. 어머니 뱃속에서 태어나고 죽을 때 공동묘지로 가는 것이 이 세상의 진리입니다. 그러나 성경은 무엇을 말씀합니까? 태어남이 두 번 있다고 합니다. 죽음도 두 번 있습니다. 그래서 성경이 말하는 진리는 두 번 태어난 자는 한 번 죽고, 한 번 태어난 자는 두 번 죽는다(二生一死, 一生二死)고 말씀합니다. 이 진리를 요한복음 3장에서 예수님이 니고데모에게 설명하셨습니다.

그때 니고데모가 "예수님, 지금 농담하십니까? 제 나이가 오십인데 어떻게 엄마 뱃속에 들어갔다가 다시 나옵니까?"라고 묻습니다. 예수님은 "니고데모야, 네가 이 세상에 어떻게 존재했느냐? 엄마 뱃속에서 태어나지 않고 이 세상에 육신의 몸을 가진 자가 있더냐?" "없습니다." "니고데모야, 마찬가지다. 하나님의 자녀가 되는 것은 인간의 노력과 율법으로 될 수 없다. 영으로 되어야 한다."

> 사람이 물과 성령으로 나지 아니하면 하나님의 나라에 들어갈 수 없느니라 육으로 난 것은 육이요 영으로 난 것은 영이니 내가 네게 거듭나야 하겠다 하는 말을 놀랍게 여기지 말라(요 3:5-7).

우리가 어떻게 두 번 태어납니까? 물과 성령으로 태어나는 것입니다. "하나님, 율법으로 위롭게 되려고 노력해보았습니다. 평생을 애써보았지만 솔직히 내 안에 더러움 외에는 아무것도 없음을 고백합니다. 주여, 나를 용서하옵소서. 내 죄 값으로 내가 죽어야 하는데, 하나님이 인간의 몸을 입고 이 땅에 오셔서 내 대신 그 죄값을 갚아주셨습니다. 그 사실을 믿습니다. 아버지 하나님, 당신의 그 은혜를 받아들입니다. 당신의 그 은혜를 믿습니다. 당신의 그 사랑을 품기 원합니다." 이렇게 결심할 때 우리는 영으로 태어나게 되는 것입니다. 이렇게 태어난 자는 한 번 죽습니다. 두 번 죽지 않습니다.

어머니 뱃속에서 받은 육신의 생명도 강하게 성장하거늘, 하물며 하나님으로 말미암아 성령으로 태어난 생명이 우리에게 얼마나 놀랍게 역사하겠습니까? 영원히 죽지 않습니다. 영원히 살아 있습니다. 예수 그리스도를 만난 그리스도인은 어떤 신분입니까? 우리는 율법이 아니라, 내 노력이 아니라, 도덕이 아니라 하나님의 은혜와 능력으로 태어난 자들입니다.

사도 바울은 말합니다. "형제들아 너희는 이삭과 같이 약속의 자녀라." 우리는 하나님의 약속을 따라 태어났습니다. 내 행위가 아닙니다. 내가 한두 번 죄를 지었다고 해서 하나님의 생명책에서 내 이름을 지울 수 있는 그런 신분이 아니라는 것입니다.

2. 핍박받는 자

두 번째로 사도 바울은 우리의 신분을 가르칩니다.

> 그러나 그때에 육체를 따라 난 자가 성령을 따라 난 자를 박해한 것같이 이제도 그러하도다(갈 4:29).

우리가 이 세상에서 하나님의 능력으로 태어나 이 세상을 완전히 이기고 승리하는 것은 아닙니다. 이 세상에서 존경받는 것이 아닙니다. 이 세상에서 핍박받는 것입니다. 우리는 핍박받을 것을 예견해야 합니다. 많은 사람이 예수님을 믿고서도 이것 때문에 시험에 빠집니다. 예수님을 믿으면 우리 가정이 잘 풀릴 줄 알았습니다. 직장에서 잘 풀릴 줄 알았습니다. 그런데 예수님을 믿어도 오히려 안 풀리는 경우가 있습니다. 그때 예수님은 이렇게 말씀하십니다.

형제들아 세상이 너희를 미워하여도 이상히 여기지 말라(요일 3:13).

세상이 너희를 미워하면 너희보다 먼저 나를 미워한 줄을 알라(요 15:18).

여러분, 세상에서 미움을 받아보셨습니까? 이 질문이 도저히 이해되지 않는다면, 지금까지 여러분은 세상을 따라 살아온 것입니다. 여러분이 신앙을 따라 산 사람이라면 미움은 받게 마련입니다.

사회가 부정부패하고 말할 수 없는 무서운 범죄로 난리입니다. 제가 경찰과 상담한 적이 있는데, 교통순경이 고속도로에서 차를 세우면 아직도 돈을 받고 보내준다고 합니다. 그중 일부는 자신이 갖고, 다른 일부는 위에 바친다고 합니다.

한 그리스도인 형제가 교통순경이 되었습니다. 하지만 얼마 지나지 않아 그 일을 그만두고 말았습니다. 그는 지금 미국에서 공부하고 있습니다. 제가 왜 그만두게 되었는지 묻자, 그는 이렇게 말했습니다. "나 한 사람이 돈을 받지 않으면 끝이라고 생각했는데, 내가 받지 않으니까 주위에서 나를 미워하는데 도저히 견딜 수가 없었습니다. '네가 보살이냐, 임마! 너 혼자 깨끗하냐?' 그러면서 대놓고 핍박했습니다."

그것이 정상입니다. 우리가 믿음대로 살면, 살아 있는 물고기가 물결을 거슬러 올라가서 어렵게 살듯이 어려움이 있게 마련입니다. 그러나 죽은 물고기는 어떻습니까? 그냥 물 흐르는 대로 떠내려갑니다. 우리가 예수님을 믿음에도 불구하고 삶이 쉽게 풀려나가면 도리어 스스로에게 질문해보아야 합니다. '나는 과연 믿음대로 올바르게 살고 있는가?'

직장에서의 삶을 생각해보십시오. 얼마나 어려움을 당합니까? 예수님을 믿는 자와 믿지 않는 자, 그 둘 가운데 누가 누구를 핍박합니까? 예수님을 믿는 자가 믿지 않는 자를 핍박하지 않습니다. 대부분 예수님을 믿지 않는 자가 믿는 자를 핍박합니다. 교회 안에서도 마찬가지입니다. 말씀을 따라 복음적으로 살려고 하는 자들과, 전통과 습관과 형식을 따라 사는 자들 중 누가 누구를 핍박합니까? 후자가 전자를 핍박하게 되어 있습니다. 그러므로 교회는 '얼마나 많이 모이느냐'가 중요한 것이 아니라 '어떤 원리를 따라 살아가느냐'가 중요합니다.

어느 날 어떤 안수 집사님이 전화로 상담을 요청해왔습니다. 장로님들이 교회 앞에 단을 쌓고 커다란 국기게양대를 만들겠다고 당회에서 결정했다는 것입니다. 이 안수 집사님이 아무리 생각해도 교회가 국가를 반대할 이유는 없지만, 교회 앞에 십자가는 안 걸고 십자가보다 더 큰 국기게양대를 만들겠다고 하니 반대했습니다. 그런데 그 장로님들이 핍박해서 지금 자신이 궁지에 몰렸다며 제게 말했습니다. "목사님, 성경 원리에 의해서 이것이 왜 잘못된 것인지를 저에게 가르쳐주십시오."

오늘날 하나님의 교회라는 이름으로 사람들이 모였지만, 수많은 사람들이 믿음을 따라 사는 자들을 핍박합니다. 우리의 신분은 어떤 신분입니까? 핍박받는 신분입니다. 우리는 우리의 잘못이나 직장에서 성실하게 일하지 않아서 받는 핍박이 아니라, 신앙으로 깨끗하게 살면서 받는 이 세상의 핍박을 예견할 수 있어야 합니다.

3. 하늘의 유업을 얻을 자

사도 바울은 우리의 신분과 태도에 대해서 세 번째로 놀라운 말씀을 줍니다. 30절에 그 말씀이 기록되어 있습니다.

그러나 성경이 무엇을 말하느냐 여종과 그 아들을 내쫓으라 여종의 아들이 자유 있는 여자의 아들과 더불어 유업을 얻지 못하리라 하였느니라(갈 4:30).

우리는 어떤 자입니까? 하늘의 유업을 얻을 자입니다. 사람들은 유업을 얻는다고 하면 다들 좋아합니다. 그런데 그 좋아하는 이유가 무엇인지 아십니까? 이 땅의 유업을 생각하는 것입니다. 예수님을 믿으면 복 받고, 건강해지고, 사업이 잘된다고 하면 그것을 싫어할 사람이 누가 있겠습니까?

그러나 성경은 무엇을 말합니까? 우리가 받을 유업은 이 땅에서 받을 축복과 비교도 되지 않는다고 합니다. 우리 아버지가 부자라면, 이 땅에서 우리에게 수백억을 유산으로 남겨줄 것입니다. 그 기대가 얼마나 크겠습니까? 그러나 하늘 아버지께서 우리에게 주실 유업은 그런 것과는 비교도 되지 않습니다. 수천억이 있으면 무엇을 하겠습니까? 생각해보십시오. 우리가 죽을 때 그것을 가지고 갈 수 있습니까? 공수래공수거(空手來空手去)입니다.

아무리 돈이 많아도 이 땅을 떠날 때 한 푼도 가져갈 수 없습니다. 아무리 건강해도 다 흙으로 돌아갈 인생입니다. 그래서 예수님은 이렇게 말씀하셨습니다. "너희의 보물을 이 땅에 쌓아두지 말라." 왜입니까? 이 땅의 것은 녹슬고 썩기 때문입니다. 우리의 보물을 하늘나라에 쌓아두라는 말씀은 하늘나라의 유업을 받으라는 것입니다. 우리는 어떤 자입니까? 믿음으로, 은혜로 하늘의 유업을 받을 자들입니다.

4. 하나님의 자녀답게 사는 자

마지막으로, 우리의 신분과 삶의 태도를 이렇게 말씀합니다.

그런즉 형제들아 우리는 여종의 자녀가 아니요 자유 있는 여자의 자녀니라(갈 4:31).

우리는 어떻게 살아야 합니까? 우리는 자유로운 하나님의 자녀답게 살아야 합니다. 저는 하나님의 자녀답게 살라는 말씀을 두 가지로 이야기하고 싶습니다. 하나는 스스로 자유를 누리며 살아가는 것입니다. 율법에 얽매이지 말고, 행위에 얽매이지 말고, 하나님의 은혜에 감사하면서 살아야 합니다.

그러나 더 중요한 것이 하나 있습니다. 다른 사람을 자유 있는 사람답게 대하라는 것입니다. 다른 사람을 자유하게 해야 합니다. 다른 사람을 율법으로 얽어매지 말고, 비판하지 말고, 은혜로 수용하며, 은혜로 감싸면서 이 세상을 살아가라고 사도 바울은 부탁합니다. 우리의 가정과 직장에서 다른 사람을 자유 있는 사람답게 대해야 합니다. 특히 배우자와 자녀를 자유 있는 사람답게 대하며 은혜로써 살아가야 합니다. 여러분이 은혜로 살아가는지, 종의 신분으로 살아가는지, 하나님의 아들과 딸로 살아가는지를 알 수 있는 몇 가지 질문을 하겠습니다. 여러분, 마음속으로 이 질문에 답해보시기 바랍니다.

- 당신은 무슨 일을 하든지 은혜를 생각하는가? 자녀를 야단칠 때도, 아내를 대할 때도 하나님의 은혜를 생각하는가?
- 당신은 당신이 섬기는 이웃에게 그들 본연의 모습을 갖도록 자유를 주는가? 아니면 당신이 원하는 모습이 되라고 강요하는가?
  아직도 당신의 자녀와 배우자에게 강요하고 있다면, 당신이 가르치는 영적 제자들에게 당신의 모습을 고집하고 있다면, 당신은 아직도 종의 신분으로 사는 것입니다.
- 당신은 이웃이 그들의 방식대로 하도록 놓아두는가, 아니면 그들을 지배하려 하며 그들의 숨을 조이는가? 당신이 있으면 사람들이 위협을 받는가, 아니면 쉼을 누리는가?
  저는 제가 집에 들어왔을 때 우리 식구들이 나를 반기는가, 아이들이 '아빠!' 하고 안기는가, 아니면 두려워서 자신이 하던 일을 다 감추는가를 늘 생각합니다. 저는 가족들이 저를 반기도록 노력합니다. 요즘 제 첫 아이는 무척 컸는데도 동생과 함께 와서 목에 매달립니다. 제가 집에 들어가면 달려와서 '아빠' 하고 목을 껴안는 아이들을 보면 마음이 흐뭇합니다.

- 당신의 가정은 당신 때문에 위협을 받고 있는가? 아니면 편안히 쉼을 누리고 있는가? 당신은 자발적이고 창조적인 자유인을 양성하는가? 아니면 두려움의 포로를 키우는가?
- 당신은 당신이 섬기는 사람들을 격려하고, 세우며, 확신을 주는가? 아니면 매일 비판하며 그들을 낙심의 골짜기로 몰고 가는가?

여러분, 우리는 어떤 자들입니까? 우리는 은혜로 태어난 자들입니다. 하나님의 유업을 이을 자들입니다. 이 세상에서 비록 핍박을 받지만 엄청난 유업이 우리를 기다리고 있습니다. 그러므로 우리는 자신뿐 아니라 다른 사람들에게 하나님의 자녀답게 그들에게 자유를 주며 은혜를 베풀며 살아가야 합니다. 부부간에 이 원리를 깨달으면 그 가정은 축복된 가정입니다. 여러분, 서로가 얼마나 용납하고 있습니까? 우리는 단점을 보기보다는 그 단점을 용납해줄 수 있어야 합니다.

이제 시 한편을 읽어드리려고 합니다. 제가 읽고 너무 좋아서 벽에 붙여놓은 '자전거'라는 시입니다.

큰 아이들은 힘차게 달린다
쏜살같이 거리를 달려 저녁시간이 지나
씻고 잘 때가 되어도 감감 무소식이다
기다리다 지친 부모들 옆에 가로등이 만든 그림자가 길다
큰 아이들을 따라가지 못한 어린아이 하나가
혼자 자전거를 끌고 타박타박 걸어온다

달리고 싶지만 금방 쓰러진다
얘야, 내일 또 내가 밀어주마
조금만 더 붙잡아주면 뒤뚱거리다가 잘 달려나갈 거야
그러고는 내 모습이 조그맣게 사라지겠지
네게 자전거를 가르쳐주다가 내게 다 배우면 나는 너를 놓아줄 거야
멀리멀리 혼자 가도록.

우리는 우리의 배우자와 자녀뿐 아니라 우리에게 고통을 주는 주위 사람들, 혹은 우리가 훈련시키는 제자들을 주님의 마음으로 놓아주어야 합니다. 여러분, 하나님께 맡기십시오. 사라의 자손이 된 것을 감사하십시오. 하나님이 우리를 놀라운 은혜로 두 번 태어나게 하셨습니다. 우리는 그 신분에 합당하게 살고 있습니까? 직장에서 핍박을 받아 보셨습니까? 우리가 믿음으로 사는 것 때문에 말입니다. 깨끗하게 사는 것 때문에 주위 사람들에게 손가락질을 받아보셨습니까? 그들과 똑같이 뒹굴며 죄를 지으며 살지는 않습니까?

이 시간 주님 앞에 우리의 마음을 아룁시다. 우리는 하나님의 유업을 이어받을 자입니다. 놀라운 신분을 가진 자입니다. 우리는 자녀와 배우자들을 어떻게 대합니까? 은혜 받은 자답게 살았습니까? 얽어매지는 않았습니까? 그들의 숨을 조이지는 않았습니까? 위협하지는 않았습니까? 협박하지는 않았습니까? 우리의 이러한 문제를 놓고 주님의 보좌 앞에 나아가 간절히 기도해야 합니다.

12장

자유, 믿음, 사랑 그리고 진리

갈라디아서 5장 1–12절

1그리스도께서 우리를 자유롭게 하려고 자유를 주셨으니 그러므로 굳건하게 서서
다시는 종의 멍에를 메지 말라 2보라 나 바울은 너희에게 말하노니 너희가 만일
할례를 받으면 그리스도께서 너희에게 아무 유익이 없으리라 3내가 할례를 받는
각 사람에게 다시 증언하노니 그는 율법 전체를 행할 의무를 가진 자라 4율법 안
에서 의롭다 함을 얻으려 하는 너희는 그리스도에게서 끊어지고 은혜에서 떨어진
자로다 5우리가 성령으로 믿음을 따라 의의 소망을 기다리노니 6그리스도 예수 안
에서는 할례나 무할례나 효력이 없으되 사랑으로써 역사하는 믿음뿐이니라 7너희
가 달음질을 잘 하더니 누가 너희를 막아 진리를 순종하지 못하게 하더냐 8그 권
면은 너희를 부르신 이에게서 난 것이 아니니라 9적은 누룩이 온 덩이에 퍼지느니
라 10나는 너희가 아무 다른 마음을 품지 아니할 줄을 주 안에서 확신하노라 그
러나 너희를 요동하게 하는 자는 누구든지 심판을 받으리라 11형제들아 내가 지
금까지 할례를 전한다면 어찌하여 지금까지 박해를 받으리요 그리하였으면 십자
가의 걸림돌이 제거되었으리니 12너희를 어지럽게 하는 자들은 스스로 베어 버리
기를 원하노라.

주인과 하녀의 관계

지금까지 우리는 갈라디아서 3-4장에서 율법과 은혜에 대한 교리를 배웠습니다. 이제 5-6장에서 사도 바울은 우리의 삶에 대해서 이야기합니다. 은혜로 구원받은 우리가 어떻게 살아야 하는지, 율법에 대해서는 어떤 모습으로 살아가야 할지를 말합니다.

그리스도인들이 그리스도를 통해 율법으로부터 얻은 자유의 삶에 대해서 M. R. 디한 (DeHaan)이 재미있는 비유를 들어 설명해주었습니다. 그것은 다름 아닌 주인과 하녀의 관계입니다. 한 남자가 하루는 노예시장에 가서 하녀를 샀습니다. 하녀를 데리고 와서 훈련을 시키고 많은 규칙을 정해주었습니다. 아침 5시에 반드시 기상해서 해야 할 하루 일과를 빼곡히 적어주었습니다. 하녀는 일어나자마자 식사 준비를 하고 청소와 빨래를 하고, 여유 있는 시간에는 농사를 지어야 하며, 온갖 심부름을 해야 했습니다. 그래서 그녀가 잠드는 시간은 밤 10시였습니다. 하녀는 하루 종일 잠시도 쉴 틈이 없었습니다. 그뿐 아니라 주인은 그녀를 엄격한 규율로 다스렸습니다. 잘못할 때는 가차 없이 밥을 굶기고 심지어 몽둥이를 들기도 했습니다.

여러분, 한번 상상해보십시오. 남의 일로 생각하지 말고 여러분이 그런 삶을 산다면 어떻겠습니까? 하루가 얼마나 초조하고 두렵겠습니까? '오늘 내가 밥을 굶는 것은 아닐까, 혹시 두들겨 맞는 것은 아닐까?' 아마 군대를 갔다 온 분들은 조금 이해할 것입니다.

저는 훈련소를 제대하고 자대에 배치를 받았는데 몇 달 동안 고생이 많았습니다. 보초를 나가면 하루 여섯 시간을 근무해야 하는데, 고참들이 한밤중에 교대를 해주지 않습니다. 두 시간 정도 더 있으면 잠도 오고 다리도 아파옵니다. 그것을 말뚝 보초라고 하는데, 그렇다고 고참에게 가서 항의할 수 있습니까? 꼬박 밤을 새우다시피 해서 보초를 선 뒤에 기다리는 것은 아침 식사 설거지입니다. 또 하루 종일 잡일을 해야 하고 저녁에 돌아오면 내무 검열을 준비해야 합니다. 점호 시간에 총기를 닦고 청소를 한 뒤에 그냥 잠자리에 들어가는 것이 아닙니다. 차라리 일찍 얻어맞으면 '이것이 끝이구나' 하고 잠을 청할 수 있는데 그냥 재우는 것입니다. 그러다가 꼭 중간에 한 번씩 깨워 엎드려뻗쳐를 시킵니다.

그런데 이 하녀에게 놀라운 일이 생겼습니다. 하루는 주인이 그녀를 바라보는 눈이 굉장히 이상했습니다. 따뜻했습니다. 주인이 그녀에게 사랑을 느끼기 시작한 것입니다. 처음에는 하녀를 우롱하는 것이려니 생각했는데, 주인이 그녀를 진심으로 사랑한 것이었습니다. 그러던 어느 날 주인이 꽃다발을 들고 와서 청혼합니다. 이것이 꿈입니까, 생시입니까? 주인과 하녀는 결혼해서 부부가 되었습니다. 신혼여행을 마치고 집으로 돌아옵니다. 어떻게 되었겠습니까? 그 여자는 새벽 5시면 어김없이 깹니다. 빨리 옷을 갈아입고 부엌으로 가서 두려운 마음으로 일을 합니다. 그러다가 '내가 이제는 종이 아니지, 내가 이 집의 주인이 아니냐. 그의 아내가 되었으니 말이야' 하는 생각을 합니다.

참으로 재미있는 비유입니다. 그 하녀는 종의 신분에서 주인이 되었습니다. 갈라디아서 5장 1절을 '그리스도인의 자유의 대헌장'이라고 합니다. 다시 한 번 보십시오.

> 그리스도께서 우리를 자유롭게 하려고 자유를 주셨으니 그러므로 굳건하게 서서 다시는 종의 멍에를 메지 말라.

사도 바울은 그리스도인의 거듭남을 노예 해방에 비유합니다. 우리가 도대체 어떤 삶을 주님께 받았습니까? 우리가 주님께 받은 삶은 자유인의 삶입니다. 우리가 과거에 누구의 종이었습니까? 양심과 도덕과 율법의 종이었습니다.

우리나라 사람들은 율법이라고 하면 잘 이해가 되지 않을 수 있습니다. 그러면 차라리 도덕과 양심이라고 생각하십시오. 우리는 양심과 도덕에 따라 완벽하게 살 수 없습니다. 그래서 누구든지 자신이 잘못한 것을 알기 때문에 아무도 모르는 마음 깊은 곳에 죄의식과 수치심, 두려움이 있습니다. 그렇지 않습니까?

작은 질병이 찾아오고 가슴 한쪽이 뜨끔해도 '작년에 내가 누구 돈을 떼어먹었는데 그것 때문에 하늘이 나를 치는 것 아냐?' 생각합니다. 사업이 흔들리면 '하나님이 내 사업을 치시는 것 아냐?' 생각합니다. 우리는 수없는 수치심과 정죄감, 죄의식 속에서 살아왔습니다. 그리스도 밖에 있는 자들을 잘 관찰하면, 사실 그들이 모르는 척 해서 그렇지 모두가 이런 죄책감과 두려움의 노예가 되어 살고 있습니다. 누군들 이 죄책감과 두려움에서 자유롭겠습니까?

그런데 성경은 무엇이라고 말씀합니까? 그리스도께서 우리를 자유하게 하셨다고 말씀합니다. 그리스도께서 이런 우리의 부족과 잘못의 값을 영원히 지불하셨다는 것입니다. "다 이루었다. 내가 다 갚았다." 무엇을 갚으셨습니까? 우리의 죄의 삯을, 우리의 실수의 값을 예수님이 다 갚으셨다고 말씀합니다. 이것이 갈라디아서 5장 1절의 말씀입니다. 그리스도께서 우리를 자유하게 하셨습니다. 이 말씀을 좀 더 정확하게 표현한 것이 로마서 8장입니다.

> 그러므로 이제 그리스도 예수 안에 있는 자에게는 결코 정죄함이 없나니 이는 그리스도 예수 안에 있는 생명의 성령의 법이 죄와 사망의 법에서 너를 해방하였음이라 율법이 육신으로 말미암아 연약하여 할 수 없는 그것을 하나님은 하시나니 곧 죄로 말미암아 자기 아들을 죄 있는 육신의 모양으로 보내어 육신에 죄를 정하사 육신을 따르지 않고 그 영을 따라 행하는 우리에게 율법의 요구가 이루어지

게 하려 하심이니라(롬 8:1-4).

여러분, 하나님이 왜 인간의 몸을 입고 이 땅에 오셨습니까? 왜 하나님이 하나밖에 없는 독생자를 이 땅에 인간의 모습으로 보내셨습니까? 예수님이 이 땅에 오셔서 많은 일을 하셨습니다. 예수님이 이 땅에 오신 가장 중요한 목적은 바로 우리를 향한 율법의 요구, 우리가 갚아야 할 잘못과 양심의 가책, 죄값을 하나님이 갚으시기 위함입니다. 예수님이 율법의 요구를 이루셨다고 성경은 말씀합니다. 이제 우리에게 더 이상 정죄함이 없습니다. 수치심이나 죄책감도 없습니다. 우리가 그리스도 안에 있기 때문입니다.

도덕으로 깨끗해지려고 아무리 노력해보십시오. 우리가 완벽하게 살면 죄책감이 없어집니까? 아닙니다. 아무리 올바르게 살려고 해도 되지 않습니다. 그 누구도 마음속에 들끓는 죄악을 보지 않아서 그렇지, 죄악을 누가 다스릴 수 있겠습니까? 도덕을 따라 사는 사람, 율법을 따라 사는 사람, 행위를 따라 하나님 앞에서 의를 얻으려고 하는 사람은 그 마음에 수치심과 죄책감이 떠날 날이 없습니다. 그것의 노예가 된 것입니다. 그런데 그리스도께서 이 땅에 오셔서 우리를 노예 신분에서 해방시키셨습니다. 우리는 도덕을 따라 행하고, 양심을 따라 완벽하게 살려고 했습니다. 도덕을 따라 행하려고 하는 자, 양심을 따라 완벽하게 살려고 하는 자가 아니라, 그리스도 안에 있는 자들에게는 결코 정죄함이 없습니다. 그리스도께서 우리의 모든 죄값을 다 갚으셨기 때문입니다. 이 신분을 갈라디아서 5장 1절 상반절이 설명하고 있습니다.

그리스도께서 우리를 자유롭게 하려고 자유를 주셨으니.

그러면서 두 가지 명령을 줍니다. 5장 1절 하반절을 보십시오.

> 그러므로 굳건하게 서서 다시는 종의 멍에를 메지 말라.

여기에서 주동사가 두 개입니다. 하나는 '굳건하게 서라'이고, 다른 하나는 '종의 멍에를 메지 말라'입니다. 바울은 이렇게 노예에서 해방된 우리가 어떻게 살아야 하는지에 대해 두 가지를 말합니다. 우리는 먼저 굳게 서야 합니다. 그리고 종의 멍에를 메지 말아야 합니다.

종의 멍에를 메지 말라

사도 바울은 먼저 부정적인 것부터 설명합니다. 우리는 종의 멍에를 메지 말아야 합니다. 우리가 은혜로 하나님의 아들이 되었음에도 불구하고, 다시 종의 멍에를 멜 때 우리에게 어떤 결과가 찾아오고 그것이 무엇을 의미하는지를 사도 바울은 자세하게 설명합니다. 먼저 어떤 결과가 찾아옵니까? 세 가지 아주 엄격한 문장을 사용해서 설명합니다.

> 보라 나 바울은 너희에게 말하노니 너희가 만일 할례를 받으면 그리스도께서 너희에게 아무 유익이 없으리라(갈 5:2).

첫째, 그리스도께서 아무 유익이 없다고 하십니다. 여러분, 이것이 얼마나 놀라운 말씀입니까? 하나님이 말씀 한마디로 천지를 지으셨습니다. 그래서 예수님이 이 땅은 다 지나가되 율법의 일점일획이라도 땅에 떨어지지 아니하고 반드시 이루어진다고 말씀하셨습니다. 하나님의 말씀 한마디가 반드시 이루어지겠거든, 하물며 말씀으로 하지 않으시고 인간의 몸을 입고 십자가에서 자기 목숨을 버려서 만드신 그 일이 헛것이 되다니요! 바울은 이 일이 가능하다고 합니다. 객관적으로는 불가능하지만, 주관적으로 우리에게 가능하다는 것입니다.

우리가 어떻게 살 때 이런 일이 일어납니까? 우리가 이 은혜의 복음을 버리고 다시 내 양심과 도덕에 따라 살고, 내 노력으로 십일조와 새벽기도를 드리고, 내 행위로 말미암아 하나님 앞에 의롭다 함을 얻으려고 할 때 그리스도께서 십자가에 죽으신 일이 우리에게 아무 유익이 없다는 것입니다.

여러분, 이보다 더 큰 저주가 있습니까? 하나님이 인간의 몸을 입고 나를 위해서 갈보리 십자가에서 목숨까지 주시면서 이루신 이 일이 나에게 아무런 유익이 없을 수 있다는 것입니다. 여러분, 그런 저주받은 삶을 살지 않기를 주의 이름으로 부탁드립니다.

오늘날 교회를 보면 겉으로는 경건합니다. 열심히 새벽기도를 하고, 철야기도를 합니다. 좋은 일입니다. 그러나 그런 일이 그리스도의 십자가 공로를 헛되게 할 수 있다는 것입니다. 우리가 율법을 따라 그런 일을 행하면 안 됩니다. 우리가 율법을 따라 신앙생활을 하면 그리스도와 상관이 없습니다. 그래서 4절에 계속해서 무엇이라고 말씀합니까?

> 율법 안에서 의롭다 함을 얻으려 하는 너희는 그리스도에게서 끊어지고 은혜에서 떨어진 자로다.

이 얼마나 놀라운 말씀입니까? 율법은 나쁜 것이 아닙니다. 나쁜 것은 율법주의입니다. 율법과 율법주의는 다른 것입니다. 율법은 하나님이 주신 것이요, 거룩한 것입니다. 그러나 문제는 율법주의입니다. 하나님이 주신 율법의 목적을 사람들이 잘못 사용해서 그 율법을 "내가 한번 지켜보겠습니다. 하나님의 도움은 필요 없습니다. 내 노력으로 천국을 얻고, 거룩해지겠습니다" 하는 것입니다. 도덕과 양심으로, 내가 주인이 되어서 내 마음대로 살아보려고 하는 것이 율법주의입니다.

율법주의와 은혜의 싸움은 영원한 싸움입니다. 율법주의를 우리가 알기 쉬운 말로 하면 도덕주의일 것입니다. 종교생활일 것입니다. 인본주의요, 내 노력입니다. 내 정성과 노력으로, 내가 선행을 많이 쌓음으로, 내가 고행을 많이 함으로 하나님 앞에 호의를 얻고자 하는 노력입니다.

모든 종교를 보십시오. 불교와 유교와 토속종교 등 모든 것이 여기에 속합니다. 그것을 좇는 사람들은 그리스도의 십자가가 아무 유익이 없고 그리스도에게서 끊어지고 하나님의 은혜에서 떨어진 자들입니다.

그런데 중요한 것은 교회 내에도 종교를 믿는 사람들이 많다는 것입니다. 왜 교회에 나옵니까? 겉으로 보면 경건합니다. 집사 직분을 받았고 모태신앙이라고 합니다. 그런데 한 시간만 상담하면 복음을 믿고 믿음생활을 하는 것이 아니라, 종교생활을 하는 것입니다. 주일날 한 번 나와서 예배드리고, 헌금합니다. 그것을 통해서 하나님 앞에 호의를 얻으려고 합니다. 수많은 사람들이 은혜 속에 거하지 못합니다. 은혜를 깊이 묵상하지 못합니다. 여전히 종교생활을 합니다. 바울은 그 결과를 몇 가지로 설명합니다.

> 너희가 달음질을 잘 하더니 누가 너희를 막아 진리를 순종하지 못하게 하더냐(갈 5:7).

진리를 순종 못하게 한다는 것입니다. 율법주의로 사는 사람, 이단들을 보십시오. 또 교회 안의 어떤 사람들을 보십시오. 굉장히 경건하고 착합니다. 그런데 결국은 하나님의 복음의 진리를 순종하지 못하게 만듭니다.

> 적은 누룩이 온 덩이에 퍼지느니라(갈 5:9).

누룩은 이스트를 말합니다. 저는 어릴 때 이 누룩이 굉장히 신기했습니다. 제과점이 없을 때, 어머니가 빵을 만들어주시는데 밀가루에 누룩을 이겨서 넣어놓고 방 아랫목에 덮어놓습니다. 그러면 다음날 반죽이 엄청 부풀어 있습니다. 저는 그것이 너무 신기한 나머지, 어느 날 밀가루 반죽을 해서 아랫목에 묻어놓았습니다. 그 다음날 일어나 보니 반죽이 딱딱하게 굳어 있었습니다. '어, 이상하다. 아무리 봐도 똑같은 밀가루인데….' 그래서 어머니에게 물어보았더니, 비결이 조그마한 누룩에 있었습니다. 겉으로 보기에는 똑같습니다. 그런데 그 적은 누룩이 온 밀가루에 번져서 부풀게 만드는 것입니다.

교회 안에서도 이러한 현상이 일어납니다. 밀가루의 누룩처럼 번져서 부풀어 오르는 것이 있습니다. 바로 율법주의입니다. 율법주의는 무섭습니다. 도덕주의는 무섭습니다. 인본주의는 무섭습니다. 교회에서 목사가 절대적인 제사장의 역할을 하면서 "여러분, 제사장에게 순종해야 합니다. 십일조를 안 하면 벌을 받습니다. 주일성수를 안 하면 교통사고가 납니다"라고 설교해보십시오. 교회는 수많은 사람들로 가득 차고 헌금 또한 늘어날 것입니다. 그런데 복음적으로 가르치는 교회는 그렇게 빨리 부흥하지 못합니다. 급속도로 부흥하는 교회를 잘 관찰해보십시오. 율법주의로 가르치는 교회가 너무 많습니다. 복음이 빨리 번지기보다는 율법주의가 빨리 번지는 것이 오늘날의 형태입니다.

우리 교회에도 적은 누룩이 이렇게 번질 수 있습니다. 누가 이것을 막아야 하겠습니까? 목사가 이것을 막겠습니까? 아닙니다. 우리 모두가 막아야 합니다. 이런 잘못된 율법주의가 우리 교회 안에 퍼지지 않도록 하기 위해 사도 바울이 뭐라고 말합니까? 율법주의는 우리를 어지럽게 한다고 합니다.

> 너희를 어지럽게 하는 자들은 스스로 베어 버리기를 원하노라(갈 5:12).

신학자들은 이 갈라디아서 5장 12절 말씀이 신약성경에 나온 말 중에 가장 심한 말이라고 합니다. 율법주의자들이 대표로 내세운 것은 할례입니다. 할례를 받아야 한다고 합니다. 할례는 남자들의 포경수술이라고 할 수 있습니다. 지금 우리는 이것을 위생적인 이유로 행합니다. 하지만 하나님이 아브라함과 언약을 맺으실 때는 할례를 하나의 징표로 주셨습니다. 너희가 반드시 내 백성이 되려면 할례를 받아야 한다고 하셨습니다.

갈라디아 성도들이 복음을 받고 나서 율법으로부터 해방되었습니다. 그런데 율법주의자들이 와서 갈라디아 성도들에게 복음만으로는 안 된다고 했습니다. 복음에 무언가를 더해야 한다고 했습니다. 복음을 믿고 나면 율법으로 돌아가서 열심히 율법을 지켜야 한다고 했습니다. 그러므로 할례를 받으라고 했습니다.

그래서 사도 바울이 "너희가 할례를 강조하는데 할례가 그렇게 중요하면 너희 스스로 잘라버려라" 하고 말한 것입니다. 즉 차라리 내시가 되라는 말씀입니다. 고자가 되라는 말입니다. 이것은 굉장히 심한 말입니다. 왜 은혜의 사도가 이토록 심한 말을 했습니까? 율법주의가 그만큼 우리 신앙에 해롭기 때문입니다.

여러분, 그리스도께서는 우리에게 자유를 주셨습니다. 우리는 이제 종의 멍에를 다시는 메지 말아야 합니다. 신앙생활은 율법주의가 아닙니다. 은혜 속에서 사는 것입니다. 이제부터 우리 스스로 종의 멍에를 메지 말고 또한 배우자와 자녀, 우리 주위 사람들에게도 율법의 멍에를 씌우지 말아야 합니다. 그것이 우리가 해야 할 임무입니다.

굳게 서라

은혜를 깨달은 사람들은 어떻게 살아야 합니까? 둘째, 굳게 서야 한다고 말합니다.

> 우리가 성령으로 믿음을 따라 의의 소망을 기다리노니 그리스도 예수 안에서는 할례나 무할례나 효력이 없으되 사랑으로써 역사하는 믿음뿐이니라(갈 5:5-6).

우리가 어떻게 굳게 설 수 있는지를 두 가지로 설명하고 있습니다.

첫째, 의의 소망을 따라 살아야 합니다. 의의 소망은 도대체 무엇입니까? 성경을 읽어보면, 구원에 대해 많이 이야기합니다. 성경은 세 가지의 구원을 말씀합니다. 하나는 신분적 구원, 다른 하나는 과정적 구원, 마지막은 종국적 구원을 말합니다.

신분적 구원은 내가 예수 그리스도를 믿는 순간에 얻습니다. 마치 다음과 같습니다. 아들이 없는 어느 왕이 거리를 지나다가 거지를 보았습니다. 그 거지를 은혜로 데려와서 자기 호적에 올렸습니다. 그러면 그 거지가 언제 왕의 아들이 됩니까? 바로 그날입니다. 지식도 없고 왕자 같지도 않지만 그는 신분적으로 왕의 아들이 된 것입니다. 성경은 이것을 신분적 구원이라고 합니다.

우리가 신분적 구원을 얻을 때, 죄의 형벌로부터 자유를 얻습니다. 내가 예수 그리스도를 나의 구주로 영접하는 그날, 예수님이 내 이름을 생명책에 기록하십니다. 나를 그분의 아들로 삼으십니다. 그 순간 나는 죄의 모든 형벌로부터 자유를 얻는 것입니다. 그러나 구원은 이것이 전부가 아닙니다. 성경은 종국적 구원을 말씀합니다.

여러분, 솔직하게 이야기해봅시다. 우리에게 이런 질문이 생기지 않습니까? "아! 목사님이 구원을 말하지만 나는 여전히 죄를 짓고 있습니다. 유혹이 오면 이겨야 하는데, 이기는 순간보다 지는 순간이 많습니다. 거짓말을 하지 말아야지 하고 입술을 깨물지만, 그 다음날에 또 거짓말을 합니다. 혈기를 부리지 말아야 하는데, 또 혈기를 부립니다. 음란물을 보지 말아야 하는데, 눈이 그쪽으로 돌아갑니다. 내가 구원받았다면 도대체 어떻게 이럴 수가 있습니까?" 하지만 언젠가는 그런 것들이 해결될 날이 옵니다. 어떤 날입니까? 우리가 죄를 봐도 전혀 유혹을 느끼지 않는 날, 죄와 상관없이 살 수 있는 날이 옵니다. 그날은 이 땅에서는 불가능합니다. 예수님이 이 땅에 오시든지, 내가 예수님한테 가든지 둘 중 하나입니다. 이것이 궁극적 구원입니다.

예수님을 믿지 않는 자들은 죽은 후에 영원히 지옥에서 살겠지만, 예수님을 믿는 자는 주님이 나를 변화시켜서 완벽한 몸, 썩지 않고 죄의 유혹을 느끼지도 않을 몸을 언젠가는 다시 받는다는 것입니다. 그래서 바울은 이것을 의의 소망이라고 표현했습니다. 우리가 완벽하게 의롭게 되는 날, 우리는 죄로부터 자유를 얻을 것입니다.

그러면 과정적 구원은 무엇입니까? 이것이 오늘 우리의 숙제입니다. 이 땅에 사는 동안 우리 마음대로 사는 것이 아니라 죄의 영향으로부터 자유를 얻기 위해서 우리는 날마다 성령님 앞에 자신을 드려야 합니다. 그런데 의의 소망이 우리에게 있습니다. 5절을 다시 한 번 보십시오.

우리가 성령으로 믿음을 따라 의의 소망을 기다리노니.

'성령으로'라는 말은 '성령을 통하여'라는 뜻입니다. 도대체 성령과 우리가 의의 소망을 갖는 것이 무슨 관계가 있습니까? 요한복음 14장을 보겠습니다.

내가 아버지께 구하겠으니 그가 또 다른 보혜사를 너희에게 주사 영원토록 너희와 함께 있게 하리니 그는 진리의 영이라 세상은 능히 그를 받지 못하나니 이는 그를 보지도 못하고 알지도 못함이라 그러나 너희는 그를 아나니 그는 너희와 함께 거하심이요 또 너희 속에 계시겠음이라(요 14:16-17).

또 26절을 읽어보십시오.

보혜사 곧 아버지께서 내 이름으로 보내실 성령 그가 너희에게 모든 것을 가르치고 내가 너희에게 말한 모든 것을 생각나게 하리라(요 14:26).

하나님이 우리에게 왜 성령을 주셨습니까? 방언이 터지고, 병자를 고치고, 꿈에 무엇을 보고, 가슴에 무엇을 느끼고, 하나님의 빛을 보라고 성령을 주셨습니까? 아닙니다. 하나님이 우리에게 성령을 주신 오직 한 가지 목적은, 우리가 율법주의를 따라 살지 않고 진리를 깊이 알게 하기 위해서입니다.

이 진리가 누구입니까? "내가 곧 길이요 진리요 생명이니…." 요한복음에 나오는 진리는 막연한 도덕적 진리가 아닙니다. 바로 예수님입니다. "진리가 너희를 자유하게 하리니…." 누가 우리에게 자유를 줍니까? 예수님이 자유를 주십니다. 예수님에 관계된, 십자가에 관계된, 하나님의 은혜에 관계된 것들을 생각나게 하시기 위해서입니다. 성경을 읽을 때마다 십자가의 은혜가 깨달아지고, 갈보리 십자가가 환하게 보이게 하기 위해서 하나님이 우리에게 성령을 주셨습니다.

그러므로 누가 성령 충만한 자입니까? 방언을 잘하는 자입니까? 병을 고치는 자입니까? 아닙니다. 가끔 보면 꿈에 무엇을 보고, 방언을 한다고 난리를 피우는 사람이 있는데, 이런 딱딱한 십자가 교리를 설교하면 "할렐루야" 하면서 좁니다. 감히 말하건대, 그런 사람은 성령 충만한 사람이 아닙니다. 하나님이 우리에게 성령을 주신 것은 십자가의 진리를 깨닫게 하기 위해서입니다.

우리가 어떻게 굳건하게 설 수 있습니까? 의의 소망을 가져야 합니다. 그런데 의의 소망은 누구를 통해서 얻을 수 있습니까? 성령을 통해서, 믿음을 좇아서 얻습니다. 하나님의 말씀을 읽을 때 성령과 동행해서 읽기를 바랍니다. 그럴 때 우리의 눈에 비로소 율법이 아닌 하나님의 은혜가 깨달아질 것입니다.

두 번째는 사랑의 역사를 따라 살아야 합니다. 사랑의 역사를 나타내야 합니다. 은혜 안에 거하는 자들은 그 믿음을 사랑으로 나타내야 합니다.

> 그리스도 예수 안에서는 할례나 무할례나 효력이 없으되 사랑으로써 역사하는 믿음뿐이니라(갈 5:6).

믿음은 믿음인데, 그 믿음이 사랑으로 표현되어야 합니다. 이것이 굳게 서는 비결입니다. 즉 은혜의 복음을 믿는 믿음은 사랑으로 표현되어야 한다는 것입니다. 아무리 믿음이 있다고 입으로 말하나 그 믿음이 사랑으로 나타나지 않으면, 그 믿음은 은혜의 복음의 믿음이 아니라는 것입니다. 율법의 믿음입니다. 우리가 은혜 안에 있습니까? 은혜를 따르는 믿음생활을 하고 있는지, 율법을 좇는 믿음생활을 하고 있는지를 식별하는 좋은 방법이 있습니다. 그것은 바로 이 질문을 해보는 것입니다. "나에게 사랑이 있는가?"

다시 주인과 하녀 이야기로 돌아가봅시다. 결혼한 후에 남편이 보니까 이 여자가 이상해졌습니다. 옛날에는 시키는 일만 하고 꾀를 부리기 일쑤였는데, 지금은 달라졌습니다. 새벽 5시는 고사하고 4시 30분에 일어나는 것입니다. 그리고 감시하지 않아도 얼마나 열심히 일을 하는지 모릅니다. 이런 일이 가능합니까? 가능합니다. 왜 그렇습니까? 남편이기 때문입니다. 사랑하기 때문입니다.

사람들을 겉으로 보면 똑같습니다. 새벽에 일어나서 밥 짓고 일하고 모든 것을 똑같이 다하지만, 문제는 겉이 아니라 동기입니다. 주일출석 잘하고, 새벽기도 잘하고, 금요철야 잘하고, 중보기도 잘하고, 성경공부 잘하고, 십일조 잘합니다. 그러나 그 동기는 하늘과 땅 차이일 수 있다는 것입니다. 우리가 율법 때문에 그런 일들을 한다면, 하나님과 아무런 상관이 없는 것입니다. 두려움 때문에 한다면 하나님께 아무런 유익이 될 것이 없습니다. 우리에게도 유익이 될 것이 없습니다. 우리가 어떻게 굳게 설 수 있습니까? 사랑의 동기에서 행하면 굳게 설 수 있습니다.

오늘날 교회 안의 많은 지도자들이 사랑이 아닌 위협과 억압으로 다스립니다. 이것이 교회의 비극입니다. 사랑이 아닌 율법주의로 다스리는 자들의 특징을 몇 가지 알려드리겠습니다. 혹시 자신이 그런 삶을 살지 않는지 자신의 가정생활과 교회생활을 돌아보십시오.

율법주의로 사는 자들의 특징은 첫 번째, 언제나 은혜보다 행위를 강조합니다. 설교와 가르침의 대부분이 행위에 관한 것입니다. 자녀에게 말하는 모든 것이 행위에 관한 것입니다.

두 번째, 해야 할 것과 해서는 안 될 것의 목록을 강조합니다. "내가 너에게 이것을 하지 말라고 했지?" 하루 종일 내가 자녀에게 무슨 말을 하는지 녹음해보십시오. 해야 할 것과 하지 말아야 할 것의 목록을 언제나 강조합니다.

세 번째, 회색지대의 여지를 남겨놓지 않습니다. 흑백이 너무 분명합니다. 그는 늘 자신이 법입니다. 옳은 것과 옳지 않은 것이 분명합니다. 그 결과 항상 다른 사람을 비판하고 정죄합니다. 우리 교회는 뭐가 잘못되었다, 저 집사는 뭐가 잘못되었다고 하면서 늘 잘못되었다는 말을 늘어놓습니다.

네 번째, 내 계획에 동의하거나 협조하지 않는 사람에게 정죄감을 갖게 합니다. "나와 다르면 다 잘못된 거야." 이것은 무서운 것입니다. 여러분은 배우자에게 어떻게 보입니까? 여러분의 배우자는 과연 여러분에게서 사랑을 느끼고 있습니까? 여러분은 배우자로 하여금 편히 쉬게 해줍니까? 자녀는 여러분에게서 사랑의 동기를 느끼고 있습니까? 자녀가 여러분에게 왜 순종합니까? 두려움 때문입니까? 아니면 사랑 때문입니까?

저는 체험을 통해 늘 사랑이 승리함을 압니다. 저희 어머니는 사랑 그 자체였습니다. 웬만한 것은 다 덮어주시고 그저 사랑해주셨습니다. 제가 객지에 나갔을 때, 죄를 지으려다가 죄를 짓지 않은 것은 아버지의 엄격함 때문이 아니었습니다. '우리 어머니가 나를 위해 기도하실 텐데….' 어머니를 실망시키지 않기 위해서 저는 죄를 짓지 않은 적이 한두 번이 아닙니다. 사랑이 우리를 변화시킬 수 있습니다. 여러분, 여러분이 돕는 영혼들에게 여러분의 사랑을 충분히 확인할 수 있도록 그렇게 사랑을 쏟아붓고 있습니까?

달라스 신학교의 학장인 찰스 스윈돌(Charles Swindill) 목사님은 열여섯 살에 운전면허를 땄습니다. 그가 긍정적인 사람이 된 데는 그만한 이유가 있었습니다. 그는 열세 살부터 운전을 배웠습니다. 그의 아버지가 매우 긍정적인 분이시라 그에게 운전을 잘 가르쳐주셨던 것입니다. 그런데 그의 할아버지는 더한 분이셨습니다. 운전하다가 잘못해서 전봇대를 들이받고 차가 찌그러졌습니다. 그러면 할아버지는 "얘야, 괜찮다. 범퍼야 돈 주고 사면 되지만 우리 귀한 손자야 돈 주고 살 수 있냐." 운전면허를 따자 마자, 아버지가 자동차 열쇠를 던져주시면서 휘발유를 가득 채워놨으니까 두 시간 동안 네 마음대로 운전하고 다니라고 합니다.

청소년이 운전하면 교통사고를 낼 확률이 높지 않습니까? 그런데 그 목사님의 간증이 무엇인지 아십니까? 얼마든지 속력을 내고 휘발유를 다 쓰면서 두 시간 동안 돌아다닐 수 있었지만, 아버지가 자신을 믿어주셨다는 사실 때문에, 아버지가 사랑한다는 그 사실 때문에 80킬로미터를 넘기지 않았다고 합니다. 아버지 걱정하실까 봐 두 시간이 아니라 30분밖에 지나지 않았는데 집으로 돌아와서 자동차 열쇠를 아버지에게 돌려드렸다고 합니다. 이것이 우리가 살아야 할 삶입니다.

여러분, 멍에가 무엇인지 아실 것입니다. 시골에서 소를 관찰해보십시오. 소가 멍에를 멨을 때 얼마나 힘듭니까? 저는 소가 불쌍하다는 생각을 많이 했는데, 하루 종일 멍에를 메고 일하는 소의 등을 보십시오. 척추뼈가 푹 들어갔습니다. 멍에를 메고 밭을 갈다가 그 멍에를 벗을 때 얼마나 자유롭겠습니까?

하나님은 우리의 멍에를 벗겨주시기 위해서 자기 목숨까지 버리셨습니다.

우리는 다시 종의 멍에를 메지 말아야 합니다. 여기서 한 가지를 더 부탁드립니다. 여러분도 그 멍에를 메지 않을뿐더러 여러분의 배우자나 자녀, 그 어떤 사람에게든지 여러분도 지기 어려운 멍에를 그들의 등에 올려놓지 마십시오. 우리는 다른 사람의 짐을, 죄책감을, 두려움을, 불안함을 평안하게 만들기 위해서 부름 받은 자입니다. 우리가 가는 곳마다 주위 사람들에게 이런 회복이 일어나야 합니다.

13장

우리가 가진 자유는 어떤 자유인가?

갈라디아서 5장 13-15절

[13]형제들아 너희가 자유를 위하여 부르심을 입었으나 그러나 그 자유로 육체의
기회를 삼지 말고 오직 사랑으로 서로 종노릇 하라 [14]온 율법은 네 이웃 사랑하
기를 네 자신 같이 하라 하신 한 말씀에서 이루어졌나니 [15]만일 서로 물고 먹으면
피차 멸망할까 조심하라.

우리가 사는 이 시대를 수놓은 단어들 가운데 사람들의 입에 가장 많이 오르내린 단어가 있다면, 그것은 아마도 '자유' 혹은 '해방'일 것입니다. 얼마나 많은 사람이 이 자유를 갈망하고 그 영향이 얼마나 컸는지, '해방신학'이라는 말까지 생겨났을 정도입니다.

몇몇 신학자들이 성령을 자유와 해방의 주제로 보고 십자가의 복음은 뒷전

으로 한 채로 노동자 세계에 뛰어들어 노조마다 데모를 일으켰습니다. 지금은 좀 조용해졌지만 남미에서 출발한 이 신학이 한때 세계를 뒤흔들었습니다. 남녀노소 할 것 없이 모든 사람이 더 많은 자유를 요구하고 있습니다.

불과 1세기 전의 여성들에 대해서 생각해봅시다. 오늘날 여성들은 그 당시 여성들에 비해서 많은 자유를 누리고 있습니다. 그때만 하더라도 여자가 어떻게 바지를 입습니까? 그런데 요새는 반바지는 고사하고 수영복 같은 옷을 입고 다녀도 누가 뭐라고 하지 않습니다. 여자가 어떻게 짧은 치마를 입습니까? 그런데 요즘은 미니스커트를 입어도 누가 뭐라고 하지 않습니다.

아이들은 어떻습니까? 우리 어릴 때만 하더라도 온 가족이 밥상에 둘러앉으면 아버지가 먼저 수저를 드셔야 식사를 할 수 있었습니다. 그것이 당연하지 않았습니까? 그런데 요새 아이들은 어디 그럽니까? 아예 눈길도 주지 않습니다. 그리고 좋은 반찬에 어디 감히 젓가락을 댑니까? 아버지가 먼저 드시도록 기다려야 하지 않습니까? 그런데 지금은 그렇지 않습니다. 이제 먹는 데는 위아래가 없어졌습니다.

옛날에 쌀밥을 먹기 어려울 때의 이야기입니다. 집에 한 손님이 오셨습니다. 그 당시는 손님을 얼마나 귀하게 대접했습니까? 손님이 오면 쌀밥에다 좋은 반찬을 해드립니다. 아이들의 소원이 무엇입니까? 손님이 제발 밥을 남기기를 기도하면서 한 아이가 방문 틈새로 방안을 들여다봅니다. 그런데 손님이 밥을 다 먹고 그 밥그릇에 물을 부었습니다. 이 아이가 울면서 부엌에 가서 “엄마, 물 부어버렸어”라고 합니다. 엄마는 영문을 모른 채 어안이 벙벙합니다.

그때 아이들과 비교하면 요즘 아이들은 엄청난 자유를 누리고 있습니다. 그러나 오늘날 아이들의 자유에 대한 소원은 끝이 없습니다. 왜 우리를 차별하는지, 왜 우리는 머리를 이렇게 짧게 잘라야 하는지, 왜 우리는 담배를 피우지 말아야 하는지에 의문을 제기합니다. 저에게 담배를 피우다 걸린 중학생들이 수없이 많습니다. 아무도 말리지 않습니다. 그런데 저는 위험을 무릅쓰고 꼭 말을 합니다.

자유에 대한 갈구는 끝이 없습니다. 도대체 무엇을 위한 자유란 말입니까? 일찍이 1941년도에 미국의 프랭클린 루스벨트(Franklin Roosevelt) 대통령이 유명한 말을 남겼습니다. 그는 사람이 누려야 할 네 가지 자유를 언급했습니다. 언론의 자유, 종교의 자유, 가난으로부터의 자유, 공포로부터의 자유를 선포했습니다. 온 세계가 그 말을 열렬하게 환영했습니다. 옳은 말입니다. 그러나 그가 말한 그 자유의 의미가 무엇입니까?

우리는 계속해서 갈라디아서를 살펴보고 있습니다. 저는 갈라디아서의 주제가 자유라고 이야기했습니다. 하나님이 말씀하시는 이 자유에 대해 여러분은 어떤 그림을 갖고 계십니까? 사도 바울은 계속해서 우리가 자유를 가졌다고 이야기하는데, 도대체 우리 그리스도인들이 가진 자유는 어떤 자유입니까?

오늘날 불행히도 우리가 가진 이 자유를 모르기 때문에 올바른 그리스도인의 삶을 살지 못하는 사람들이 주위에 많습니다. 우리는 본문을 통해 진정한 의미의 자유를 알아야겠습니다.

죄의 형벌로부터 자유

먼저 주님이 우리를 자유하게 하셨습니다. 우리가 자유를 가졌습니다. 우리가 알아야 할 가장 중요한 사실은 우리가 죄의 형벌로부터 완전히 자유를 얻었다는 것입니다. 죄를 지으면 반드시 형벌을 받아야 합니다. 그것이 이 세상의 법칙입니다. 그러나 더 거슬러 올라가서 이것은 우주를 창조하신 하나님의 법칙이었습니다. 아무리 작은 죄라도 죄를 지은 자는 반드시 형벌을 받아야 했습니다.

우리 모두가 죄인이었습니다. 하나님의 눈으로 볼 때 우리는 심히 많은 죄를 지은 죄인이었습니다. 그 형벌로 말미암아 우리는 하나님과 영원히 분리된 육체의 사망뿐 아니라 영혼의 사망(영혼이 죽는다는 뜻이 아니라 하나님과 도저히 만날 수 없는 반대편에 서서 영원히 살아야 하는 운명) 중에 처해 있었습니다.

그런데 놀랍게도 우리를 사랑하신 하나님이 인간의 몸을 입고 2천 년 전 우주 역사에 홀로 찾아오셨습니다. 그리고 하나님이신 그분이 갈보리 십자가 언덕에서 내가 받아야 할 죄의 형벌을 대신 받으셨습니다. 또한 돌아가시기 전에 "내가 다 갚았다. 너희의 죄값을 다 갚았다"고 선언하셨습니다.

우리는 흔히 예수님이 내 죄를 대신해서 십자가에 달리신 사실을 믿는 순간, 내 과거의 죄만 사해졌다고 생각합니다. 아닙니다. 이것이 왜 복음인지 아십니까? 과거의 죄뿐 아니라 우리가 앞으로 장차 지을 모든 죄의 형벌까지도 예수님이 다 갚으셨기 때문입니다. 정말 놀랍지 않습니까?

제가 처음 영안교회에 부임해서 "여러분, 박 목사가 앞으로 살인할 가능성이 있습니까, 없습니까?"라고 물었던 그 질문을 계속해서 묻습니다. 처음에는 감사하게도 성도들이 "없습니다"라고 대답했는데, 지금은 있다고 대답합니다. 다윗이 그랬지요. 어느 누군들 없겠습니까?

그러나 놀라운 말씀이 무엇입니까? 우리는 자유를 얻었습니다. 사도 바울은 이 사실을 깨닫고 "그러므로 이제 그리스도 예수 안에 있는 자에게는 결코 정죄함이 없나니"라고 합니다(롬 8:1). 결코 정죄함이 없습니다. 도덕을 완전히 행하는 자, 착하게 사는 자, 예수님을 믿고 나서 죄를 한 번도 짓지 않는 자에게 죄의 형벌이 없는 것이 아니라, 누구든지 앞으로 어떤 죄를 지을 가능성이 있든지, 과거에 어떤 죄를 지었든지 간에 그리스도 안에 있기만 하면 결코 정죄함이 없다고 성경은 선포합니다.

이것이 복음입니다. 우리의 행위로는 도저히 깨끗해질 수 없습니다. 하지만 우리가 받아야 할 형벌을 하나님이 대신 지셨기 때문에 우리는 죄의 형벌로부터 완전히 자유를 얻었습니다. 죄의 형벌만 무서운 것은 아닙니다. 감옥에서 3개월 있다가 나온 사람의 이야기를 들어보면, 죄의 대가를 갚아서 도리어 시원하다고 합니다. 감옥에서 3개월은 굉장한 것 같지만 사실 아무것도 아닙니다. 그들은 "가면 다 견딜만 하고 군대를 간 것과 비슷하다"고 말합니다.

이보다 더 무서운 것이 있습니다. 죄를 짓고 난 후에 그 대가를 치르지 않아서 남아 있는 죄책감이 우리를 괴롭힌다고 합니다. 하나님의 형상으로 지음 받은 우리 안에 하나님이 양심을 주셨습니다. 그래서 어떤 사람은 이 세상에 가장 무서운 추적은 죄의 추적이라고 말했습니다. 남모르게 죄를 지었습니다. 아무도 모릅니다. 그런데 그 죄가 우리를 계속 쫓아다니는 경험을 한번쯤은 해보셨을 것입니다. 그런데 하나님이 뭐라고 말씀하십니까? 우리가 예수 그리스도를 믿는 순간, 이 모든 죄책감으로부터 자유를 얻는다고 선포하십니다.

혹시 과거에 지은 엄청난 죄 때문에 여전히 죄책감을 가지고 신앙생활을 하는 사람이 있다면, 그는 아직도 복음의 의미를 깨닫지 못한 것입니다. 우리가 회개할 때, 주님은 우리 죄를 고려하겠다는 정도가 아니라 그 죄를 완전히 잊어버렸다고 선포하십니다. "내가 동이 서에서 먼 것같이 너희의 죄를 던지리라. 내가 너희의 죄를 심연 깊은 바다에 던지리라. 너희의 죄를 잊어버리리라."

어떤 사람은 이렇게 이야기합니다. "하나님은 나를 용서하셨는지 몰라도 나는 나를 용서 못해." 멋진 말 같지만 세상에 이처럼 교만한 말이 없습니다. 하나님이 우리를 용서하실 때 말씀으로 용서하셨습니까? 하나님이 보좌 위에서 우리의 죄를 보시고 "그래, 용서해주마" 하며 용서하신 것입니까? 아닙니다. 하나님의 목숨을 버리셨습니다. 엄청난 대가를 치르고 십자가 위에서 피를 흘리시면서 "내가 너희의 죄를 다 갚았다. 너희는 자유다"라고 선포하신 것입니다. 여러분, 죄책감에서 해방되기를 주의 이름으로 간절히 부탁드립니다.

하나님의 복음을 누리십시오. 우리는 죄의 형벌로부터 자유를 얻었습니다. 죄책감으로부터 자유를 얻었습니다. 이 세상의 양심이나 도덕이나 율법으로부터 완전한 자유를 얻었습니다. 그러면 우리가 어떻게 살아야 합니까?

여기까지 이해한 많은 그리스도인들이 이렇게 생각하기 시작합니다. '그러면 이제 내 마음대로 살아도 되겠구나.' 사도 바울이 바로 이런 공격을 당했습니다. 율법주의자들이 사도 바울을 향해 공격합니다. "저 사람은 무율법주의를 가르친다, 무법천지를 가르친다, 은혜만 강조한다." 그래서 갈라디아 교인 가운데도 사도 바울의 말을 잘못 이해한 사람들이 있었습니다.

> 형제들아 너희가 자유를 위하여 부르심을 입었으나 그러나 그 자유로 육체의 기회를 삼지 말고 오직 사랑으로 서로 종노릇 하라(갈 5:13).

그리스도인들이 가진 자유는 어떤 자유입니까? 사도 바울은 우리의 욕망을 마음대로 채우는 자유가 아니라고 말합니다. 갈라디아 교인들이 자유를 오해했습니다. 많은 그리스도인들이 지금도 오해합니다. '하나님이 자유를 주셨고 미래의 죄값까지 다 갚으셨다. 우리는 양심으로부터, 도덕으로부터 자유를 얻었다. 그러니 이제는 마음대로 살아도 되겠다'고 생각하십니까? 아닙니다. 대부분의 사람들은 그저 마음대로 사는 것이 자유라고 생각합니다. 그러나 그런 것은 자유가 아닙니다. 내 마음대로 사는 것이 자유가 아닙니다. 자유에는 길이 있고 테두리가 있습니다. 하나님은 이 진리를 가르치기 원하셨습니다.

예를 하나 들어보겠습니다. 물고기는 자유를 원합니다. 우리가 물고기에게 아무리 자유를 준다고 해도, 물고기가 아무리 자유를 원한다고 해도 물이라는 한계선이 있습니다. 그런데 이 한계선이 싫다고 하여 물고기의 소원대로 아프리카 사막 위에 가져다 놓습니다. 몇 분이나 가겠습니까? 채 1분도 살지 못합니다. 하나님이 우리에게 주신 자유는 완벽하게 모든 것을 내 마음대로 하는 것이 아닙니다. 그렇게 하는 것은 방종입니다. 그것은 곧 죽음입니다. 물 밖에 나오면 자유가 있을 것 같지만, 거기에는 다른 법칙이 나를 지배하는 것입니다.

예수님은 누구든지 죄를 범하면 죄의 종이라고 말씀하셨습니다. 우리가 믿음 안에서 모든 것을 마음대로 할 수 있다고 하면서 죄를 짓습니다. 죄를 지을 때 쾌락이 있고, 기쁨이 있습니다. 그러나 죄를 짓고 나면 곧바로 우리는 죄의 종이 됩니다.

본문은 자유로 육체의 기회를 삼지 말라고 합니다. 우리는 성경에 나오는 '육체'라는 단어를 잘 이해해야 합니다. 이 단어를 이해하지 못해서 엉뚱하게 신앙생활을 하는 사람들이 있습니다. 굉장히 신령한 것 같은데, 전혀 성경적이지 않은 사람이 있습니다. 성경에는 이 육체를 두 가지 의미로 사용합니다. 하나는 우리의 몸입니다. 여기에는 우리 몸이 느끼는 것, 소원하는 것도 어느 정도 포함됩니다. 그리고 다른 하나는 옛 성품, 구원받기 전의 우리 성품을 말합니다. 사람들은 이 두 가지 의미를 혼동합니다.

성경은 "너희가 육신대로 살면 반드시 죽을 것이로되 영으로써 몸의 행실을 죽이면 살리니" 라고 합니다(롬 8:13). 우리는 이 말씀을 잘못 해석할 수 있습니다. '육신은 죽여야 하는구나, 원수 같은 육신을 죽이자'고 생각해서 사람들이 어떻게 합니까? 하루 금식해서 안 죽으니까 이틀 금식하고, 사흘 금식합니다. 심지어 40일까지 금식합니다. 그리고 이 육신은 놔두면 잠만 자니까, 철야를 해야겠다며 일주일에 며칠씩 철야를 합니다. 저는 지금 금식하고 철야하는 게 나쁘다고 말하는 것이 아닙니다. 어떤 동기로 그것을 행하느냐가 중요합니다.

오늘날 교회 안에 이단적인 금욕주의가 상당히 자리를 잡고 있습니다. 우리는 이것을 경계해야 합니다. 우리의 몸이 나쁩니까? 그렇지 않습니다. 식욕이 나쁩니까? 성욕이 나쁩니까? 아닙니다. 식욕 없는 세상을 한번 생각해보십시오. 밥을 먹는데 모래알 같습니다. 먹는 즐거움 없이 어떻게 삽니까? 저만 먹는 즐거움이 있습니까? 식욕은 하나님의 축복입니다.

부부간에 잠자리를 같이 하는 것은 귀한 축복입니다. 나쁜 것이 아닙니다.

어느 목사님이 요새 기도를 깊이 했더니 아내와 잠자리를 같이 할 생각이 안 난다고 이야기했습니다. 그 사모님이 그 일로 저와 상담을 했습니다. "저 양반이 기도원 갔다 오더니 나하고 한 달째 잠자리를 같이 하지 않아요." 그래서 제가 그랬습니다. "목사님이 영적으로 되어가는 것이 아니라 뭔가 잘못되어 가고 있습니다." 영적이 아니라 비정상적이 되고 있는 것입니다. 참으로 영적인 것은 하나님이 주신 이 축복을 누리는 것입니다.

성령 충만한 사람은 어떤 사람입니까? "너희가 술 취하지 말고 성령 충만을 받으라"고 말한 뒤에 곧바로 사도 바울이 무엇을 말합니까? "아내들아 남편을 존경하라. 남편들아 아내를 사랑하라. 자녀들아 부모를 공경하라. 부모들아 자녀를 노엽게 하지 말라." 아름다운 가정을 이루고, 모든 사회생활을 정상적으로 올바르게 하는 사람이 성령 충만한 사람입니다.

성경은 비정상적으로 가정을 파괴하고, 부부관계를 하지 않고, 굴속에서 살아가는 사람의 삶을 성령 충만하다고 한 번도 이야기한 적이 없습니다. 우리의 육체는 하나님의 축복입니다. 그런데 우리에게 주신 식욕과 성욕을 잘못 해소할 때 우리는 죄를 짓게 됩니다.

가령 두 사람이 무인도에 떨어져서 5일을 굶었는데 빵이 한쪽 있습니다. 그런데 둘 중 하나가 먼저 먹으려고 합니다. 그러니까 힘이 센 사람이 "주여, 식욕을 주셔서 감사합니다" 하고 혼자서 다 먹었습니다. 이것이 축복입니까? 죄입니다. 이것은 똑같아 보여도 하늘과 땅 차이입니다. 성욕도 마찬가지입니다. 하나님은 성욕을 부부간에만 해소할 것을 허락하셨습니다. 그것이 하나님의 테두리이고 법입니다. 그런데 다른 데 가서 성욕을 해소하는 것은 죄입니다. 그 차이를 알아야 합니다.

성경은 성품에 대해서 이야기합니다. 우리가 세상에 태어나면 누구든지 성품을 이어받습니다. 성격이 급한 사람이라면 조상의 전력을 한번 보십시오. 혈기가 많은 조상이 반드시 계셨을 것입니다. 그것이 성품입니다. 모든 인간은 이 땅에 태어날 때 부모로부터 죄의 성품을 가지고 태어납니다. 성선설과 성악설 가운데 차라리 성악설에 가깝습니다. 우리는 원죄를 가지고 태어납니다. 아담이 범죄한 죄의 성품을 우리도 이어받았습니다. 그래서 거짓말을 가르치지 않아도 아이들이 거짓말을 합니다. 혼자 가지려고 욕심도 부립니다. 그러나 우리가 예수 그리스도를 믿는 순간, 우리는 하나님의 아들이 됩니다. 이것은 곧 우리가 신의 성품에 참여하는 것입니다. 하나님의 성품을 우리 안에 이어받는다는 것입니다.

사도 바울은 이 두 가지가 싸우는 것에 대한 괴로움을 로마서 7장에서 표현했습니다. 누군들 이런 괴로움이 없겠습니까? 사도 바울은 우리에게 하나님이 주신 귀한 자유를 가지고 죄의 성품인 육신에게 기회를 주지 말라고 말합니다. 우리에게 자유가 있습니다. 비디오방, PC방, 오락실에 갈 자유가 있습니다. 춤추러 갈 자유, 술 마실 자유가 있습니다. 그런데 성경은 모든 것을 다 할 수 있는 자유를 가지고 죄를 짓는 기회로 사용하지 말라고 말씀합니다. 어떤 사람은 유혹의 손길이 있는 창녀촌을 드나들면서도 그냥 가보는 거라고 합니다. 그런 유혹의 현장에 가서 죄를 짓지 않을 자신이 있다면 가십시오.

그러나 성경이 무엇을 말씀합니까? 어느 누구도 그런 것에서 자유로울 자가 없다고 합니다. 왜 그리스도인들이 술자리에 가지 않아야 합니까? 그 술을 먹음으로써 육체에게 기회를 주기 때문입니다. 술에 잔뜩 취했을 때 우리는 죄를 범할 수밖에 없습니다. 하나님이 우리에게 주신 자유는 내 마음대로 할 수 있는 자유가 아니라 방종을 금지하는 자유입니다. 우리의 욕망을 마음대로 채우는 자유가 아니라는 것입니다. 그러므로 우리는 육체에 기회를 주지 말아야 합니다.

구약 시대를 보십시오. 하나님은 범죄하는 자마다 징벌하셨습니다. 백성이 원망하면 불뱀을 보내서 죽이시고, 간음하면 죽이시고, 거짓말을 해도 죽이셨습니다. 오늘날로 하면 컴퓨터에서 음란물을 보려고 하니 하나님이 벼락을 쳐서 죽었더라, 디스코텍에 가서 춤추려고 하는 순간 하나님이 다리를 삐끗하게 해서 넘어져 뇌진탕으로 죽었더라 말입니다. 이해가 가십니까? 이런 것이 구약의 기사입니다.

그런데 이 시대에는 거짓말을 해도 안 죽이십니다. 왜 그렇습니까? 그리스도께서 우리의 형벌을 대신 갚으셨기 때문입니다. 우리가 간음해도 벼락이 안 떨어집니다. 자유를 얻었기 때문입니다. 우리는 지금 엄청난 자유를 누리고 있는 것입니다.

그러나 여러분에게 묻고 싶습니다. 하나님이 자기 목숨을 버리면서까지 우리에게 주신 이 고귀한 자유를 과연 어떻게 사용하고 있습니까? 혹 방탕의 기회로 삼지는 않습니까? 육신에게 죄의 기회를 주고 있지는 않습니까? 오늘 이 말씀이 우리를 비추는 거울이 되기 바랍니다.

종 노릇하기 위한 자유

두 번째로, 우리 그리스도인들이 가진 자유는 종 노릇하기 위한 자유입니다. 5장 1절을 다시 읽어보십시오.

> 그리스도께서 우리를 자유롭게 하려고 자유를 주셨으니 그러므로 굳건하게 서서 다시는 종의 멍에를 메지 말라.

또 13절을 읽어보십시오.

> 형제들아 너희가 자유를 위하여 부르심을 입었으나 그러나 그 자유로 육체의 기회를 삼지 말고 오직 사랑으로 서로 종 노릇 하라.

종의 멍에를 메지 말라고 할 때는 언제고, 또 종 노릇하라는 것은 무엇이냐고 할지도 모르겠습니다. 그러나 이것이 우리의 자유입니다. 하나님이 우리를 종의 신분에서 아들의 신분으로 옮기셔서 자유를 주셨습니다. 그런데 자유는 어떤 것입니까? 나만을 위해서 기쁘게 사는 자유가 아니라는 것입니다. 이 자유를 잘못 이해한 자들의 특징이 무엇입니까? 아들이 되긴 했는데 그 아들의 의미를 잘못 이해한 자들의 특징은, 언제 어디서나 자신이 주인공이고 나머지 사람은 단역이라고 생각하는 것입니다. 이런 사람이 가족 중에 있으면 나머지 가족들이 굉장히 고통을 받습니다. 왜 그렇지요? 자신은 주인공이고 나머지는 단역이기 때문입니다. 아내가 왜 있습니까? 나를 위해 있는 것입니다. 아들이 왜 있습니까? 나를 위해 있는 것입니다. 회사가 왜 있습니까? 나 때문에 있는 것입니다. 교회는 왜 있습니까? 나 때문에 있는 것입니다. 목사는 왜 있습니까? 나 때문에 있는 것입니다.

참으로 위험한 생각입니다. 옛날 어른 중에 이런 분들이 간혹 있습니다. 남이 아프거나 가족 중에 누가 아프면 "병원 가봐라, 약 사먹어라"고 말만 합니다. 그러나 자신이 아프면 집안에 난리가 납니다. 우리 아버지도 그랬던 것 같습니다. 제가 신학을 배워보니, 우리 아버지가 당신을 주인공으로 여기고 어머니를 단역으로 생각하신 것 같습니다. 그래서 제가 깨우쳐드렸습니다. 농담이 아닙니다. 심각하게 "아버지가 이렇게 사신 것을 하나님 앞에 자백해야 합니다. 저희가 고통을 받았습니다"라고 이야기했습니다. 그러자 아버지는 훌륭하게도 제 이야기를 다 받아들이셨습니다.

그리스도인 가운데에도 이런 것을 청산하지 못한 사람이 많습니다. 모든 것의 중심이 자신입니다. 이것을 구원받기 전 사람의 특징입니다. 영적으로 거듭나지 못한 사람의 가장 큰 특징은 이기주의입니다. 모든 세상이 자기를 위해서 있다고 생각합니다. 그래서 가정이 깨어지고, 불화가 생기고, 교회가 갈라지고, 사회가 고통당하는 것입니다. 예수 그리스도께서 왜 우리를 구원하셨습니까? 나만을 위해 살도록 구원하지 않았습니다. 나만을 위해 살도록 자유를 주시지 않았다는 것입니다.

왜 하나님이 우리를 아들의 신분으로 삼으셨습니까? 다른 사람들을 섬기기 위해서입니다. "나는 하나님의 아들이야, 너는 내 종이지 않니?" 그렇게 살도록 우리를 부르지 않았다는 것입니다. 왜 우리를 부르셨습니까? 아들이지만 다른 사람의 종 노릇하도록 하기 위해서입니다. 아내를 섬기기 위해, 자식을 섬기기 위해, 다른 사람을 위해 나를 희생하도록 부르셨습니다.

이 진리가 얼마나 중요했으면, 예수님이 돌아가시기 전날 밤에 마지막으로 식사하시기 전에 제자들에게 엄청난 일을 행하셨습니다. 갑자기 대야에 물을 떠오시더니 허리에 수건을 동이시고 제자들의 발을 씻기셨습니다. 제자들이 너무 깜짝 놀랐습니다. "도대체 이것이 무슨 일입니까?" 그런데 예수님이 왜 그 일을 행하셨는지를 요한복음 13장에서 말씀해주셨습니다.

> 그들의 발을 씻으신 후에 옷을 입으시고 다시 앉아 그들에게 이르시되 내가 너희에게 행한 것을 너희가 아느냐 너희가 나를 선생이라 또는 주라 하니 너희 말이 옳도다 내가 그러하다 내가 주와 또는 선생이 되어 너희 발을 씻었으니 너희도 서로 발을 씻어 주는 것이 옳으니라 내가 너희에게 행한 것 같이 너희도 행하게 하려 하여 본을 보였노라 내가 진실로 진실로 너희에게 이르노니 종이 주인보다 크지 못하고 보냄을 받은 자가 보낸 자보다 크지 못하나니 너희가 이것을 알고 행하면 복이 있으리라(요 13:12-17).

내가 배우자보다 못해서 섬기는 것이 아닙니다. 나는 자유인입니다. 그러나 이를 알고도 행하면 복이 있습니다. 제가 우리 교회에 감사한 것은, 교회를 청소하는 집사님이 허리를 다쳐서 청소를 못하자, 다른 성도들이 와서 하루 종일 청소를 합니다. 그리고 제가 설교를 편하게 하도록 방송부원들은 며칠간 밤을 새우며 작업을 합니다. 또 어느 안수 집사님은 새벽부터 교회로 출근하여 연장을 들고 수고하십니다. 이런 것이 하나님이 우리에게 주신 자유입니다. 서로 종 노릇하기 위한 자유입니다.

율법을 성취하는 자유

마지막으로, 하나님이 우리에게 주신 자유는 율법을 성취하는 자유입니다.

> 온 율법은 네 이웃 사랑하기를 네 자신같이 하라 하신 한 말씀에서 이루어졌나니 만일 서로 물고 먹으면 피차 멸망할까 조심하라(갈 5:14-15).

그리스도인의 자유를 잘못 생각하는 자들은 이제 우리는 율법과 아무 상관이 없다고 합니다. 그러나 그렇지 않습니다. 성경은 무엇이라고 말씀합니까? 예수님이 이 땅에 오신 것은 율법을 폐하려 함이 아니라 온전하게 하려 함이라고 했습니다.

하나님이 왜 우리에게 자유를 주셨습니까? 이제는 율법을 완전히 파괴시키고 율법과 상관없이 살라고 자유를 주신 것이 아니라 그 율법의 요구를 성취시키기 위해 주셨다고 성경은 말씀합니다. 우리가 왜 간음하지 말아야 합니까? 왜 거짓말하지 말아야 합니까? 왜 예배에 참석해야 합니까? 왜 십일조를 해야 합니까? 율법 때문입니까? 그렇다면 우리는 율법주의자입니다.

우리는 구원받았으니까 윤리에 어긋난 일을 해도 되고, 예배에 참석 안 해도 되고, 십일조를 안 해도 된다고 오늘날 많이 가르칩니다. 그 사람들은 무율법주의자입니다. 성경이 가르치는 율법의 성취는 무엇입니까? 우리는 여전히 거짓말하지 말아야 합니다. 우리는 여전히 간음하지 말아야 합니다. 여전히 예배드려야 하고 모이기를 힘써야 합니다. 여전히 하나님께 헌금해야 합니다. 여러분은 왜 이런 일들을 합니까? 무섭거나 두려워서가 아니라 사랑의 동기로 해야 합니다. 여러분, 모든 일을 사랑의 동기로 하십시오.

이사벨이라는 미국 여인이 있었습니다. 그 여인이 아이를 낳다가 하반신이 마비되어 몇 년 동안 고생하다가 죽게 되었습니다. 미국 사람들은 보험을 많이 들어놓습니다. 이 여인도 병이 들자 보험금으로 많은 돈을 타게 되었습니다. 그런데 여인은 갈등합니다. 자신의 생명을 좀 더 연장하는 데 그 돈을 쓸 자유가 있었습니다. 또한 병원 특실에서 지내는 데 그 돈을 쓸 자유가 있었습니다. 그리고 남편과 자녀에게 그 돈을 줄 자유도 있었습니다.

그러던 어느 날 그녀는 TV에서 한국의 6.25 전쟁 소식과 수많은 고아들이 길가에 버려져 있는 것을 보게 되었습니다. 그 장면을 본 여인은 오직 사랑의 동기 하나로 자신이 마음대로 쓸 수 있는 그 보험금을 한국에 보냈습니다. 그리고 그 돈으로 고아원을 지었습니다. 얼마 후 어떤 사람이 그 고아원을 학교로 만들었습니다. 학교로 만들려면 더 많은 돈이 필요했습니다.

처음에 그녀의 남편 데이빗은 아내 이사벨을 원망했습니다. '그 돈을 내게 주었다면 여생을 편히 살 수 있었을 텐데… 이름도 성도 모르는 나라 국민들에게 주었단 말인가!' 그러던 어느 날, 성경을 묵상하다가 하나님이 주신 이 자유로운 생명, 이 엄청난 물질을 내 유익을 위해서 사용할 것이 아니라 사랑으로 종 노릇하고 사랑의 동기에서 모든 것을 행해야 한다는 말씀을 깨닫게 되었습니다. 그래서 그는 학교를 증설하는 일에 전 재산 6만 달러를 기부했습니다. 그 당시 6만 달러면 엄청난 돈이었습니다. 그 학교가 부산에 세워졌습니다. 수만 명의 졸업생을 배출했고 지금도 수천 명을 가르치는 이사벨 여고가 한 여인에 의해 창립된 것입니다.

한 부부의 사랑의 동기가 수많은 영혼들을 변화시켰습니다. 우리의 물질과 자유를 하나님이 주셨습니다. 우리의 시간을 하나님이 우리에게 맡기시고 자유를 주셨습니다. 모든 인생이 나의 것입니다. 하나님이 나에게 주셨습니다. 나는 자유인입니다. 더 이상 종이 아닙니다. 그러나 성경은 권면합니다. "그 자유를 가지고 육체의 기회를 삼지 말고 서로 종 노릇하며 사랑의 동기로 너희가 사랑하기만 하면 온 율법이 이 한 말씀에 이루었느니라. 피차 물고 뜯으면 멸망할 뿐이다. 가정에서 사랑으로 행하라."

오늘 이 말씀이 우리의 머리로만이 아니라 우리의 가정과 사회에서 살아 역사하기를 간절히 바랍니다.

14장

바람직한 인생의 열매

갈라디아서 5장 16-26절

16 내가 이르노니 너희는 성령을 따라 행하라 그리하면 육체의 욕심을 이루지 아니
하리라 17 육체의 소욕은 성령을 거스르고 성령은 육체를 거스르나니 이 둘이 서로
대적함으로 너희가 원하는 것을 하지 못하게 하려 함이니라 18 너희가 만일 성령의
인도하시는 바가 되면 율법 아래에 있지 아니하리라 19 육체의 일은 분명하니 곧
음행과 더러운 것과 호색과 20 우상 숭배와 주술과 원수 맺는 것과 분쟁과 시기와
분냄과 당 짓는 것과 분열함과 이단과 21 투기와 술 취함과 방탕함과 또 그와 같
은 것들이라 전에 너희에게 경계한 것 같이 경계하노니 이런 일을 하는 자들은 하
나님의 나라를 유업으로 받지 못할 것이요 22 오직 성령의 열매는 사랑과 희락과
화평과 오래 참음과 자비와 양선과 충성과 23 온유와 절제니 이같은 것을 금지할
법이 없느니라 24 그리스도 예수의 사람들은 육체와 함께 그 정욕과 탐심을 십자
가에 못 박았느니라 25 만일 우리가 성령으로 살면 또한 성령으로 행할지니 26 헛된
영광을 구하여 서로 노엽게 하거나 서로 투기하지 말지니라.

육체의 열매와 성령의 열매

우리나라는 사계절이 있다는 것이 큰 자랑거리입니다. 각각의 계절마다 독특한 특징을 가지고 있습니다. 특히 가을은 모든 사람으로 하여금 자기 자신을 돌아보게 하는 분위기를 자아냅니다. 저는 가을에 예측 못할 곡선을 그으면서 낙엽이 하나둘 떨어지는 것을 보며 우리 인생도 저 나뭇잎에 불과한 것은 아닌가 하는 생각에 잠기기도 합니다. 한편 가을은 수확의 계절이기도 합니다. 추수하는 계절에 농촌에 가면 희비가 엇갈립니다. 그런대로 농사가 잘된 가정은 흐뭇한 웃음소리가 담장을 넘습니다. 그러나 태풍의 피해를 입어서 농사가 완전히 실패한 가정은 실망과 좌절과 어두움의 그림자가 깊게 드리워져 있습니다.

한 해 농사가 우리에게 이리도 중요할진대, 하물며 평생을 두고 맺는 우리 인생의 열매는 얼마나 더 중요하겠습니까? 열매를 바라보는 농부의 모습은 오늘 우리에게 영적 열매의 중요성을 일깨워줍니다. '과연 나는 평생을 통해 어떤 열매를 맺으며 살아왔는가, 지금 내 알곡이 모여 있을 영혼의 창고, 마음의 창고에는 어떠한 것들이 쌓여 있는가'를 돌아보게 합니다.

지금까지 여러 차례 말씀드린 대로 갈라디아서의 주제는 자유입니다. 우리는 그리스도 안에서 완벽한 자유를 얻었습니다. 그러나 사도 바울은 거기에서 우리의 인생이 끝나지 않음을 말합니다. 자유를 얻은 것은 중요합니다. 그러나 그 자유를 올바르게 지키는 것 또한 중요하다고 계속해서 언급합니다.

우리가 자유를 올바르게 지키지 않을 때 두 가지 위험에 다다를 수밖에 없다고 이미 5장에서 말씀드렸습니다. 첫 번째는 그리스도께서 우리를 해방시키고 아들로 삼으셔서 우리가 이미 자유인이 되었지만, 이 자유를 올바르게 지키지 못하면 우리는 다시 종의 멍에를 멜 수밖에 없습니다. 그러므로 그리스도께서 우리를 자유롭게 하려고 자유를 주셨으니 굳세게 서서 다시는 종의 멍에를 메지 말아야 합니다. 잘못하면 다시 종이 되는 것입니다.

또 다른 위험은, 우리가 얻은 이 자유를 올바르게 지키지 못할 때 방종에 빠지게 되는 것입니다. 자유를 사랑 안에서 사용해야 합니다. 남을 섬기는 기회로 사용해야 합니다.

오늘 본문은 우리가 자유를 올바로 지켜야 할 또 다른 중요한 이유를 제시합니다. 우리가 어떻게 대하느냐에 따라 우리 인생의 열매가 달라질 수 있기 때문입니다.

농사는 다시 지으면 됩니다. 태풍으로 손해를 입었더라도 내년에 다시 밭을 갈고, 씨를 뿌리고, 수확하면 됩니다. 그러나 인생 농사는 결코 다시 지을 수 없습니다. 한번 지으면 그것으로 끝입니다. 여기에 중요성이 있습니다. 오늘이 기회입니다. 과거에 우리가 어떻게 살았든지, 어떤 열매를 맺었든지 오늘 이 말씀이 우리 인생의 전환점이 되기를 바랍니다.

세상의 많은 사람들이 수많은 인생 농사를 짓고 있지만 결국에는 둘 중 하나의 열매를 거두게 될 것이라고 합니다. 오늘 본문은 우리 인생의 열매를 두 가지로 분류하고 있습니다. 첫 번째는 육체의 열매요, 두 번째는 성령의 열매입니다. 여기서 육신은 타락한 아담의 성품을 가리킵니다.

우리가 부모로부터 성품을 이어받는데, 아담이 타락했기 때문에 그로부터 타락한 성품을 이어받게 된다는 것입니다. 우리 안에 죄를 향해 달려나가고 싶은 욕구가 있습니다. 그것을 육신이라고 말합니다. 우리가 이 육신을 따라 살면, 타락한 성품의 욕구에 따라 인생을 살면, 반드시 육신의 열매를 맺게 됩니다. 이것은 모든 사람에게 적용되는 말씀입니다.

그러나 우리가 예수 그리스도를 구주로 받아들이는 순간, 우리 안에 놀라운 기적이 생깁니다. 이렇게 더러운 우리 안에 하나님의 성품이 새롭게 창조됩니다. 그래서 성경은 구원받는 것을 두 번 태어난다, 거듭난다, 다시 태어난다고 말씀하는 것입니다. "그런즉 누구든지 그리스도 안에 있으면 새로운 피조물이라 이전 것은 지나갔으니 보라 새 것이 되었도다"(고후 5:17). 어떤 새 것입니까? 하나님께로부터 이어받은 신의 성품, 하나님의 성품이 우리 안에 창조된다는 것입니다. 우리가 성경의 인도를 따라 하나님의 성품에 기인한 욕구를 만족시킬 때 성령의 열매를 맺는다는 것입니다. 그러면 이 열매는 어떤 것입니까?

우리는 종종 이런 의문을 품습니다. '이것이 도대체 하나님께로부터 온 것인가? 육신의 열매인가, 성령의 열매인가?' 바울은 우리가 이런 고민을 하지 않도록 육체의 열매와 성령의 열매를 분명히 대조시킵니다.

육체의 열매

19절 상반절을 보십시오. "육체의 일은 분명하니…"

무슨 말씀입니까? 육체의 일은 너무 뚜렷하다는 것입니다. 고민할 필요가 없습니다. 무엇이 육체의 일인지, 무엇이 하나님의 일인지 고민할 필요가 없습니다. 저는 이 육체의 일을 네 가지로 분류할 수 있다고 생각합니다.

첫 번째 죄악은 성적인 죄악입니다. 곧 음행과 더러운 것과 호색입니다. 음행은 잘못된 성적 관계를 말합니다. 더러운 것은 그 잘못된 성적 관계를 계속해서 머리에 그리는 것입니다. 호색은 이러한 죄에 완전히 몰두한 상태를 말합니다. 점점 죄가 커지고 있습니다. 하나님이 주신 성을 잘못 사용하는 것이 육체의 대표적인 일임을 기억하시기 바랍니다.

'나는 거듭난 그리스도인인가, 나는 성령의 열매를 맺고 있는가?' 아니 이렇게 질문해보십시오. '내 삶에 아직도 성적 더러움이 존재하고 있는가?' 우리 삶 가운데 이런 죄가 습관적으로 존재하고 있다면 우리는 현재 육체의 열매를 맺고 있는 것입니다.

두 번째 죄악은 하나님과의 관계에서 짓는 종교적인 죄입니다. 곧 우상숭배와 술수입니다. 그런데 왜 이 두 가지가 육체의 일입니까? 이유가 있습니다. 모든 우상숭배와 술수, 모든 미신의 핵심에는 내 유익만을 생각하는 이기주의가 자리 잡고 있기 때문입니다.

모든 신앙생활의 중심이 내가 될 때, 이것만큼 두려운 일이 없습니다. 우리가 다른 우상과 다른 종교를 섬기지 않고, 하나님을 믿음으로 교회에 잘 출석합니다. 그러나 우리 신앙생활의 중심에 내가 자리 잡고 있다면, 나는 종교적인 죄를 범하고 있는 것입니다. 육체의 열매를 맺고 있는 것입니다. 왜 주일예배에 출석하고 십일조를 바칩니까? 내 건강과 축복과 사업을 위해서 이 모든 것을 행한다면, 그것은 성령의 열매가 아닙니다. 육체의 열매일 뿐입니다.

세 번째 죄악은 다른 사람과의 관계에서 오는 사회적인 죄악입니다. 사회적인 죄를 짓게 되면 원수를 맺습니다. 분쟁하고, 시기하고, 분내고, 당을 짓고, 분리하고, 이단이 됩니다. 여기에서 이단은 종교적인 이단을 말하는 것이 아닙니다. 분열을 말하는 것입니다. 그리고 투기와 질투를 합니다.

다른 사람과의 관계를 처절하게 파멸시키는 것은 육체의 일입니다. 하나님과의 관계는 잘 맺습니다. 교회에 나오면 신령한 집사입니다. 모두가 존경하고 공로자로 여겨 표창을 줍니다. 거룩하게 보입니다. 그러나 가정에서 자녀와 싸우고 아내와 사이가 좋지 않습니다. 사회에 나가서 친구들과 관계가 좋지 않습니다. 그렇다면 성령의 열매를 맺고 있는 것이 아닙니다. 성령의 열매를 맺는 사람은 다른 사람과의 관계가 좋습니다. 육체의 일 가운데 대표적인 것은 가는 곳마다 사람과의 관계를 소원하게 만드는 것입니다. 말씀을 덮기보다는 말씀을 확대시킵니다.

마지막으로, 육체의 일은 감각적인 죄악입니다. 즉 술 취함과 방탕입니다. 술을 약으로 생각해서 가끔 마시는 것이 아니고 물을 마시듯이 벌컥벌컥 마시는 것입니다. 술 취하는 것입니다. 방탕은 어떤 것입니까? 모든 윤리적인 요소를 무시하고 쾌락에 젖어 사는 삶입니다.

이제 이 육체의 일을 이해하시겠습니까? 육체의 일은 성적인 죄악, 종교적인 죄악, 사회적인 죄악, 감각적인 죄악이 도사리고 있는 것입니다.

성경은 이러한 죄에 대해서 뭐라고 경고합니까?

> 투기와 술 취함과 방탕함과 또 그와 같은 것들이라 전에 너희에게 경계한 것 같이 경계하노니 이런 일을 하는 자들은 하나님의 나라를 유업으로 받지 못할 것이요 (갈 5:21).

이런 의문을 갖는 사람이 있을지도 모릅니다. '나는 과거에 육체의 일을 해보고, 술을 벌컥벌컥 마셔봤다. 게다가 지금 성적인 죄를 짓고 있다. 그렇다면 나는 하나님의 나라를 유업으로 받지 못한다는 것인가? 구원받지 못한다는 말인가?' 아닙니다. 그렇지 않습니다. 이런 일을 하는 자들은 어쩌다가 실수로 한번 행하고 과거에 몰라서 한두 번 죄를 지은 것이 아닙니다. 노력하고 노력했지만 육신이 약해서 넘어진 자들이 아닙니다. 바로 습관적으로 이런 죄를 짓는 자들을 이야기하는 것입니다. 생활 습관이 그런 자들입니다. 늘 머리에 생각하는 것이 성적인 죄요, 가는 곳마다 사람들과의 관계를 파탄에 이르게 하고, 우상을 섬기려 하고, 자기가 중심이 되며, 감각적인 죄에 자기 몸을 습관적으로 내놓는 자를 말하는 것입니다. 여러분, 이런 사람은 자신의 구원을 다시 한 번 검토해보아야 합니다.

내가 정말 구원받은 것 같지만, 내 삶의 열매가 육체의 일에 속한 것이라면 구원받은 사람이 아니라고 성경은 말씀합니다. 하나님의 나라는 거룩한 것이기 때문입니다. 아무리 교회에 열심히 나오고, 종교생활을 열심히 한다고 해도 우리의 삶이 계속 이런 방식이라면, 우리는 결코 하나님의 자녀가 아니라고 본문은 경고하고 있습니다. 그런 것은 육체의 열매입니다.

성령의 열매

그러면 성령의 열매는 어떠한 것입니까? 22절을 보십시오. "오직 성령의 열매는 사랑과 희락과 화평과 오래 참음과 자비와 양선과 충성과." 여기에 '오직'이라고 번역되었지만 더 좋은 번역은 '그러나'라고 생각합니다. "하나님의 나라를 유업으로 받지 못할 것이요 그러나 성령의 열매는." 이렇게 대조하고 있는 것입니다.

우리는 성령의 아홉 가지 열매를 잘 알고 있습니다. 저는 이 아홉 가지 열매를 세 가지로 분류할 수 있다고 생각합니다. 하나는 하나님을 향한 것이요, 다른 하나는 사람을 향한 것이요, 마지막 하나는 자신을 향한 것입니다. 알기 쉽게 3, 3, 3으로 나누어져 있습니다.

첫 번째, 하나님을 향한 열매는 사랑과 희락과 화평입니다. 그런데 이것은 우리가 보통 생각하는 사랑, 희락, 화평이 아닙니다. 하나님에 대한 사랑을 말합니다. 성령으로 말미암은 자는 마음속에 하나님에 대한 사랑이 생깁니다. 사람을 사랑하는 것도 내 사랑과 노력으로 하는 것이 아닙니다. 도저히 사랑할 수 없는 사람일지라도 하나님께로부터 온 사랑으로 사랑할 수 있습니다.

기쁨도 마찬가지입니다. 여기서 말하는 기쁨이란, 세상의 기쁨을 말하는 것이 아닙니다. 환경으로 인한 기쁨이 아닙니다. 이 세상의 폭풍이 아무리 거세다 할지라도 그 환경과 관계없이 하나님께로부터 오는 기쁨을 누리는 것입니다. 왜 기쁩니까? 하나님 때문에 기쁜 것입니다.

느헤미야서 8장을 기억하십니까? “여호와를 기뻐하는 것이 너희의 힘”이라고 했습니다. 하나님 때문에 기뻐하는 것입니다. 이 세상의 풍파와는 전혀 상관이 없습니다. 풍랑이 한참 심할 때 예수님이 배의 고물에서 평안히 잠을 주무셨던 것처럼 왜 내 마음이 평안합니까? 하나님 때문에 평안한 것입니다. 내 몸이 병들고, 사업이 흔들리고, 누가 나를 험담해도 하나님께로부터 온 평안이 내 마음에 있는 것을 성경은 성령의 열매라고 말씀합니다. 이것이 중요합니다.

많은 사람들이 환경에 의존해서 기뻐하고 화평을 가집니다. 사랑을 말합니다. 나에게 잘해주는 사람을 누가 사랑하지 않겠습니까? 나에게 못해주는 사람을 누가 미워하지 않겠습니까? 성령의 열매는 그런 환경을 초월한 사랑과 희락과 화평이라고 말씀하십니다.

두 번째, 이웃을 향한 열매는 오래 참음과 자비와 양선입니다. 오래 참음은 간단합니다. 이웃의 잘못에 대해 오래 참는 것입니다. 교회에 와서는 거룩합니다. 그러나 가정에서 배우자가 작은 실수를 해도 참지 못하고, 입에 욕을 담고, 자식이 잘못하면 물건을 집어던지는 것은 성령의 열매가 아닙니다. 저도 평생 혈기를 다스리려고 노력한 사람입니다. 결혼한 뒤에 많이 좋아졌습니다. 제가 오래 참습니다. 요즘은 아내가 밥을 태워도 참고 먹습니다. 오래 참는 것입니다. 이것이 성령의 열매의 특징입니다.

자비는 다른 사람에게 가장 좋은 것을 베풀어주려는 태도입니다. 예수님을 믿는 사람은 다른 사람에게 친절해야 합니다. 그저 얼굴에 독기가 흘러넘치고, 운전을 하다가 다른 사람에게 삿대질하고 멱살을 잡는 것은 성령의 열매가 아닙니다. 아무리 교회생활을 잘해도 이것은 어려운 이야기입니다. 다른 사람에게 친절히 대하기가 어렵습니다. 더구나 운전할 때 그렇게 되기란 무척 어려운 것 같습니다. 그러나 이 사회를 누가 변화시키겠습니까? 성경은 성령의 열매를 맺는 사람은 타인에게 가장 좋은 태도를 지녀야 한다고 말씀합니다.

양선은 어려운 말로 느껴질지 모르겠지만 '가장 좋은 선함'이라고 생각하면 됩니다. "진실로 나의 평생에 여호와의 선함과 인자하심이"라고 할 때의 그 선함입니다. 신약에서 양선의 대표적인 사람이 요셉입니다. 그는 자기 약혼녀 마리아가 임신한 사실을 알았습니다. 우리 같으면 소문을 내어 그녀에게 창피를 주고 싶은 마음이 들지도 모릅니다. 그러나 요셉은 의로운 사람이었습니다. '의로운 사람'을 우리말로 제대로 번역하면 '선한 사람'입니다. 그래서 그는 아무에게도 알리지 아니하고 '가만히 끊고자' 했습니다. 이런 사람이 선한 사람입니다.

다른 사람에 대한 여러분의 태도는 어떻습니까? 세상에서 여러분은 어떤 사람이 되어야 합니까? 도덕적으로, 영적으로 탁월한 그리스도인이 되어야 합니다. 성령의 열매를 맺은 사람은 어떤 사람입니까?

우리는 기도원에 가서 사는 사람들을 신령한 사람으로 생각합니다. 그런 생각이 어디에서 온 것입니까? 무속적인 정신에서 나온 것입니다. 성령과 함께 하는 사람을 신령한 사람으로 생각해야 합니다. 뭔가 이상한 사람이 신령한 사람이 아닙니다.

성령의 아홉 가지 열매를 보십시오. 얼마나 인격적이고 도덕적이고 윤리적입니까? 성령 충만한 사람은 정상적인 생활 가운데에서 가장 좋은 부모, 가장 좋은 배우자가 되어야 합니다. 가장 좋은 사장, 가장 성실한 직원이 되어야 합니다. 그것이 성령 충만한 열매입니다.

마지막 세 번째는 자신을 향한 것입니다. 충성과 온유와 절제입니다. 충성은 알기 쉽게 '성실'이라는 말로 표현할 수 있습니다.

여호와의 인자와 긍휼이 무궁하시므로 우리가 진멸되지 아니함이니이다 이것들이 아침마다 새로우니 주의 성실하심이 크시도소이다(애 3:22-23).

다음은 온유입니다. 예수님이 말씀하셨습니다.

나는 마음이 온유하고 겸손하니 나의 멍에를 메고 내게 배우라(마 11:29).

다툼과 분쟁을 일으키지 않습니다. 그는 결코 보복하지 않습니다. 이러한 자가 온유한 자입니다.

그 다음에 절제는 자기를 잘 통제하는 것입니다. 어떤 사람은 기쁜 일이 있으면 그 표정만 봐도 압니다. 냄비 끓듯이 분을 내다가 조금만 슬프면 땅을 치고 웁니다. 이런 모습이 절제하지 못하는 것입니다. 분노도, 말도 절제할 줄 알아야 하고, 표정 관리도 할 줄 알아야 합니다. 내 모든 삶에서 절제할 줄 아는 것을 가리켜 성령의 열매라고 말씀합니다.

우리 인생은 육신의 열매를 맺든지, 성령의 열매를 맺든지 둘 중에 하나를 맺게 되어 있습니다. 왜 그렇습니까? 우리 안에 두 가지 성품이 존재하기 때문입니다. 부모로부터 태어난 타락한 육신의 성품과 구원받았을 때 태어난 성령의 성품이 서로 싸우고 있습니다.

육체의 소욕은 성령을 거스르고 성령은 육체를 거스르나니 이 둘이 서로 대적함으로 너희가 원하는 것을 하지 못하게 하려 함이니라(갈 5:17).

예수님을 믿지 않는 사람에게는 이러한 갈등이 없습니까? 아닙니다. 그들에게도 있습니다. 저도 예수님을 믿기 전에는 선과 악 사이에서 시계추처럼 방황했습니다. 왜 그리스도인에게만 그런 갈등이 있다고 주장하십니까?

예수님을 믿지 않는 사람에게도 이러한 갈등이 있을 수 있습니다. 왜 그렇습니까? 우리는 모두 하나님의 형상대로 지음 받은 사람이기 때문입니다. 우리가 타락했을 때 하나님의 형상이 완전히 죽어버린 것이 아닙니다. 그 흔적이 우리에게 남아 있습니다. 최소한의 양심이라는 것이 남아 있습니다. 그래서 부모로부터 교육을 잘 받은 사람은 양심이 깨끗해서 그 갈등을 더 느끼기도 하고, 또 어떤 사람은 덜 느끼기도 합니다. 그러나 우리가 진정한 그리스도인이라면, 예수님을 믿기 전과 예수님을 믿지 않는 사람보다 이러한 갈등이 훨씬 더 심하다고 성경은 말씀합니다.

우리가 구원받았지만 죄에 대한 갈등, 거룩함과 죄 사이에 고민이 느껴지지 않는다면, 우리는 올바른 그리스도인이 아닙니다. 그래서 예수님을 믿고 나서 다가오는 것이 무엇입니까? 처음에는 기쁩니다. 그 다음에는 고민이 더 많아집니다. "예수님을 안 믿었더라면 내 살던 대로 살아갈 텐데"라는 고민을 하게 됩니다. 이런 고민을 하지 않았다면, 내 신앙생활에 뭔가 문제가 있는 것입니다.

그러면 이것이 그리스도인의 운명의 전부입니까? 우리는 고민하다가 죽는 인생입니까? 아닙니다. 오늘 사도 바울은 우리가 승리할 수 있다고 말합니다. 또한 승리하는 방법을 가르쳐줍니다. 하나님은 승리의 자격과 능력을 우리 안에 부어주실 뿐 아니라 승리의 방법도 우리에게 가르쳐주십니다.

우리의 육신을 십자가에 못 박아라

우리가 어떻게 육체의 열매를 맺지 않고, 성령의 열매를 맺을 수 있습니까? 하나님은 두 가지 방법을 가르쳐주십니다. 먼저 우리의 육신은 십자가에 못 박아야 합니다.

> 그리스도 예수의 사람들은 육체와 함께 그 정욕과 탐심을 십자가에 못 박았느니라 (갈 5:24).

사람들은 이 말씀을 굉장히 오해합니다. 신학자들조차 오해해서 잘못 해석하기도 합니다. 먼저, 이 말씀을 올바르게 이해하기 위해서 제가 두 가지 질문을 하겠습니다. 첫 번째, 여기에서 누가 못 박혔습니까? 우리가 못 박혔습니다. 여기까지는 우리가 다 알 수 있습니다. 그런데 중요한 두 번째 질문이 있습니다. 그러면 누가 우리를 십자가에 못 박았습니까? 예수님입니까? 아닙니다. 성령님입니까? 아닙니다. 우리가 못 박은 것입니다. 우리가 십자가에 달렸는데, 사도 바울은 우리가 스스로 십자가에 못 박았다고 말합니다. 24절을 다시 한 번 천천히 읽어보겠습니다.

그리스도 예수의 사람들은 육체와 함께 그 정욕과 탐심을 십자가에 못 박았느니라.

'못 박혔느니라'가 아니라 '못 박았느니라'입니다. 그리스도 예수의 사람은 자신이 십자가에 못 박는 것입니다. 이 말씀을 갈라디아서 2장 20절과 혼동하지 말기 바랍니다.

내가 그리스도와 함께 십자가에 못 박혔나니 그런즉 이제는 내가 사는 것이 아니요.

이 구절에서는 누가 십자가에 못 박았습니까? 하나님이 우리를 못 박으신 것입니다. 예수 그리스도께서 우리 죄를 대신해서 갈보리 십자가 위에서 못 박히셨습니다. 그런데 내가 복음을 듣고 성령의 도움으로 그 믿기지 않는 사실을 내 마음에 믿고 주님을 나의 구주로 영접했습니다. 그 순간 우리는 십자가에 달린 일이 없지만, 하나님은 우리를 그리스도와 동일하게 여겨주셨습니다. 내 육체는 멀쩡하지만, 내가 예수 그리스도를 믿는 순간 하나님은 나를 주님과 함께 십자가에 달린 것으로 간주하십니다. 하나님이 그렇게 하셨습니다. 성령님이 나를 못 박아주셨습니다. 예수님이 내 대신 그곳에 달리신 것입니다.

그러나 오늘 본문에 나오는 못 박힘은 그런 못 박힘이 아닙니다. 사도 바울은 문자적으로 우리 육체가 못 박혔다고 결코 말하지 않습니다. 그런데 왜 십자가를 이야기합니까? 우리 육체가 십자가에 못 박히지 않았지만 이것을 비유로 들고 있는 것입니다. 예수님의 십자가를 잊어버리십시오. 우리는 십자가가 나오면 예수님의 십자가만 생각하는데, 지금은 그것을 잊으셔야 합니다.

본문에 나오는 십자가는 예수님의 십자가가 아닌 일반적인 십자가입니다. 그러면 이 말은 무슨 뜻입니까? 저는 세 가지를 설명할 수 있다고 생각합니다. 십자가의 비유에서 우리는 그 원리를 알 수 있습니다.

첫 번째, 우리는 육신의 정욕에 대해서 동정하지 말아야 합니다. 타락한 성품, 죄를 짓고 싶은 성품에 대해서 동정의 눈길조차 보내지 말아야 합니다. 사도는 그것을 말하는 것입니다.

오늘날 사형 방법에는 교수형, 총살형, 가스형, 약을 먹여 죽이는 형 등 여러 가지 유형이 있습니다. 로마시대에는 십자가 위에서 죽이는 방법이 가장 잔인했습니다. 누가 십자가에서 죽었느냐 하면, 가장 흉악무도한 죄인이 십자가에서 죽었습니다. 그런데 사도 바울은 우리의 정과 욕심을 십자가에 못 박으라고 말합니다. 우리 육신의 정욕이 가장 극악무도한 것이라고 말합니다. 우리는 이것을 깨달아야 합니다.

성적인 죄, 종교적인 죄, 감각적인 죄는 극악한 것입니다. 마땅히 십자가 처형을 받아야 할 죄로 여기라는 것입니다. 무슨 말씀입니까? 이 세상에 아름다운 불륜은 없다는 것입니다. 얼마나 많은 사람들이 착각하고 있습니까? 흔히 남이 나쁜 관계를 맺으면 불륜이고, 자신이 맺으면 사랑이라고 이야기합니다. 그러나 그것은 사탄의 속임수입니다. 우리가 어떻게 육신의 정욕을 십자가에 못 박을 수 있습니까? 앞서 언급한 육체의 열매들을 극악무도한 것, 십자가에 마땅히 처형해버려야 할 것으로 여기며 살아야 한다고 사도 바울은 말합니다.

이 세상에 신통한 우상숭배는 없습니다. 극악무도하게 봐야 합니다. 이 세상에 멋진 분냄, 멋진 시기, 멋진 분리는 없는 것입니다. 육체가 내뿜는 이 나쁜 죄악을 우리는 마땅히 십자가에 못 박아야 할 것으로 바라봐야 합니다.

두 번째, 십자가에 내 육체를 못 박는다는 것은 고통스러운 것을 의미합니다. 저도 십자가에 달려보지 않아서 모르겠지만 한번 상상해보십시오. 차라리 총살형을 시키면 좋으련만 양손과 양발에 못을 박은 채로 몇 시간을 십자가에 매달려 있으면 팔이 얼마나 아프겠습니까? 아마 세상에서 제일 극심한 고통일 것입니다. 이 말씀은 무엇을 가르쳐줍니까? 우리 육신을 십자가에 못 박는 일은 쉬운 일이 아니라는 것입니다. 그래서 신앙생활이 때때로 쉽지 않게 느껴집니다. 혹시 신앙생활이 쉽습니까? 교회에서는 거룩하고 사회에 나가서는 세상 사람들과 똑같이 사니까 쉬운 것입니다. 그러나 십자가에 자기 정욕을 못 박으며 살아보십시오. 그것은 고통 자체입니다. 때로는 오해를 당할 수 있습니다. 때로는 내가 참아야 합니다. 때로는 내 가슴이 무너져야 합니다. 때로는 속이 썩어야 하고 고통이 뒤따릅니다. 이것이 신앙생활입니다.

마지막 세 번째, 십자가에 우리 정욕을 못 박는다는 말씀은 육체의 요구를 단호하게 끊어야 한다는 것입니다. 이 말씀을 잘 이해하십시오. 24절을 다시 한 번 보십시오.

그리스도 예수의 사람들은 육체와 함께 그 정욕과 탐심을 십자가에 못 박았느니라.

이 말씀이 과거시제로 표현되었습니다. 이것이 말이 됩니까? 우리에게 지금 못 박으라고 명령하면서 어떻게 못 박았다고 설명합니까? 바로 여기에 비밀이 있습니다. 십자가에 달린 죄수는 금방 죽지 않습니다. 십자가에 달려서 오랜 시간 고통하며 죽어갑니다. 우리의 육체가 죽기까지는 시간이 걸립니다. 금식기도 3일 했다고, 부흥회 한 번 참석했다고 육신의 정욕이 다 죽어버리면 얼마나 좋겠습니까? 하지만 그렇게 되지 않습니다. 시간이 걸립니다. 평생이 걸릴 수도 있습니다. 그러나 한 가지 중요한 사실은, 그가 십자가에 달려 금방 죽지는 않았지만 이미 죽은 것이나 다름없다는 것입니다. 언젠가는 죽을 것이라는 것입니다.

십자가에 달려서 몇 년이고 살아 있는 사람은 결코 없습니다. 그가 금방 죽지는 않지만, 이미 죽은 목숨이나 다를 바 없습니다. "너희의 육체를 십자가에 못 박으라"는 말씀은 "너희 육신의 욕구가 지금은 살아 있지만, 이미 죽은 목숨이다. 죽은 것으로 여기며 살아라" 하는 것입니다.

우리가 육체의 요구를 따라 살면 쾌락이 있을지 모릅니다. 전혀 고통을 느끼지 않을지 모릅니다. 그러나 결과는 너무나 뻔합니다. 육체의 일을 행하면 반드시 죽게 되어 있습니다. 그래서 사도 바울은 말합니다. "어떻게 우리가 성령의 열매를 맺을 것인가?" 우리의 정과 육을 십자가에 못 박아야 합니다. 조금도 동정할 필요가 없습니다. 고통스럽더라도 단호하게 육체의 욕구를 거절해야 합니다. 육체를 따라 사는 것은 십자가에 못 박은 죄, 옛사람을 다시 살리려는 어리석은 짓과 같다는 것입니다.

그러므로 시기와 악독과 음란과 방탕의 마음이 생길 때 과감하게 차버려야 합니다. 단호하게 거절해야 합니다. 협상의 여지를 둘 필요가 없습니다. 생각할 필요조차 없습니다. 단호하게 잘라내야 합니다. 단호하게 십자가에 못 박아야 합니다. 분이 마음에 올라올 때 잘라버려야 합니다. 음란한 생각이 떠오를 때 잘라버려야 합니다. 생각할 필요가 없습니다.

구약을 읽다보면 때때로 하나님께 의문이 생깁니다. 블레셋과 아모리 족속을 씨도 남기지 말고 다 죽이라고 하셨습니다. '하나님, 너무 잔인한 것 아닙니까?'라고 생각할 수 있습니다. 아닙니다. 하나님이 왜 그렇게 하셨습니까? 그들이 죄의 근원이었기 때문입니다.

우리가 하나님보다 더 자비로우면 큰일 납니다. 그것은 잘못된 것입니다.

많은 사람이 죄에 대해 너무 관용합니다. 너무 동정합니다. 이것이 어쩌면 사랑일지 모른다고, 어쩌면 합당한 것인지 모른다고 고민합니다. 아닙니다. 우리 가운데 육체의 일은 현저합니다. 성령의 열매를 맺기 위해서 이러한 현저한 죄악을 고민하지 마십시오. 우리의 생각에서, 우리의 가슴에서, 우리의 삶에서 단호하게 잘라버리기를 주의 이름으로 축원합니다.

성령을 따라 살라

우리가 어떻게 육체의 열매를 맺지 않고, 성령의 열매를 맺을 수 있습니까? 우리의 육신을 십자가에 못 박아야 합니다. 또한 성령을 따라 살아야 합니다. 16, 18, 25절에서 이것을 두 가지로 이야기합니다. 18절에서는 "성령의 인도하시는 바대로 살라", 16절과 25절에서는 "성령을 따라 살라" 하셨습니다. 이 말은 비슷한 말 같지만 그 의미가 전혀 다릅니다. '성령의 인도하시는 바대로 살라'는 말씀은 수동태로, '성령을 따라 살라'는 말씀은 능동태로 표현하고 있습니다. 여기에 큰 차이가 있습니다. 인도는 누가 합니까? 성령님이 하시는 것입니다. 따르기는 누가 따릅니까? 우리가 따라야 하는 것입니다. 성령을 따라 살아야 한다는 말은, 성령께 모든 것을 맡기고 나는 아무것도 안 하는 것이 아닙니다. 인도는 성령이 하시지만 내가 능동적으로 따라가야 하는 것입니다. 성령의 소원에 나를 맞추어 살아야 한다는 것입니다.

현재 시제를 사용했기 때문에 이것은 매일 매 순간 우리가 성령의 인도에 따라야 함을 의미합니다. '성령의 인도함을 받는다'에서 '인도'라는 단어를 연구해보니, 과거에 다음과 같은 네 가지 의미로 사용했음을 알게 되었습니다. 농부가 소를 인도할 때, 목자가 양을 인도할 때, 호위병이 죄수를 인도할 때, 바람이 배를 인도할 때 이 단어를 사용했습니다. 무슨 말씀입니까? 우리는 모두 성령의 인도를 받을 수 있지만, 사탄의 인도도 받을 수 있다는 것입니다. 그러면 우리는 누구의 인도를 받아야 합니까? 성령의 인도를 받으라고 명령하십니다.

'따라 행한다'는 말은 문자적으로 '걷다'라는 말입니다. 내 마음대로 걷는 것이 아니라 줄을 맞추어서 걷는 것을 말합니다. 군사들이 제식훈련 때 똑바로 걷듯이 말입니다. 그 정해진 줄 안에서 걷는 것입니다. 성령께서 우리를 인도하십니다. 다른 말로 하면, 우리 마음에 성령의 열매를 맺고자 하는 소원을 주시는 것입니다. 사랑과 희락과 화평과 충성과 온유와 절제의 소원을 우리 안에 넣어주시는 것입니다.

그러면 우리는 무엇을 해야 합니까? 성령의 소원에 맞추어 살아가야 합니다. 그것이 전부입니다. 인도는 누가 합니까? 성령님이 하십니다. 내가 하는 것이 아닙니다. 내가 어떻게 성령의 열매를 맺을 수 있습니까? 간단합니다. 성령의 인도하심에, 성령의 세미한 음성에 맞추어 살려고 적극적으로 노력할 때 우리 인생에는 풍성한 성령의 열매가 맺힙니다.

여러분, 우리 인생의 농사를 어떻게 성공적으로 마칠 수 있겠습니까? 어떻게 성령의 열매를 주렁주렁 맺을 수 있겠습니까? 저는 이 말씀을 준비하면서 이런 상상을 해보았습니다. 주님의 심판대 앞에 우리 모든 교인들이 성령의 열매를 들고 모일 텐데, 어떤 사람은 지게가 모자랄 정도로 다리를 후들거리며 가득 메어 가지고 옵니다. 그런데 어떤 사람은 새끼손가락만한 것을 달랑달랑 들고 옵니다. 성경은 그것을 부끄러운 구원이라 말씀합니다.

우리는 정과 육을 십자가에 못 박아야 합니다. 우리 안에 주시는 성령의 소원을 따라서 살아야 합니다. 오늘 혹시 유혹 가운데 있습니까? 성적 범죄 가운데 거하고 있지 않습니까? 음란한 관계를 계속 갖지는 않습니까? 호색하지는 않습니까? 더러운 것에 머물지는 않습니까? 악한 생각을 품고 있지는 않습니까? 시기와 질투와 악독과 탐심의 마음을 정리하지 못하고 예배를 드리고 있지는 않습니까? 그 모든 생각을 단호하게 십자가에 못 박기를 바랍니다.

오늘 성령님이 우리 마음속에 음성을 들려주시지 않습니까? 배우자에게 먼저 사과하라고 말씀하지 않습니까? 누군가를 용서하라고 성령님이 계속해서 끊임없이 권면하시지 않습니까? 자녀와 가족을 좀 더 사랑하라고, 포기하지 말라고, 우리 마음에 고통이 뒤따르더라도 그 사람을 끝까지 사랑하라고 성령님이 속삭이지 않습니까? 주님께서 교회를 위해 목숨을 주셨듯이 말입니다. 성령님이 어떤 죄를 지적하면서 회개하라고 말씀하시지 않습니까? 돌이키라고 말씀하시지 않습니까? 성령의 말씀에, 성령의 소원에 따라 우리가 살아갑시다. 육체의 정욕을 십자가에 못 박고 성령을 따라 살 때, 우리는 비로소 인생을 마치는 날 풍년이 든 들판을 바라보며 알곡을 모아들인 농부가 그 창고를 바라보며 미소를 짓듯, 주님과 사람들 앞에서 환한 미소를 짓게 될 것입니다.

15장

다른 사람의 잘못을 올바르게 바로잡는 법

갈라디아서 6장 1-5절

[1]형제들아 사람이 만일 무슨 범죄한 일이 드러나거든 신령한 너희는 온유한 심령
으로 그러한 자를 바로잡고 너 자신을 살펴보아 너도 시험을 받을까 두려워하
라 [2]너희가 짐을 서로 지라 그리하여 그리스도의 법을 성취하라 [3]만일 누가 아무
것도 되지 못하고 된 줄로 생각하면 스스로 속임이라 [4]각각 자기의 일을 살피라
그리하면 자랑할 것이 자기에게는 있어도 남에게는 있지 아니하리니 [5]각각 자기
의 짐을 질 것이라.

우리가 건강하려면 흔히 두 가지가 필요하다고 이야기합니다. 각종 질병에 대한 예방과 치료입니다. 의사가 하는 일이 이 두 가지입니다. 이 두 가지는 매우 중요합니다. 어느 한 가지만으로는 우리가 건강할 수 없기 때

문입니다. 병을 치료하는 것도 중요하지만, 예방도 중요합니다. 어떻게 하면 우리가 병에 걸리지 않을까요? 현대사회는 이 문제에 대해 더 관심을 갖고 있으며 예방의학이라는 말을 많이 사용합니다. 예방의학은 병이 우리 몸에 오기 전에 우리가 미리 예방해야 한다는 것입니다.

그러나 예방의학으로 다 해결되는 것은 아닙니다. 아무리 예방의학이 발달한다고 해도 우리가 병으로부터 완전히 자유로울 수는 없기 때문입니다. 그러므로 건강하기 위해서는 예방과 치료, 둘 다 필요합니다. 먼저 병에 대한 예방이 필요하고, 또 예방했음에도 불구하고 병이 찾아왔을 때는 그것을 잘 치료하는 치료법이 필요합니다.

우리의 육체에 예방과 치료가 필요하듯이, 영적인 면에서도 마찬가지입니다. 어떻게 우리가 영적으로 건강할 수 있습니까? 성경은 우리가 영적으로 건강하기 위해서도 예방과 치료가 필요하다고 말씀합니다. 사도 바울은 갈라디아서 5장 마지막 부분에서 이 예방에 대해 말합니다. 우리가 어떻게 영적 질병을 예방할 수 있습니까? 그 방법은 간단합니다. 우리가 육체의 소욕을 따라 살지 않고, 성령의 인도하심을 따라 살며, 성령과 동행하고, 성령의 열매를 맺으면, 이 세상 죄의 질병으로부터 탈피할 수 있습니다.

그럼에도 불구하고 오늘날 우리가 나약해서 죄를 짓습니다. 우리가 구원받은 하나님의 자녀이지만, 성령과 동행하며 살려고 하지만 때때로 넘어지고 죄를 짓습니다. 어쩔 수 없이 죄를 짓고 난 뒤에는 어떻게 해야 합니까? 죄가 우리 가정에 찾아오고, 교회 안에 찾아와서 내 가족과 형제자매를 넘어뜨렸을 때, 우리는 그들을 위해서 무엇을 해야 합니까? 어떻게 그들을 치료해야 합니까? 사도 바울은 이런 문제를 6장 전반부에서 다루고 있습니다.

영적 질병에 걸렸을 때 우리는 어떻게 치료해야 합니까? 본문은 그 치료법을 자세히 소개하고 있습니다. 먼저 이 치료법이 중요한 이유를 두 가지 들어보겠습니다. 첫 번째, 우리는 모두 영적 질병으로부터 100퍼센트 자유로울 수 없기 때문에 치료법이 필요하다는 것입니다. 두 번째, 이 치료법이 잘못되면 오히려 건강을 더 악화시킬 수 있다는 것입니다. 차라리 치료하지 않은 것만 못합니다. 오늘 우리 가정에서 이런 문제가 벌어지고 있습니다. 교회 안에서 이런 문제가 벌어지고 있습니다. 한 형제가 죄 문제로 인해 시험에 빠져 있을 때 그를 돕는다는 것이 오히려 그의 영적 건강을 해치는 사례를 우리 주위에서 흔히 볼 수 있습니다. 그래서 오늘 우리가 이 본문에 집중해야 합니다.

요즘 사회도 그렇지 않습니까? 감옥이 왜 생겼는지 아십니까? 감옥의 목적이 무엇입니까? 우리는 감옥을 그저 죄 지은 사람을 가두는 곳이라고 이해하지만, 감옥을 만들 때의 목적은 전혀 다른 것이었습니다. 죄 지은 사람을 불러다가 그를 새 사람으로 만들기 위해 감옥을 만든 것입니다. 그의 죄성을 버리도록 감옥을 만든 것입니다. 그러나 오늘날 감옥은 어떻습니까? 전혀 상반되는 역할을 하고 있습니다.

세간을 떠들썩하게 했던 김해의 양정규군 유괴 용의자로 박모씨가 체포되었습니다. 유괴 방법이 얼마나 철저했는지 경찰들이 혀를 내두를 정도입니다. 그는 전과 7범이었는데 원래 유괴범이 아니었습니다. 그런데 그가 어떻게 그런 유괴 기술을 사용할 수 있었을까요? 그것을 조사하던 경찰이 한 가지 사실을 밝혀냈습니다. 전과 7범으로 감옥에 들어간 그는 아주 악명 높은 유괴범과 한 방을 같이 쓰게 되었습니다. 그 유괴범과 한 방을 쓰면서 모든 유괴 기술을 전수받은 것입니다.

우리 주위에 이런 실례가 얼마나 많습니까? 감옥에 갔다 오면 사람이 새로워져야 합니다. 그런데 오히려 더 악한 범죄 방법을 많이 배우고 나와서 별을 하나씩 달수록 그는 범죄 전문가가 되고 더 악해집니다. 우리의 방법은 사회학적으로 이미 실패한 것입니다.

그러나 이런 동일한 일들이 우리 교회 안에도 일어나고 있습니다. 우리 가정 안에서도 일어나고 있습니다. 수많은 죄가 일어나고 있는데도 그 죄를 예방하고 치료하지 못해서 우리의 가정과 교회는 점점 어둠 속으로 빨려 들어가고 있습니다.

여러분, 내 옆에 있는 형제가 잘못하면 어떻게 합니까? 사랑하는 배우자, 자녀가 죄를 지으면 어떻게 그들을 도왔습니까? 이제 앞으로 그들은 어떻게 대하겠습니까? 우리는 본문 말씀에 귀를 기울여야 합니다. 하나님은 내 가족과 내 옆에 있는 그리스도인이 죄를 범했을 때 우리가 그들을 어떻게 대하고, 어떻게 치료하며 도와야 할지에 대해 몇 가지를 말씀하십니다.

바로잡으라

우리는 먼저 그들을 바로잡아주어야 합니다. 1절 상반절을 보십시오.

> 형제들아 사람이 만일 무슨 범죄한 일이 드러나거든 신령한 너희는 온유한 심령으로 그러한 자를 바로잡고(갈 6:1).

먼저 바로잡아야 합니다. 저는 이 '바로잡다'라는 단어를 연구하면서 재미있는 사실을 발견했습니다. 이 단어의 원어는 '카타르티조'(*katartizo*)인데, 성경이 쓰일 당시 사람들은 이 단어를 의학용어로 이해했습니다.

예를 들어, 축구경기를 하다가 다리뼈가 부러졌습니다. 뼈가 산산조각이 나면 수술을 해야 하겠지만 다행히도 뼈가 뚝 부러져서 옆으로 일그러졌습니다. 그럴 때 의사에게 찾아가면 어떻게 합니까? 부러져 일그러진 뼈를 당겨서 맞춥니다. 그러면 그 뼈가 한두 달 뒤에 붙습니다. '바로잡다'라는 단어는 바로 그런 뜻입니다. 신약 성경은 '뼈가 부러졌을 때 그 뼈를 원상태로 회복시켜 주다'라는 의미로 이 단어를 썼습니다.

마가복음 1장 19절에 보면 예수님이 제자들을 꾸짖는 내용이 나옵니다. 그때 베드로는 안드레와 그물을 깁고 있었습니다. 그물을 '바로잡고 있었다'라고 할 때도 이 단어를 썼습니다. 고기를 잡다보면 그물이 때로는 돌에 걸리거나 가시에 찔려서 찢어집니다. 그때 어부가 그물을 원래대로 복구하는 것, 원래대로 고쳐놓는 것을 '바로잡다'라고 쓴 것입니다.

더욱 중요한 것은, 오늘 이 말씀이 명령형으로 되어 있다는 것입니다. 우리가 바로잡을 수도 있고, 그렇게 하지 않을 수도 있는 선택의 문제가 아닙니다. 하나님은 우리에게 옆에 있는 형제가 잘못했거나, 남편과 아내가 죄를 지었을 때 그를 책망하고 끝내는 것이 아니라 그들을 원상태로 복구시켜야 할 의무가 있다고 말씀합니다.

옆에 있는 형제와 내 가족이 잘못되었는데, 우리가 팔짱을 끼고 구경하도록 성경은 용납하지 않는다는 것입니다. "자기 문제니까 자기가 알아서 하겠지! 다 자랐으니 이제는 간섭하지 않겠어!" 우리가 얼마나 많이 들어온 말이요, 내뱉은 말입니까? 그러나 성경은 그것을 용납하지 않습니다. "형제들아 사람이 만일 무슨 범죄한 일이 드러나거든 신령한 너희는 온유한 심령으로 그러한 자를 바로잡고."

의사가 환자를 적극적으로 치료하는 것처럼 우리는 그들을 치료해야 합니다. 사고가 나서 사람이 다치면 119 구급대는 자기 목숨을 내놓고 가서 그들을 구합니다. 바로 그런 심정으로 우리가 그들을 바로잡아야 한다고 성경은 이야기합니다. 이것을 다른 표현으로 명령한 것이 2절에 나타나 있습니다.

너희가 짐을 서로 지라 그리하여 그리스도의 법을 성취하라.

짐을 서로 지라고 했습니다. 이 짐이 무엇입니까? 무거운 짐입니까? 왜 무거운 짐이라고 표현했습니까? 이것은 죄의 짐입니다. 여러분, 죄를 지어 보셨습니까? 이런 질문을 할 때마다 사람들의 표정이 얼마나 재미있는지 모릅니다. 안 그런 척하기도 그렇고, 인정하자니 마음이 내키지 않는 표정 말입니다. 죄를 지을 때 쾌락이 있습니다. 그러나 죄를 짓고 나면, 그 짐이 너무 무겁습니다. 남편이 아내에게 정조를 지키지 못했을 때, 쾌락은 순간이지만 그 짐은 영원히 갈 수 있습니다. 어떤 죄든지 마찬가지입니다. 성경은 그 짐을 서로 지라고 명령합니다. 죄의 짐을 서로 지는 것, 내 옆의 형제가 잘못했을 때 그것을 내 짐으로 알고 같이 고통하며 아파하고 그가 원상태로 복귀하도록 같이 씨름하는 것을 그리스도의 법을 성취하는 것이라고 말씀합니다.

그리스도께서는 이 땅에 율법을 완성하러 오셨고 또한 율법을 폐하러 오셨습니다. 그런데 그리스도의 법이 무엇입니까? 예수님이 이 땅에 있는 모든 율법을 다 완성하시고 오직 한 가지 법을 우리에게 주셨습니다.

> 새 계명을 너희에게 주노니 서로 사랑하라 내가 너희를 사랑한 것 같이 너희도 서로 사랑하라(요 13:34).

우리가 형제에 대한 사랑을 어떻게 나타낼 수 있습니까? 자녀에 대한 사랑을 어떻게 나타낼 수 있습니까? 자녀가 잘못했을 때 한두 번쯤 노력하다가 안 되면 호적에서 제명시켜버립니까? 내 형제가 죄 가운데 있을 때 그 가정의 일이니까 모른 척하면 됩니까? 아닙니다. 그리스도께서 우리에게 주신 명령과 법은 그렇지 않습니다. 그의 죄가 내 죄인 양, 그의 고민이 내 고민인 양 같이 아파하고 그를 바로잡기 위해 애쓰라고 명령하십니다. 주님의 이 명령이 오늘 우리 가정에 임하기를 바랍니다. 남편이 잘못했을 때 그 잘못을 남편에게만 전가하지 않고 내가 잘못한 것처럼 울며 씨름해야 합니다. 그를 바로잡기 위해 애써야 합니다. 옆에 있는 성도가 범죄했을 때, 그를 바로잡기 위해 내가 의사가 되어야 한다고 성경은 말씀합니다.

그러면 어떤 가정이 좋은 가정입니까? 가족 가운데 누가 잘못되면 모두가 팔을 걷고 적극적으로 나서서 그를 원상태로 복구시키려고 난리법석을 떠는 가정입니다. 어떤 교회가 좋은 교회입니까? 교회의 어떤 성도가 잘못했을 때, 죄 가운데 있는 그를 모른 척하는 것이 아니라 다 같이 기도하고 애쓰며 그를 원래대로 돌려놓으려고 하는 교회입니다. 그래서 그가 죄 가운데 계속 남아 있을 수 없도록 하는 교회가 좋은 교회입니다. 우리에게 주신 명령은 간단합니다. 옆에 있는 형제가 잘못되었을 때 우리는 그를 바로잡아주어야 합니다.

두 번째 우리가 생각해 봐야 할 부분은 "그러면 누가 바로잡아야 하는가"입니다. 물론 우리입니다. 그러나 거기에는 자격이 있습니다. 1절을 다시 한 번 읽어보십시오.

형제들아 사람이 만일 무슨 범죄한 일이 드러나거든 신령한 너희는.

이 말씀을 읽으면서 이미 결론을 내린 분도 있을 것입니다. '신령한 사람이 바로잡는 것이구나. 그렇다면 나는 아니다.' 우리는 신령하다는 말을 그저 도통한 사람으로 해석합니다. 신들린 사람, 약간 비정상적인 사람, 방언을 준다든가, 큰소리로 기도를 한다든가, 앞길을 딱 알아맞춘다든가, 안수했더니 병을 낫게 하는 사람을 말하는 것입니까? 아닙니다. 성경에는 한 번도 그러한 사람을 신령하다고 표현한 적이 없습니다.

누가 신령한 자입니까? 사도 바울이 5장 후반부에서 이미 설명했습니다. 성령의 인도를 받는 사람이 신령한 사람입니다. 성령에 순종하는 사람이 신령한 사람입니다. 그러면 그 결과가 어떻게 나타납니까? 성령의 아홉 가지 열매로 드러납니다. 성령 충만한 사람, 신령한 사람은 사랑과 희락과 화평과 오래 참음과 자비와 양선과 충성과 온유와 절제가 삶 속에 나타납니다.

가족을 도우려면, 먼저 내가 신령한 사람이 되어야 합니다. 내 삶 속에 성령의 아홉 가지 열매가 나타나야 합니다. 먼저 내가 성령의 인도함을 받아야 옆 사람을 바로잡을 수 있습니다.

가정 상담을 하러 많은 분들이 저를 찾아옵니다. 대부분 남편이 속을 썩여서 아내가 상담을 하러 옵니다. 그런데 저는 언제나 남편의 문제를 다루지 않고 내담자 본인의 문제를 다룹니다. 그래서 기분이 상해서 돌아가는 사람도 많습니다. 남편을 책망할 것이라고 생각했는데 도리어 자신을 나무라기 때문입니다. 그러나 내가 먼저 신령해지지 않으면 남편을 도울 수 없습니다.

자녀에 대한 상담도 마찬가지입니다. 먼저 부모의 영적 생활이 어떠한지를 들춥니다. 왜 그렇습니까? 자녀가 잘했고, 부모가 잘못했다는 것이 아닙니다. 잘못한 자녀가 있습니다. 잘못한 남편이 있고 아내가 있습니다. 그러나 문제는 무엇입니까? 우리가 신령해지지 않으면 그들을 바로잡아줄 수 없는 것입니다. 누가 그들을 바로잡아 줄 수 있습니까? 신령한 사람만이 할 수 있습니다.

이제 좀 더 중요한 문제를 다루어보겠습니다. 우리가 먼저 신령해야 다른 사람을 바로잡아줄 수 있다고 했습니다. 그러면 구체적으로 어떻게 바로잡을 수 있습니까? 여기에 초점을 맞추어보겠습니다. 본문은 그 방법을 자세히 설명하고 있습니다. 1절을 다시 한 번 읽어보십시오.

> 형제들아 사람이 만일 무슨 범죄한 일이 드러나거든 신령한 너희는 온유한 심령으로 그러한 자를 바로잡고 너 자신을 살펴보아 너도 시험을 받을까 두려워하라.

어떻게 바로잡습니까? 온유하고 겸손한 심정으로 바로잡아야 한다고 말씀합니다. 우리 교회 안에 잘못을 행한 사람이 있을 때 그 사람에게 취할 수 있는 태도가 두 가지 있습니다. 첫 번째는 율법적인 태도요, 두 번째는 복음적인 태도입니다. 율법적인 태도와 복음적인 태도의 차이점은 그 목적이 다릅니다.

율법적인 태도는 그 사람에게 짐을 지웁니다. 곧 처벌이 목적입니다. 법을 숭상하기 때문에 "봐라, 당신이 잘못하지 않았는가? 저 사람이 지은 죄를 보라. 멸망 받아 마땅하다"라고 하며 그를 정죄하고 손가락질하며 비판합니다. 그래서 율법주의자들이 있는 곳에는 회복보다는 언제나 아픔이 있습니다. 회복되는 것 같지만, 그 사람이 언젠가는 낙심하고 마는 것입니다.

그러나 복음주의는 처벌이 목적이 아닙니다. 복음주의의 목적은 바로 잡는 것입니다. 다시 회복하는 것입니다. 온유하게 그들을 올바른 길로 인도하려고 노력하는 것입니다. 목적만 다른 것이 아니라 자세도 다릅니다. 율법주의자들은 어떻게 합니까? 교만한 자세를 갖습니다. 자신은 아무 잘못도 없는 것처럼 행동합니다. 왜 가정에 문제가 생깁니까? 왜 자녀들이 돌아오지 않습니까? 수많은 부모들이 율법주의적인 태도로 접근하기 때문입니다. 자신은 과거에 아무런 잘못을 하지 않은 것처럼 자녀를 대합니다. 자신은 완벽하다고 생각합니다.

바리새인들이 이런 죄를 짓지 않았습니까? 그래서 예수님이 바리새인들에게 "너희가 어찌하여 남의 눈 속에 있는 티는 보면서 네 눈 속에 있는 들보는 보지 못하느냐"고 책망하셨습니다. 들보는 무엇입니까? 서까래입니다. 예수님은 비유 뿐만 아니라 탁월한 과장법도 사용하셨습니다. 어떻게 눈 속에 서까래가 들어갑니까? 이것은 바리새인들의 잘못된 율법주의적 태도를 꾸짖은 것입니다. 바리새인들은 간음하다가 현장에서 잡힌 여인을 데려다 놓고 돌로 쳐 죽이려고 논의했습니다. 그러나 예수님이 죄 없는 자가 먼저 돌로 치라고 했을 때 그들은 양심의 가책을 받고 돌아갔습니다.

예수님이 여자가 간음한 것을 인정하신 것입니까? 아닙니다. 그것을 잘했다고 칭찬하신 것이 아니라 도리어 바리새인들의 태도에 문제가 있음을 깨닫게 하신 것입니다. 어떤 태도입니까? 그 죄를 향해서 마치 '나는 완벽하다. 나는 한 번도 간음죄를 짓지 않았다. 그러므로 이 여자를 돌로 쳐 죽여도 마땅하다'라고 생각하는 잘못된 율법주의적 태도를 예수님이 지적하신 것입니다. 신앙생활에서 경험하는 가장 큰 유혹이 바로 이런 율법적인 태도입니다. 나도 모르게 율법주의자가 되는 것입니다. 내가 잣대가 되는 것입니다. 남의 죄를 바라볼 때 긍휼히 여기지 않습니다. 온유하고 겸손한 심정으로 그를 바로잡으려고 하지 않고, 어느새 나도 모르게 그를 정죄합니다. 그보다 나를 더 나은 자로, 도덕적으로 더 깨끗한 자로, 신앙적으로 더 높은 자로 어느새 나를 자리매김하고 있다는 사실입니다. 이것이 얼마나 무서운지 모릅니다. 그래서 3절은 이렇게 말씀합니다.

만일 누가 아무것도 되지 못하고 된 줄로 생각하면 스스로 속임이라(갈 6:3).

무슨 말씀입니까? 우리가 그런 태도를 갖고 있으면 아무것도 되지 못하고 된 줄로 생각하는 교만한 사람이라는 것입니다. 그러나 신령한 자들은 어떻게 해야 합니까? 주변의 형제가 잘못된 것을 볼 때 겸손하게 자신을 돌아보아 나도 시험을 받을까 두려워해야 한다고 말씀합니다. '저 사람이 저지른 범죄를 나도 지을 수 있겠구나, 저 사람이 범한 잘못을 나도 지을 수 있겠구나' 하는 겸손한 마음으로 그에게 접근하라고 명령합니다.

그러면 어떻게 하면 이런 겸손한 마음가짐을 가질 수 있습니까? 어떻게 잘못한 형제에게 복음적인 태도로 접근하는 것이 가능하겠습니까? 그 방법을 4-5절에서 가르칩니다.

각각 자기의 일을 살피라 그리하면 자랑할 것이 자기에게는 있어도 남에게는 있지 아니하리니 각각 자기의 짐을 질 것이라(갈 6:4-5).

2절에서는 '짐을 서로 지라'고 하고, 5절에서는 '각각 자기의 짐을 지라'고 하니 이것이 무슨 말입니까? 그 원어가 완전히 다릅니다. 2절의 짐은 무거운 죄의 짐이고, 5절의 짐은 모든 사람이 각자 져야 할 본분입니다. 내 사명을 가리킵니다. 무슨 말인가 하면, 내 할 일을 먼저 하라는 것입니다. 먼저 자기를 돌아보라는 것입니다. 주제 파악을 하라는 것입니다.

주제 파악에는 커트라인이 없다고 합니다만, 자기를 올바로 알아야 합니다. 다른 사람이 잘못했을 때 먼저 누구를 살펴야 합니까? "야, 저 사람 봐!" 하고 손가락질할 것이 아니라 자기 자신을 살피라는 것입니다. '나는 내 할 일을 다 했는가? 저 남자가 지금 가정을 팽개치고 외도를 하는데, 나는 행동으로는 외도를 하지 않았지만, 과연 가장으로서 우리 가정을 올바로 돌보고 있는가? 내가 가장의 짐을 과연 올바로 지고 있는가?' 먼저 나를 살피라는 것입니다.

성령의 인도하심을 받아 나를 살피면 어떤 현상이 나타납니까? 남에게 자랑할 것이 전혀 없습니다. 죄 지은 자를 함부로 비판할 수 없습니다. 그래서 겸손한 태도로, 기도하는 태도로, 나도 그런 죄를 지을 수 있다는 겸허한 태도로 그 사람에게 다가갑니다. 배우자에게 다가갑니다. 자녀에게 다가갑니다. 그럴 때 그가 마음 문을 여는 것입니다. 이것은 너무 중요합니다. 우리는 서로 짐을 져야 합니다. 죄의 짐을 지는 것은 참으로 어려운 일입니다. 그러나 우리는 그 짐을 져야 합니다. 하나님의 명령이기 때문입니다.

우리의 가족이나 형제 가운데 어떤 사람이 잘못하여 어려운 죄에 빠졌을 때, 그들을 실제적으로 어떻게 도울 수 있을까요? 지혜로운 몇 가지 방법을 소개하겠습니다.

절대적 사실에 근거하라

첫 번째는, 어떤 사람이 잘못했을 때 먼저 절대적 사실에 근거하라는 것입니다. 어떤 소문에 근거를 두지 마십시오. 이것은 오히려 사람을 죽입니다. 아무리 친한 친구에게 들었다고 해서 그 말이 절대적 진실을 내포하고 있다고 생각해서는 안 됩니다.

갑자기 누군가가 전화를 해서 "당신, 이러이러한 일을 했다면서?" 하는 것처럼 사람을 고민스럽게 만드는 것이 없습니다. 상담학자의 통계에 의하면, 사람이 가장 상처받는 것은 '말'이라고 합니다. 우리의 경험으로 봐도 그렇지 않습니까? 아무것도 아닌 말 때문에 우리는 상처받습니다. 전후좌우도 모르고 말입니다. 어떤 사람이 죄를 범했을 때는 어떤 동기가 있을 수도 있고, 소문이 잘못될 것일 수도 있고, 오해일 수도 있는데 함부로 말해버립니다. 이것 때문에 가정이 깨집니다. 이것 때문에 교회에 불화가 생깁니다. 남을 돕는다고 시작한 일이 결국은 그를 망치고 마는 것을 저는 너무 많이 보았습니다.

먼저 누가 잘못했을 때 소문에 관심을 두기보다 그 사실을 분명히 파악하기 바랍니다. 그 사람을 도우려고 한다면 말입니다. 돕고자 하는 마음이 없다면 아예 관심을 끊으십시오. 사실을 파악하되 사랑의 마음으로 조사해야 합니다. 검사 이상으로 진지하고 철저하게 그 사실을 분석해야 합니다. "형제들아 사람이 만일 무슨 범죄한 일이 드러나거든." 이것은 소문만 가지고 형제를 바로잡으라는 말씀이 아닙니다. 교회에서는 어떻게 합니까? 어떤 소문이 들리면 소매를 걷어붙이고 바로잡으려고 뛰어듭니다. 그러면 바로잡기는커녕 어그러진 뼈를 더욱 어그러뜨립니다. 완전히 일을 다 망쳐놓습니다. 가정에서도 그렇습니다. '드러나거든'이라는 말은 완벽한 객관적인 증거에 의해서 그 죄가 밝히 보이면 조사하라는 것입니다. 절대적 사실에 근거하라는 것입니다.

적절한 타이밍을 찾으라

두 번째는 적절한 타이밍을 찾으라는 것입니다. 시기가 굉장히 중요합니다.

언제 할 것인지가 중요합니다. 아무리 옳은 소리라도 때에 따라서 잔소리가 될 수도 있고, 충고가 될 수도 있습니다. 그래서 잠언은 "경우에 합당한 말은 아로새긴 은 쟁반에 금 사과니라"고 했습니다(잠 25:11). 이 얼마나 아름답습니까? 그러나 이 말의 이면적인 뜻은 무엇입니까? 경우에 맞지 않는 말은 그 말이 아무리 옳은 말이라고 해도 아로새긴 은쟁반에 썩은 사과와 같다는 것입니다. 그것이 아무리 옳은 말이라고 해도 잔소리밖에 될 수 없다는 것입니다.

예를 들면 부모가 자녀에게 10시까지 들어오라고 했는데, 자녀가 11시에 들어왔습니다. 처음에는 염려가 되다가 나중에는 속이 부글부글 끓습니다. 어떻게 해야 합니까? 교정해주어야 합니다. 그러나 올바로 교정하려면 먼저 부모가 모범을 보여야 합니다. 어떤 자녀가 부모가 10시에 들어오라고 했는데 11시에 들어오면서 긴장하지 않겠습니까? 이때 하룻밤을 그냥 재워보십시오. 이미 교육의 효과가 있습니다. 그 자녀가 부모에게 혼나지 않았다고 해서 그것에서 자유로울 수는 없습니다. 도리어 자신의 잘못에 아무런 반응을 보이지 않는 부모님의 마음이 무엇일지를 혼자 상상하며 밤새 뒤척입니다. 부모는 아침에 일어나서 자녀와 천천히 대화를 나눕니다. "왜 늦었니?" 이렇게 되어야 하지 않겠습니까?

그런데 어떻습니까? 이리저리 눈치를 보면서 죄인처럼 들어오는 자녀에게 부모는 베개를 집어던지고 고함을 지르면서 꾸지람을 합니다. 그러면 그 자녀는 속으로 '자기는 안 늦었나?' 하면서 단순히 잔소리로 받아들이고 비뚤어지는 것입니다.

아내들도 마찬가지입니다. 남편에게 교정할 것이 있으면 타이밍을 잘 맞추어야 합니다. 타이밍을 잘못 맞추면 그것이 아무리 좋은 말이요 옳은 말이라고 해도, 잔소리로 그치고 말 뿐입니다. 또한 그 사람에게 상처를 더 입히는 독화살이 될 수 있다는 것을 명심하시기 바랍니다. 죄 가운데 빠진 사람들을 우리는 어떻게 도와야 합니까? 첫 번째는 절대적 사실에 근거해야 하고, 두 번째는 적절한 타이밍을 찾아야 합니다.

지혜로운 말로 다가가라

세 번째, 지혜로운 말과 접근이 필요합니다. 사람이 무엇을 결단하는 데는 복합적인 요인이 필요합니다. 머리로만 이해해도 안 되고, 감정만 있어도 안 되고, 의지만 있어도 안 됩니다. 지정의(知情意) 삼박자가 맞아야 합니다. 그래서 설교하는 사람은 지적인 동의를 얻어내고 감정적으로도 호소할 수 있어야 합니다. 저는 이것을 두고 늘 고민합니다. 그런데 이것이 설교에만 적용되는 것이 아니라 모든 사람에게 적용됩니다.

다윗이 범죄했을 때 어떻게 했습니까? 나단은 적절한 시기를 기다렸습니다. 다윗이 범죄한 사실을 이미 알고 있었지만 당장 찾아가지 않았습니다. 언제까지 기다렸습니까? 하나님이 가라고 하실 때까지 기다렸습니다. 그는 타이밍을 본 것입니다.

한번 생각해보십시오. 나단이 다윗 앞에 나가서 어떤 말로 그의 잘못을 회개하게 하고 바로잡을 것인지를 얼마나 고민했겠습니까? 그가 고민했던 흔적을 우리는 사무엘하 12장에서 볼 수 있습니다. 나단과 다윗은 친구였습니다. 선지자와 왕의 관계였지만 둘도 없는 친구였습니다. 다윗은 나단이 찾아와주어 너무 기뻤습니다. 아마 다윗 왕이 한가할 때 찾아갔을 것입니다. "우리 이야기나 좀 합시다."

나단이 이야기를 꺼냅니다. "다윗이여, 마음 아픈 일이 하나 생겼습니다. 우리 동네에 부자로 소문난 사람이 있는데, 소와 양이 얼마나 많은지 모릅니다. 그 수를 헤아릴 수가 없어요. 그런데 그의 이웃집에는 너무 가난한 사람이 살았어요. 그 집에 짐승이라고는 암양 새끼 하나밖에 없었습니다. 그 홀아

비가 아들들과 암양 새끼를 얼마나 사랑했는지 밥 먹을 때도 같이 먹고, 잘 때도 같이 잤습니다. 마치 친딸처럼 그 암양을 사랑했습니다. 그러던 어느 날 그 부잣집에 손님이 왔어요. 손님이 오면 마땅히 짐승을 잡아서 고기를 대접해야 하는데, 이 부자가 수많은 자기 양과 소는 가만히 버려두고 가난한 집에 가서 딸과 같이 여기던 암양을 빼앗아다가 잡아서 손님을 대접했습니다."

다윗의 반응이 어떠했는지 아십니까? 너무 격분했습니다. "내가 다스리는 이 나라 안에 그런 자가 있다니, 여호와의 살아계심을 가리켜 맹세하노니 그는 마땅히 죽어야 하리라. 그는 암양의 네 배를 그에게 갚아주어야 하리라. 내가 반드시 그렇게 하도록 하겠다." 다윗은 정의로운 사람이요 정이 많은 사람이었습니다. 그런데 그때 나단이 뭐라고 이야기합니까? "당신이 바로 그 부자입니다!" 우리가 그 현장에서 들었다고 가정해보십시오. 그렇게 격분하고 있을 때 말입니다.

왕 앞에 찾아가서 그의 죄를 지적하는 것은 쉬운 일이 아니었습니다. 다윗은 자기 범죄가 완벽한 줄 알고 있었습니다. 우리야의 아내를 임신시켜놓고, 그 사실을 가리기 위해서 전쟁 중인 자기 부하 우리야를 불러서 아내와 동침하게 만들려고 합니다. 그러나 우리야는 "모든 전우들이 전쟁에서 싸우고 있는데, 어찌 나 혼자 아내를 품고 잠잘 수 있겠습니까?" 하면서 아내가 있는 집에 들어가지 않습니다. 할 수 없이 다윗은 그 사실을 숨기기 위해 요압에게 명령하여 우리야가 전쟁터에서 죽도록 만듭니다. 그리고 우리야의 아내를 데려다 자기 아내로 삼습니다. 아무도 모르는 완벽한 범죄입니다.

이제 모든 것을 완벽하게 감추었다고 여기며 평안한 시절을 보내는 그 타이밍에 성령의 인도함을 받은 나단은 아마 며칠 밤을 고민했을 것입니다. '내가 어떻게 지혜로운 말로 왕의 죄를 지적해서 그를 바로잡을 수 있을 것인가?' 나단이 실패했다면, 오늘의 다윗은 없었을 것이고, 이스라엘은 수많은 고난을 반복했을 것입니다. 나단은 고민하면서 지혜로운 말을 찾아냈습니다.

그 결과가 어떠했습니까? 다윗이 보좌에서 내려와 통곡을 하며 회개했습니다. "나단이여, 아버지 하나님이여 내가 범죄하였나이다." 시편 51편과 32편은 다윗이 나단을 통해 자신의 죄를 깨닫고 얼마나 철저하게 자신을 돌이키며 회개했는지를 적나라하게 보여줍니다. 뼈가 쇠하고 진액이 빠질 정도로 말입니다.

여러분, 이것이 우리가 취해야 할 방법인 줄 믿습니다. 그러나 오늘날 우리는 어떻습니까? 한 사람이 범죄하면 소문으로 먼저 그를 죽입니다. 전혀 기도하지 않습니다. 내 육신적인 생각과 반응으로 그에게 상처를 입힙니다.

저도 제 짧은 목회에서 그런 경험을 해보았습니다. 어떤 성도가 잘못했을 때 제가 기도하며 성령의 인도하심을 기다리지 않고, 경건한 마음으로 스스로 돌아보며 그에게 권면하지 않고, 육신적인 상태에서 그를 찾아가서 책망했습니다. 그럴 때 그는 결코 돌아서지 않았습니다. 또한 저는 자녀에게 오래 참지 못합니다. 이것은 아마 우리 모두의 문제일 것입니다. 그러나 하나님은 우리에게 위대한 의무를 하나 주셨습니다. 우리는 모두 약한 자입니다. 병에 걸릴 수 있습니다. 죄의 질병에 빠질 수 있습니다. 그럴 때 어떻게 해야 합니까? 서로 짐을 져야 합니다. 서로 바로잡아주어야 합니다. 이것은 어려운 일이지만 우리가 해야 할 일입니다. 또한 참으로 깊은 지혜가 필요한 일이며 성령의 도우심을 요구하는 일입니다. 우리 모두 신령한 자가 되어 그리스도의 사랑의 법을 성취하기를 간절히 소망합니다.

16장

심음과 거둠

갈라디아서 6장 6–10절

6가르침을 받는 자는 말씀을 가르치는 자와 모든 좋은 것을 함께 하라 7스스로
속이지 말라 하나님은 업신여김을 받지 아니하시나니 사람이 무엇으로 심든지
그대로 거두리라 8자기의 육체를 위하여 심는 자는 육체로부터 썩어질 것을 거두
고 성령을 위하여 심는 자는 성령으로부터 영생을 거두리라 9우리가 선을 행하되
낙심하지 말지니 포기하지 아니하면 때가 이르매 거두리라 10그러므로 우리는 기
회 있는 대로 모든 이에게 착한 일을 하되 더욱 믿음의 가정들에게 할지니라

우리가 이 세상을 살 때 모든 것이 저절로 이루어지는 것 같지만, 사실 세상은 일정한 법칙에 따라 움직입니다. 어떻게 찬양의 삶을 살 수 있습니까? 거기에도 작은 법칙이 작용합니다. 이 세상의 물질적인 법칙은 우리가

매우 잘 아는 것 같습니다. 어떻게 계절이 바뀝니까? 왜 가을이 있고, 겨울이 있고, 봄이 있고, 여름이 있습니까? 지구가 공전하기 때문입니다. 왜 낮과 밤이 일정하게 바뀝니까? 지구가 자전하기 때문입니다. 하나님이 어떤 특별한 법칙을 만드셨기 때문에 계절이 있고, 낮과 밤이 있는 것입니다. 지구가 둥근데 어떻게 위쪽 반대편에 있는 사람이 떨어지지 않고 아래에 매달려 있을 수 있습니까? 중력 때문입니다. 만유인력의 법칙 때문입니다.

뉴턴은 어느 날 사과나무에서 사과가 떨어지는 것을 보고 만유인력의 법칙을 발견했습니다. 그가 만유인력의 법칙을 만든 것이 아닙니다. 그 법칙은 이미 하나님이 우주를 창조하실 때 만들어놓은 것입니다. 단지 뉴턴이 그것을 발견했을 뿐입니다. 많은 사람들이 알아도 그 원리를 제대로 설명하지 못했는데, 뉴턴이 하나의 법칙으로 체계화시킨 것입니다.

우리가 타는 배는 단순하게 뚝딱거려서 만든 것 같지만, 부력의 법칙에 따라 치밀하게 설계된 것입니다. 그 법칙에 따르지 않으면 배는 침몰하고 맙니다. 길거리의 많은 자동차가 그냥 다니는 것 같지만 수많은 법칙이 거기에 적용되고 있습니다. 작용과 반작용의 법칙, 관성의 법칙, 여러 가지 원리들을 적용하여 자동차를 설계했기 때문에 별 무리 없이 타고 다닐 수 있는 것입니다.

이런 법칙을 누가 만드셨습니까? 하나님이 만드셨습니다. 우리가 불편하다고 해서 바꿀 수 있는 것이 아닙니다. 하나님이 만드신 법칙에 따라 순응하는 것이 유익합니다. 그것을 거스르고 대적할 때, 우리에게 찾아오는 것은 불행뿐입니다.

우리는 어릴 때부터 이러한 물질적이고 과학적인 법칙들을 배워서 알고 있습니다. 그러나 오늘날 영적인 세계, 도덕적인 세계에도 하나님의 치밀한 법칙이 관장하고 있다는 사실을 깨닫고 적용하며 사는 사람은 매우 적습니다. 하나님은 보이지 않는 법칙, 과학적인 법칙뿐 아니라 이 세상 뒤에 우주를 움직이고 있는 영적인 세계에 치밀한 법칙을 만드시고 그 법칙에 따라서 운행하십니다.

성경은 그 하나님의 법칙 가운데 하나를 선포합니다. "죄 지은 자는 반드시 죽는다." 이렇게 묻는 사람이 있을지 모르겠습니다. "목사님, 죄 지으면 감옥에 가면 되지, 무엇 때문에 죽습니까?" 그러나 그것이 하나님의 법칙입니다. 하나님은 아무리 작은 죄라도 죄 지은 자는 반드시 죽어야 한다는 법칙을 세우셨습니다. 그러므로 죄 지은 자는 반드시 죽습니다. 영원한 사망을 맞게 됩니다. 거룩하신 하나님과 공존할 수 없다는 말입니다.

그러면 죄 지은 자가 어떻게 죽음을 면할 수 있습니까? 어떻게 죄의 형벌을 면할 수 있습니까? 모든 사람은 자기 행위로 가능하다고 말합니다. 열심히 종교생활을 하고, 교회에 출석하고, 무언가 착한 일을 해야 한다고 생각합니다. 그러나 성경은 오직 믿음으로 죄의 형벌을 면할 수 있다고 말씀합니다. 그 법칙을 누가 세우셨습니까? 하나님이십니다. 이런 법칙은 성경에 많이 나타나 있습니다. 영적인 법칙입니다. 그것은 이 세상의 물질적인 법칙보다 훨씬 더 우리의 운명을 좌우한다고 말할 수 있습니다. 사도 바울은 오늘 갈라디아서 6장 마지막 부분에 우리 그리스도인들이 기억해야 할 영적인 법칙 가운데 중요한 한 가지를 제시합니다.

> 스스로 속이지 말라 하나님은 업신여김을 받지 아니하시나니 사람이 무엇으로 심든지 그대로 거두리라(갈 6:7).

사도 바울이 우리에게 주는 하나님의 영적인 법칙은, 사람이 무엇으로 심든지 그대로 거둔다는 것입니다. 바울은 지금까지 은혜를 설교했습니다. 우리가 율법이 아닌 은혜로 살아야 한다고 했습니다. 그런데 은혜를 잘못 받은 사람은 그 은혜를 방종으로 생각했습니다. '이제는 내 행위와는 아무런 상관이 없구나! 마음대로 살아도 되겠구나!'

그러나 오늘 본문은 결코 그렇지 않음을 말합니다. 사도 바울은 하나님의 보편적인 영적인 법칙, 이 우주와 영적인 세계와 도덕적인 세계를 다스리는 한 가지 법칙을 들어 그 질문에 대답합니다. 그것은 바로 '심음과 거둠의 법칙'입니다. "사람이 무엇으로 심든지 그대로 거두리라."

이 법칙은 아주 쉽게 설명되어 있습니다. 심음과 거둠이라고 하면 우리는 농사를 생각합니다. 그러나 여기서 말하는 것은 농사가 아닙니다. 다만 농사에 비유했을 뿐입니다. 농사짓는 장면을 떠올려 보십시오.

농부가 추수하기 원하면, 그가 반드시 해야 할 것이 있습니다. 심어야 합니다. 누가 심지 않고 추수하려 한다면, 우리는 그를 보고 코웃음을 칠 것입니다. 그것은 말도 되지 않습니다. 그뿐 아니라 추수의 질과 종류 역시 씨 뿌리기에 달려 있음을 우리는 잘 알고 있습니다. 콩을 심으면 반드시 콩을 거두게 되어 있습니다. 그래서 "콩 심은 데 콩 나고 팥 심은 데 팥 난다"는 속담이 있습니다. 하나님의 법칙을 어느 현자가 발견한 것입니다.

좋은 것을 심으면 좋은 것을 수확하고, 나쁜 것을 심으면 나쁜 것을 수확하게 됩니다. 이것이 농사의 법칙입니다. 그러므로 농사의 법칙을 한마디로 하면, 심은 대로 거두는 것입니다.

사도 바울이 말하고자 하는 요점은 이 농사의 법칙을 설명하고자 함이 아닙니다. 이와 같이, 즉 농사의 법칙과 마찬가지로 영적인 세계에서도 심은 대로 거둔다는 것입니다. "사람이 무엇으로 심든지 그대로 거두리라." 그래서 욥은 이렇게 고백했습니다. "내가 보건대 악을 밭 갈고 독을 뿌리는 자는 그대로 거두나니"(욥 4:8). 호세아는 이스라엘 백성의 타락함을 보고 이렇게 예언합니다. "그들이 바람을 심고 광풍을 거둘 것이라"(호 8:7). 무슨 말씀입니까? 하나님의 심판을 거둘 것이라고 말합니다.

영적인 법칙은 하나님의 법칙이기 때문에 아무도 바꿀 수 없습니다. 이것을 강조하기 위해서 사도 바울은 두 가지 명령과 한 가지 사실을 덧붙입니다.

스스로 속이지 말라 하나님은 업신여김을 받지 아니하시나니 사람이 무엇으로 심든지 그대로 거두리라.

이 말의 뜻이 무엇입니까? 왜 속이지 말라고 합니까? 이것이 영적인 법칙인데, 수많은 사람들이 이 영적인 법칙을 알지 못하고 심지 않습니다. 주님 앞에 헌신하지 않고, 성경공부를 하지 않고, 기도하지 않으면서도 자신의 영이 자라나기를 기다립니다. 어떤 사람은 '내가 왜 이렇게 거룩한 사람이 되지 못했을까' 생각하면서 교회를 원망합니다. 어떤 사람은 "내가 교회를 15년이나 다녔는데, 내 신앙에 아무런 변화가 없습니다"라며 교회를 떠나려고 했습니다. 제가 말렸지만 결국 그 사람은 교회를 떠나서 지금은 술을 파는 곳에서 일한다는 소식을 들었습니다.

그 사람이 떠나기 전에 이런 말을 했습니다. "저는 이 교회를 주일학교 때부터 다녔습니다." 그래서 제가 몇 가지 질문을 했습니다. "자매님, 성경공부를 해보셨습니까?" "아니요." "정말 주님 앞에 기도한 적이 있습니까?" "아니요." "교회에서 직분을 맡아서 헌신한 적이 있습니까?" "아니요." 그 사람은 전혀 심지 않은 것입니다. 그저 교회만 왔다 갔다 했을 뿐입니다. 그러나 자라고 싶은 마음이 있었습니다. 그래서 교회를 원망합니다. '교회 다녀도 소용없더라. 내가 15년을 다녔는데, 내게 아무런 변화가 없지 않은가?' 왜 없습니까? 심지 않았기 때문입니다.

우리는 주위에서 이런 사람을 수없이 보게 됩니다. 내 마음에도 보게 됩니다. 심지 않고 거두려고 하는 것은 스스로 속이는 것입니다. 이 세상에서 우리를 가장 속이는 자가 누구입니까? 사탄입니다. 사탄은 에덴동산에 찾아와서 아담과 하와에게 이렇게 속입니다. "네가 저 선악과를 먹기만 하면 네 인생은 만족스러울 거야. 너는 하나님과 같이 높아지게 될 거야." 그것은 새빨간 거짓말입니다.

오늘도 사탄이 우리에게 얼마나 많은 것을 속삭입니까? "네가 이 일만 성취하면 네 인생에 만족이 있을 거야." 이것이 불륜의 관계인 줄 알면서도 "저 여자를 취하기만 하면, 저 남자 품에 안기기만 하면 내 인생은 만족스러울 거야. 나는 행복할 거야"라고 사탄은 끊임없이 속삭입니다. 사람들은 유혹에 빠져서 관계를 가집니다. 그러고 나서 그들은 말합니다. "왜 내가 거룩하지 않을까?" 이것은 자기를 속이는 것입니다.

하나님의 법칙은 간단합니다. 심은 대로 거두는 것입니다. 사도 바울은 우리에게 부탁합니다. "스스로 속이지 말라. 이 법칙을 바꾸려고 하는 것은 스스로 속이는 것이다."

바울이 말하는 또 다른 하나는 무엇입니까? "하나님은 업신여김을 받지 아니하신다." 업신여김을 받는다는 것이 무엇입니까? '뮈크테리조'(*mukthrivzw*)라는 단어는 손가락으로 코를 위로 밀어서 들창코로 만드는 것을 말합니다. 우리나라에서 남을 놀릴 때 양손을 뺨에다 대고 혓바닥을 내밀 듯이, 서양에서는 사람을 놀릴 때 자기 코를 이렇게 밉니다. '업신여긴다'는 말은 하나님을 조롱하는 것입니다. 하나님에게 "당신은 바보예요"라고 하는 것입니다. 우리가 어떻게 하나님을 조롱하고 업신여길 수 있겠느냐 하는 것입니다.

교회에 다니는 사람들은 한 번도 하나님을 업신여기거나 조롱한 적이 없다고 말할지 모르겠습니다. 그러나 성경은 심지 않고 거두려고 한다면, 악한 것을 심어놓고 거룩한 것을 거두려고 한다면, 하나님을 조롱하는 것이라고 말씀합니다. 하나님의 영적인 법칙을 무시해버리는 것, 아무것도 심지 않고 거두려고 하는 것, 나쁜 것을 심어놓고 선한 것을 거두려고 하는 것은 하나님을 조롱하는 것이며 하나님을 업신여기는 것입니다.

우리가 어떻게 행복한 그리스도인의 삶을 누릴 수 있습니까? 하나님이 세우신 영적인 법칙에 순응하는 것입니다. 그래서 사도 바울은 하나님이 세우신 영적인 법칙에 우리 그리스도인이 순응해야 한다고 명령합니다. 그리고 어떻게 하는 것이 순응하는 것인지, 도대체 어느 분야에서 우리가 이 말씀을 적용해야 할 것인지를 구체적으로 세 가지를 들어 말합니다. 그것이 마지막 본문의 내용입니다.

말씀을 가르치는 자를 위해 좋은 것을 심으라

6절을 읽어보십시오.

> 가르침을 받는 자는 말씀을 가르치는 자와 모든 좋은 것을 함께 하라.

첫 번째는 말씀을 가르치는 자를 위해 좋은 것을 심으라고 명령합니다. 성경은 종종 성도들에게 지도자의 관계를 아름답게 유지하라고 권면합니다. 그 이유는 목사나 말씀을 가르치는 지도자가 성도보다 신분적으로 높기 때문이 아닙니다.

구약시대에는 제사장이 하나님과 성도 사이에 있었습니다. 제사장은 늘 백성보다 높은 듯한 위치에 있었습니다. 그러나 신약시대에 와서 완전히 바뀌었습니다. 만인제사장이 된 것입니다. 제가 강단에서 설교하는 목회자일지라도 성도보다 높지 않습니다. 저와 여러분은 똑같은 자리에 있습니다. 똑같이 우리는 머리되신 주님을 따라가며 섬기는 것입니다. 우리가 똑같은 신분이지만, 그 기능에는 차이가 있다고 성경은 말씀합니다.

왜 말씀을 가르치는 자와 성도가 좋은 관계를 유지해야 합니까? 성경은 말씀을 가르치는 자가 성도보다 중요해서가 아니라 말씀을 가르치는 자의 역할이 중요하기 때문이라고 말씀합니다.

어떻게 하면 우리가 신앙생활을 잘할 수 있습니까? 무엇보다도 하나님의 말씀을 잘 배워야 합니다. 우리의 신앙이 잘 성장하기 위해서 필요한 것들이 많겠지만 무엇보다 가장 중요한 것은 하나님의 말씀을 올바로 배우는 것입니다.

교회를 한번 관찰해보십시오. 어떤 교회가 부흥하는 교회입니까? 강단이 살아 있는 교회가 부흥하는 교회입니다. 성도가 열심히 성경을 공부하는 교회는 반드시 부흥하게 되어 있습니다. 교회 역사를 살펴보면, 부흥이 일어나는 곳에는 언제나 하나님의 말씀이 뒤따랐습니다. 하나님의 말씀이 일어나는 곳에는 반드시 부흥이 온 것을 우리는 어렵지 않게 발견할 수 있습니다.

그러므로 오늘 권면은, 말씀을 가르치는 자들이 그 말씀을 잘 가르칠 수 있도록 도우라는 것입니다. "좋은 것을 함께 하라." 사도 바울은 이 좋은 것이 무엇인지를 구체적으로 말하지 않았습니다. 그러나 우리는 유추해볼 수 있습니다. 교회 사역자들이 하나님의 말씀을 잘 가르칠 수 있도록 성도는 그에게 좋은 것을 심어야 합니다. 말씀을 잘 가르칠 수 있는 환경을 만들어주고, 마음을 열고, 시간을 만들어주는 것이 심는 것입니다. 그렇게 말씀을 가르치는 자들을 위해서 심을 때 하나님의 좋은 말씀을 들을 수 있고, 그 말씀으로 인해 우리가 부흥을 누릴 수 있다고 합니다. 이것은 상당히 중요한 이야기입니다.

목회자들이 모이면 재미있는 이야기를 많이 합니다. 목회의 종류를 크게 두 가지로 나누는데, 하나는 발로 하는 목회와 또 다른 하나는 엉덩이로 하는 목회입니다. 발로 하는 목회는 과거에 유행했던 목회이고, 오늘날 성경적으로 하는 목회는 엉덩이로 하는 목회라고 합니다. 발로 하는 목회는 심방입니다. 심방을 함으로써 목회를 잘하는 분들이 있습니다. 성도 하나하나를 잘 다독거리고 무슨 일이 있으면 밤이 새도록 심방을 합니다.

그러나 성경을 깊이 연구하는 신학자들은 심방도 중요하지만 목회자들이 해야 할 일 가운데 심방이 주가 되면 안 된다고 말합니다. 성경을 자세히 읽어보면, 목회자가 첫째로 해야 할 일은 말씀을 가르치는 일입니다. 말씀을 깊이 연구하고 기도하면서 말씀을 마음에 심어 자신이 먼저 은혜를 받고 성도에게 가르치는 것입니다. 그것이 목회자가 우선적으로 해야 할 일입니다. 그래서 엉덩이로 하는 목회는 책상 앞에 앉아 연구하는 목회라는 것입니다.

제가 목회를 하면서 처음에는 설교를 저 혼자 준비하는 줄 알았습니다. 그런데 해가 갈수록 그렇지 않다는 것을 깨닫습니다. 말씀을 준비하고 성경을 가르치는 일이 성도들과 연관되어 있다는 것을 점점 더 깊이 느낍니다. 예배 시간에 설교하는 목사를 위해 중보기도 팀을 뽑아 간절하게 기도하는 교회도 있다고 합니다. "가르침을 받는 자는 말씀을 가르치는 자와 모든 좋은 것을 함께 하라." 이것이 바로 심는 것입니다.

그러면 어떻게 심을 수 있습니까? 기도로 심을 수 있습니다. 말씀을 준비하는 시간을 할애할 수도 있을 것입니다. 제가 유학을 마치고 한국으로 돌아와서 목회를 하려고 할 때, 저의 교수님이 부탁하신 것이 있습니다. "목회를 하게 되면, 1년에 한 달은 반드시 목회 전선에서 물러나 모든 것을 그만두고 혼자 조용한 곳에 가서 하나님과만 교제하라. 그리고 1년 동안 설교할 것을 준비하고 기도하라." 저는 그렇게 하겠다고 했지만 3년이 지난 지금까지 한 번도 그렇게 하지 못했습니다. 그래서인지 요즘 제 스스로 갈증을 느낍니다. 말씀을 준비하는데 점점 자신이 없어지기도 합니다. 그래서 한 달은 고사하고 단 몇 주만이라도 나 자신을 돌아보며 하나님과 깊이 교제하는 시간을 가져야겠다는 생각을 합니다.

목회를 하다 보면 교회의 어려운 일들을 많이 나누게 됩니다. 어려운 소식들은 금방 목회자에게 들어옵니다. 저는 굉장히 예민한 성격 탓에 "성도의 가정이 흔들린다, 어려움이 있다"고 하면 며칠 밤을 설칩니다. 미국에서 목회할 때, 이로 인해 굉장히 어려웠습니다. 그래서 저의 교수님을 찾아갔습니다. "교수님 제가 이러이러한데 어떻게 하면 좋겠습니까? 저는 아무래도 목회를 못하겠습니다. 신학교 교수로 가야겠습니다." 그랬더니 저에게 "프로가 되라"고 말씀하셨습니다. 성도들과 상담을 마친 후에는 돌아서서 잊어버리려고 노력하라는 것입니다. 그런데 저는 그것이 잘 되지 않습니다. 사실 사람들은 좋은 소식보다 나쁜 소식을 더 많이 갖고 옵니다. 기도 부탁은 많이 하지만, 기도 응답받은 것에 대해서는 알리지 않습니다.

사도 바울은 좋은 것은 함께해야 하는 것이라고 말합니다. 말씀을 가르치는 자가 말씀을 받는 자보다 중요해서가 아니라 하나님의 말씀이 중요하기 때문에 가르치는 자에게 좋은 것을 심어야 한다고 말합니다. 여러분, 우리가 어떻게 아름다운 그리스도인의 삶을 살 수 있습니까? 말씀을 가르치는 자를 향해 좋은 것을 심으시기를 바랍니다.

성령을 따라 심으라

두 번째로 우리가 이 영적인 법칙을 적용해야 할 부분을 8절에서 이렇게 말씀합니다.

> 자기의 육체를 위하여 심는 자는 육체로부터 썩어질 것을 거두고 성령을 위하여 심는 자는 성령으로부터 영생을 거두리라(갈 6:8).

사도 바울은 "자신을 위해 육체를 따라 심지 말고 성령을 따라 심으라"고 권면합니다. 이것이 영적인 법칙입니다. 행복한 그리스도인이 되기 원한다면 성령을 따라 심어야 합니다.

우리나라 사람들은 인생을 숙명론적으로 보는 경우가 많습니다. 머리로는 거부할지 모르지만, 마음 깊은 곳에서는 우리의 삶이 팔자에 달려 있다고 믿습니다. 무엇이 잘못되면 늘 팔자타령을 합니다. 노력하기보다는 되는 대로 살아가려는 경향이 있습니다. 불교의 영향 때문인지 모르겠습니다.

그러나 성경은 숙명론을 말하지 않습니다. 오히려 우리의 삶이 팔자에 달린 것이 아니라 우리가 만들어가는 것이라고 합니다. 기독교 사상에 근거한 서양에는 이런 속담이 있습니다. "말이 행동을 낳고, 행동이 습관을 낳고, 습관이 인격을 낳고, 인격이 그 사람의 운명을 결정한다." 이런 말을 많이 들어보았을 것입니다. 이것이 성경의 사상입니다. 우리의 삶과 운명은 내가 만들어간다는 것입니다. 즉 오늘 우리가 무엇을 심느냐에 따라서 우리의 미래와 운명이 결정된다는 것입니다.

많은 사람들이 가정이 깨어지고 자녀가 잘못되면 남을 원망하고, 환경을 탓하고, 팔자타령을 합니다. 그래서 점을 보러 갑니다. 액운이 끼어서 그런 것이 아닌가 하고 생각합니다. 아닙니다. 잘 살펴보면 내가 심은 것입니다. 부부 사이가 하루아침에 나빠진 것 같지만 절대 그렇지 않습니다. 제가 상담해보면, 나쁜 말과 행동을 끊임없이 심었던 것입니다. 그 결과가 오늘 나타난 것입니다.

저는 미국에서 많은 가정을 상담했는데, 미국에 사는 한국 가정의 문제 가운데 하나는 자녀들은 한국말을 못하고, 부모는 영어를 잘 못한다는 것입니다. 대부분은 자식 교육을 잘 시키려고 이민을 갑니다. 그런데 이민을 가서 어떻게 합니까? 자식을 교육시키려고 열심히 삽니다. 그래서 미국을 휩쓸고 다닙니다. 청소하는 것입니다. 한 5년 지나면 미국을 주름잡습니다. 한국 사람들이 세탁소를 차려서 바지 주름을 잡습니다. 사실 미국에서 세탁소를 하나 가지고 있으면 부자입니다. 그런데 그 일이 얼마나 바쁜지 모릅니다. 그렇게 열심히 일해서 그들이 살 만하게 되면 자녀들은 고등학생쯤 됩니다. 문제는 여기에서 시작됩니다. 청소년으로 성장한 자녀들은 마약에 빠지고 깡패들과 어울리기도 합니다. 그러면 부모들은 실 끊어진 연처럼 낙담을 하고 상담소를 찾아옵니다. "내가 자식을 잘 키우려고 얼마나 노력을 했는데" 하면서 좌절합니다. 그런데 그 부모들을 자세히 관찰해보면, 아이를 위해 노력한 것이 아닙니다. 또 노력을 했어도 잘못한 것입니다. 부모가 돈을 벌어서 기반을 잡기까지 자녀들은 부모 없는 고아나 다름없었기 때문입니다. 부모의 통제 없이 자신들이 원하는 TV 프로를 보고 컴퓨터로 음란물을 접하게 됩니다. 부모와 만날 시간이 없습니다. 아버지의 얼굴을 볼 시간이 없고, 어머니가 해주시는 따뜻한 밥을 먹을 시간이 없습니다. 그러니 어떻게 자녀가 잘 되기를 바라겠습니까?

제가 볼 때는 너무나 당연한 결과입니다. 그들이 심은 것입니다. 그들을 상담할 때, 저는 "당신이 무엇을 심었는지를 보라"고 이야기했습니다. 그래서 자식의 잘못이 아니라 내 잘못이라는 것을 깨달으면 그 가정은 희망이 있고 치료가 되었습니다.

우리의 모든 신앙생활이 그렇습니다. 신앙생활은 단숨에 이루어지지 않습니다. 내가 이렇게 오랫동안 교회에 다녔는데 아무런 효과가 없었다는 말은, 곧 내가 심지 않았다는 것을 증명하는 것입니다. 나 자신을 자세히 살펴보십시오. 정말 주님 앞에 몸부림치며 기도하는 시간을 얼마나 가졌습니까? 정말 하나님의 말씀을 꿀송이보다 더 달게 얼마나 대해보셨습니까? 주님을 위해 정말 내 것을 바쳐서 헌신하셨습니까? 아닙니다. 대부분의 사람들은 주일에 하루 교회 출석하는 것도 힘들어합니다. 영적으로 자라지 않는 것은 너무나 당연합니다. 직분은 올라갈지 모릅니다. 집사가 되고 안수 집사가 되고 장로가 될지 모릅니다. 그러나 그의 영은 점점 메말라 죽어가는 것입니다. 그것이 하나님의 법칙이기 때문입니다. 그런데 믿은 지 1년도 채 지나지 않았는데 놀랍게 자라는 사람이 있지 않습니까? 왜 잘 자랍니까? 재수가 좋아서입니까? 그는 그만큼 심은 것입니다.

사도 바울은 우리의 삶을 크게 두 가지로 분류합니다. 농사짓는 사람으로서 우리는 두 가지 중에 하나를 심게 되어 있다는 것입니다. 첫 번째는 육체를 위해 심고, 두 번째는 성령을 따라 심는 것입니다. 육체를 위해 심는 것이 무엇입니까? 육체를 위해 심는다고 하니까 아침마다 에어로빅과 보디빌딩을 하는 것이라고 생각할지 모르지만, 그런 말이 아닙니다. 육체는 아담으로부터 물려받은 타락한 성품을 의미합니다. 우리가 구원받기 전에는 누구나 죄성을 갖고 있습니다. 아무리 부인해도 죄짓고 싶고, 화내고 싶고, 더 갖고 싶고, 존경받고 싶은 타락한 성품이 내 안에 있습니다.

육체를 위해 심는다는 것은 주로 생각을 말하는 것입니다. 생각이나 행동을 우리의 타락한 성품에 고정하는 것입니다. 그래서 하루 종일 어떻게 하면 돈을 더 벌까, 어떻게 하면 더 멋진 차를 탈까, 어떻게 하면 더 넓은 아파트를 살까, 어떻게 하면 더 짜릿한 쾌락을 누릴까를 생각합니다. 늘 그러한 생각에 집중되어 있습니다. 성경은 그것이 곧 육체를 위해 심는 것이라고 말씀합니다. 육체를 위해 심는 것은 어려운 것이 아닙니다. 그런데 육체를 위해 심으면 반드시 썩어질 것을 거둔다고 말씀합니다. 여기에서 썩어질 것을 거둔다고 했지만 사실은 멸망한다는 말입니다. 이것이 하나님의 법칙입니다.

여러분, 기억하십시오. 세상에서는 그것이 죄가 되지 않습니다. TV는 날마다 우리에게 속삭입니다. 수단 방법을 가리지 말고 돈을 벌라, 방법은 상관없으니까 남을 짓밟고 올라서라, 무슨 수를 써서라도 더 많은 이성과 사귀라, 쾌락을 누리라고 합니다. 사탄은 지금도 거짓말을 합니다. 그러나 명심하십시오. 하나님의 영적인 법칙이 무엇인지 아십니까? 육체를 따라 심으면 반드시 멸망한다는 것입니다.

성령을 따라 심는 것은 무엇입니까? 그것 역시 간단합니다. 그것은 생각에서부터 옵니다. 늘 우리의 생각을 하나님 나라와 하나님의 일에 두는 것입니다. 말씀을 암송하고 아침에 일어나 기도하며 마음에 잘못된 생각이 들어올 때 성령님께 아뢰고, 늘 주님을 찬양하려고 하고, 하나님의 일에 내 생각을 집중시키는 것이 성령을 따라 심는 것입니다.

많은 사람이 성령을 따라 심는 것을 너무 어렵게만 생각합니다. 그저 기도원에 가서 금식하고, 목회자가 되어야 하고, 수도원 들어가야 하는 것이라고 여깁니다. 그렇지 않습니다. 매일의 삶에서 하나님의 말씀과 하나님 나라를 생각할 때 우리는 이미 성령을 따라 심는 것입니다. 성령을 따라 심으면 그 결과는 무엇입니까? 영생을 거둡니다. 구원받지 못하는 사람, 아무리 복음을 전해도 마음 문을 못 여는 사람을 자세히 관찰해보십시오. 육신을 따라 너무 많이 심었습니다. 구원받았음에도 신앙이 자라지 않고 매일 쳐져서 사는 사람, 겨우 자기 영적 목숨 하나 유지하기에 급급한 사람을 자세히 관찰해보십시오. 그들은 성령을 따라 심기보다는 육체를 따라 심습니다.

여러분, 거룩한 삶을 살기 원하십니까? 그렇다면 두 가지 일을 해야 합니다. 하나는 육체를 따라 심지 마십시오. 그리고 위의 것을 바라보시고 성령을 위해 심으십시오. 이것이 하나님의 법칙입니다. 영적인 법칙입니다. 우리가 알아야 할 중요한 법칙은, 사람이 무엇으로 심든지 그대로 거둔다는 것입니다. 어디에 적용해야 합니까? 우리의 신앙생활을 위해, 말씀을 가르치는 자들을 위해 좋은 것을 심어야 합니다. 함께 누려야 합니다. 여기에서 '함께'라는 단어가 중요합니다. 두 번째는 육체를 따라 심지 말고 성령을 따라 심어야 합니다.

다른 성도를 위해 선행을 심어라

마지막으로 우리에게 주는 적용의 말씀이 9-10절에 나옵니다. 그것은 바로 다른 성도를 위해 선행을 심어야 한다는 것입니다.

> 그러므로 우리는 기회 있는 대로 모든 이에게 착한 일을 하되 더욱 믿음의 가정들에게 할지니라(갈 6:16).

이 하나님의 법칙을 어디에 적용해야 합니까? 우리가 적용해야 할 때가 많지만, 이 땅에 사는 동안에 선행을 심으라는 것입니다. 본문에서는 구체적으로 몇 가지로 나누어서 말씀하고 있는데, 누구에게 이 선행을 심어야 합니까? 먼저 모든 사람에게 선행을 심어야 합니다. 나에게 해를 끼친 사람, 나와 잘 알지 못하는 사람 등 가능하면 모든 사람에게 해야 합니다. 그래서 육교를 지나다가 구걸하는 사람이 있으면 다른 사람은 모른 척 지나가더라도 우리는 가능하면 한 푼이라도 주고 가야 합니다. 그러나 더욱 강조해서 선행을 베풀 대상은 특히 믿는 형제들입니다. 교회 안에서 선행을 심을 것을 강조하고 있습니다. 언제 심습니까? 기회 있는 대로 심어야 합니다. 어떤 사람은 남을 도와주고 싶은데 기회를 놓쳤다고 합니다. 기회는 처음에 올 때 꽉 잡아야지, 그 기회를 놓치면 뱀 꼬리 같아서 아무리 잡아봐야 빠져나갑니다.

언제 선행을 해야 합니까? 기회 있는 대로 해야 합니다. 언제 기회가 오는지 아십니까? 오늘, 바로 지금입니다. 어떤 사람에게 용서를 구해야 한다면 오늘 하십시오. 내일 일은 우리가 알 수 없습니다. 어떤 사람이 경제적으로 빈곤한 것을 보았습니까? 내가 도와야겠다고 생각할 때 언제 해야 합니까? 내 형편이 나아지면 합니까? 다음 달입니까? 아닙니다. 오늘 하십시오.

성경은 그 필요를 본 즉시 해야 한다고 말씀합니다. 그것이 기회 있는 대로입니다. 주님 안에서 기회를 올바로 포착하시기를 바랍니다. 그러면 어떻게 해야 합니까? 그 방법이 9절에 나타나 있습니다.

> 우리가 선을 행하되 낙심하지 말지니 포기하지 아니하면 때가 이르매 거두리라 (갈 6:9).

어떻게 해야 합니까? 인내로써 해야 합니다. 낙심하지 말아야 합니다. 사실 인내는 굉장히 어려운 일입니다. 오히려 한 번 선행하는 것이 쉽습니다.

우리가 어떤 사람을 도와야 합니까? 어떤 사람은 가능한 사람을 도우라고 합니다. 일어설 수 있는 능력이 있는 자를 도우라고 합니다. 그러나 사실은 가능성 없는 사람을 끝까지 도와야 합니다. 그것이 성경에서 말하는 구제입니다. 자기 힘으로 도저히 일어서지 못하는 사람을 구제해야 합니다. 우리는 인내가 필요합니다. 이것은 가족 간에도 마찬가지입니다. 내가 배우자를 어떻게 대해야 합니까? 내 속을 썩이는 자녀를 어떻게 대해야 합니까? 성경은 말씀합니다. "낙심하지 말고 인내로 도우라. 그에게 선행을 하라."

그런데 우리는 어떻게 합니까? 한두 번은 용서해줍니다. 시간이 지날수록 언성이 점점 높아집니다. 어려운 부분입니다. 그러나 하나님의 법칙은 무엇입니까? 우리가 괴롭더라도 인내해야 한다는 것입니다. 농사를 생각해 보십시오. 오늘 심어놓고 내일 곡식을 거두려고 하는 농부가 어디 있습니까? 봄에 씨를 뿌려놓고 밭을 갈며 물을 줘야 합니다. 농약을 쳐줘야 합니다. 과일나무를 심었을 경우에는 수년을 기다려야 합니다. 하물며 사람의 열매를 맺으려면 어찌 우리가 인내하지 않을 수 있겠습니까?

인내해야 합니다. 때로 '도저히 안 되겠다'는 낙심이 찾아옵니다. 그러나 하나님은 말씀하십니다. "결과는 나에게 맡겨라. 너희는 물 주는 자이고 자라나게 하는 이는 나다. 너희의 할 일이 아니다. 너희는 그저 기회 있는 대로 모든 사람에게 인내를 가지고 선행을 행하라. 심어라. 그러면 열매는 내가 나의 때에 너에게 보장해줄 것이다."

이 세상의 유명한 영적 거인들을 보십시오. 어거스틴이 하루아침에 성자가 되었습니까? 그가 방탕한 생활을 할 때, 그의 어머니 모니카는 14년을 포기하지 않고 주님 앞에 나와 기도했습니다. 우리 교회 가운데에도 '술독'이라는 별명을 가진 어떤 성도가 집사님이 되었습니다. 하루아침에 그 집사님이 그렇게 되었습니까? 부인이 낙심하지 않고 눈물로 그에게 선행을 베풀었습니다. 이것이 우리가 심어야 할 씨앗입니다. 우리가 어떻게 그리스도인의 삶을 살 수 있습니까? 어떻게 아름다운 그리스도인의 삶을 영위할 수 있습니까? 어떻게 풍성한 성령의 열매를 맺을 수 있습니까? 올바로 심어야 합니다.

지금 혹시 내 인생의 열매, 내 가정의 열매, 내 인격의 열매, 내 신앙의 열매를 바라보며 누군가를 원망하고 있지 않습니까? '나는 왜 이렇게 자라지 않을까? 오늘 우리 부부 관계는 왜 이것밖에 되지 않을까? 내 자식은 왜 저렇게 비뚤어졌을까?' 다른 누구를 원망하기 전에 이런 질문을 해보십시오. '지금까지 살아오는 동안 과연 나는 무엇을 심었는가? 내 자녀와 배우자와 내 신앙을 위해 하루 24시간 가운데 과연 몇 시간을 드렸는가? 하나님이 주신 물질 가운데 과연 얼마나 많은 부분을 다른 사람을 돕기 위해 썼는가? 지금 이 순간에도 하나님 앞에서 나는 혹시 하나님을 업신여기지는 않는가? 혹시 나 스스로를 속이고 있지는 않은가? 세상을 위해서는 내 모든 정열과 시간과 물질을 다 바치면서 하나님을 위해, 내 가정을 위해, 내 자녀를 위해서는 아끼지 않았는가?' 한번 곰곰이 생각해보십시오.

여러분, 언젠가 하나님이 우리의 열매를 평가하실 날이 올 것입니다. 지금 여러분은 어떤 열매를 맺고 계십니까? 혹시 여러분이 맺은 열매가 불만족스럽습니까? 그렇다면 오늘 하나님의 영적인 법칙에 다시 한 번 귀를 기울이시기 바랍니다. "사람이 무엇으로 심든지 그대로 거두리라."

17장

겉모양을 중요시하는 신앙의 특징

갈라디아서 6장 11-13절

[11]내 손으로 너희에게 이렇게 큰 글자로 쓴 것을 보라 [12]무릇 육체의 모양을 내려
하는 자들이 억지로 너희에게 할례를 받게 함은 그들이 그리스도의 십자가로 말
미암아 박해를 면하려 함뿐이라 [13]할례를 받은 그들이라도 스스로 율법은 지키지
아니하고 너희에게 할례를 받게 하려 하는 것은 그들이 너희의 육체로 자랑하려
함이라.

신앙의 내면보다 외면을 강조하는 형식주의

우리가 신앙생활을 하는 중에 가장 경계해야 할 것은, 형식주의에 빠지는 것입니다. 형식주의는 신앙의 내면보다 외면을 강조합니다. 수많은 성도들이 형

식주의에 빠져서 진정한 믿음을 저버렸습니다. 얼마나 많은 사람이 형식주의의 덫에 희생되었습니까? 기독교 역사가 그것을 증명하고 있습니다. 하나님은 이스라엘 백성을 택하시고 그들을 언약 백성으로 삼으셨습니다. 그들과 외면적 언약이 아닌 내면적 관계를 갖기 원하셨기 때문입니다.

그러나 구약성경은 무엇을 말씀합니까? 이스라엘 백성은 마음을 다해 하나님을 섬기지 않았습니다. 힘을 다해 여호와를 사랑하지 않았고, 성품을 다해 여호와를 좇지 않았습니다. 다만 그런 척했을 뿐입니다. 형식주의에 빠진 것입니다. 그래서 하나님은 이사야 선지자를 통해서 말씀하십니다. 이사야서 29장을 보십시오.

> 이 백성이 입으로는 나를 가까이 하며 입술로는 나를 공경하나 그들의 마음은 내게서 멀리 떠났나니 그들이 나를 경외함은 사람의 계명으로 가르침을 받았을 뿐이라(사 29:13).

이 얼마나 놀라운 말씀입니까? 얼마나 마음 아픈 말씀입니까? 하나님이 오죽 답답하셨으면 이런 말씀을 하셨을까요? "이스라엘 백성들아, 너희가 입술로는 나를 존경하는 것 같으나 마음은 아니구나. 몸은 여기에 와 있는 것 같으나 마음은 다른 데 있구나. 너희가 지금 나를 내 계명으로 따르지 않고, 사람의 계명으로 따르고 있다."

이 세상에는 두 가지 종교가 있습니다. 첫 번째 종교는 형식을 강조하고, 두 번째 종교는 내면을 강조합니다. 기독교는 내면을 강조합니다. 율법을 통해 겉으로 나타나는 행위만을 바꾸는 종교가 아닙니다. 살아 계신 하나님과의 만남을 통해 내 속사람을 송두리째 변화시키는 내면적인 종교입니다. 하나님을 마음으로 만나는 종교입니다.

그러나 이스라엘 백성은 하나님의 가르침을 따르지 않았습니다. 성경은 사람의 계명을 따랐다고 말씀합니다. 무슨 말씀입니까? 이 세상 모든 종교와 같이 사람들이 가르치는 외면을 강조하는 형식주의에 빠져서 신앙생활을 했다는 말씀입니다. 그 결과 그들은 멸망하고 말았습니다. 세상에서 가장 잘 믿는 하나님의 백성인 것처럼, 신앙생활을 잘하는 사람인 것처럼, 그들은 행동하고 말했습니다. 그러나 그들의 마음이 하나님으로부터 멀어졌기 때문에 그들은 하나님의 언약 백성의 역할을 감당하지 못하고 멸망했던 것입니다.

이스라엘 백성만 형식주의에 빠졌을까요? 아닙니다. 이른바 하나님의 백성이라 일컬음을 받던 수많은 백성이 이 형식주의에 빠져 멸망했습니다. 바리새인이 그 대표적인 예입니다. 하루는 예수님이 바리새인들을 만나서 그들을 책망하셨습니다. 예수님이 인용하신 말씀이 바로 이사야서 29장 13절입니다. 바리새인을 향해서 "너희가 입술로는 나를 존경하나 마음은 내게서 멀리 떠나 있도다." 그리고 마가복음 7장 8절에서 "너희가 하나님의 계명은 버리고 사람의 전통을 지키느니라"고 하십니다.

하나님의 계명은 무엇이고 사람의 전통은 무엇입니까? 하나님의 계명은 우리의 속사람을 바꾸는 것입니다. 살아 계신 하나님을 만나는 것입니다. 이 세상을 지으시고 나를 사랑하셔서 인간의 몸을 입고 십자가에 달리신 예수 그리스도를 내 마음에 영접하는 것입니다. 내 모든 인격을 다해 그분을 만나고 닮아가면서 이 세상을 승리하며 살기를 소망하며 헌신의 자세로 살아가는 것입니다. 그것이 하나님의 계명입니다.

사람의 전통은 무엇입니까? 사람에게 보이기 위해 신앙생활을 하는 것입니다. 마음은 닫아놓고 몸만 교회에 나오는 것입니다. 입술로만 찬양을 하고, 형식적으로만 교회 직분을 가지고, 신앙생활을 하는 자처럼 살아가는 것이 사람의 전통입니다.

예수님은 고르반의 예로 그들을 책망하셨습니다. 하나님의 계명이 무엇입니까? 네 부모를 공경하라는 것입니다. 우리는 부모님께 생활비를 드려야 하고 용돈을 드려야 했습니다. 구약 율법에 의하면 말입니다. 그런데 이 사람들이 그렇게 하고 싶지 않았습니다. 그래서 핑계를 댑니다. 그 당시에 고르반이라는 전통이 있었는데, 그것은 내 모든 재물을 하나님께 드리는 것입니다. 고르반을 한 사람은 부모님께 용돈을 적게 드려도 됩니다. 부모님의 생활비를 줄여도 됩니다. 왜 그렇습니까? 하나님께 다 드렸기 때문입니다.

그런데 바리새인이 어떻게 했는지 아십니까? 하나님께 진심으로 바치고 싶어서가 아니라 부모님께 용돈을 드리고 싶지 않아서 고르반이라는 핑계를 대었습니다. 그들은 바로 형식주의자들이었습니다. 마음은 하나님께 멀리 떠나 있으면서 부모님을 공경하지 않았다고 예수님이 그들을 지적하신 것입니다.

또한 예수님은 알아듣지 못하는 바리새인들에게 그 어떤 결론도 맺지 않으시고 제자들에게 따로 말씀하십니다. "무엇이든지 밖에서 사람에게로 들어가는 것은 능히 사람을 더럽게 하지 못하되 사람 안에서 나오는 것이 사람을 더럽게 하는 것이니라 하시고"(막 7:15-16). 즉 형식이 중요한 것이 아니요, 내면이 중요함을 제자들에게 가르치신 것입니다. 마음이 중요하다고 가르치신 것입니다.

갈라디아서의 주제가 무엇입니까? 율법과 은혜가 아닙니까? 그러면 율법은 무엇이고 은혜는 무엇입니까? 율법주의자들은 계속해서 행위를 강조했습니다. 그래서 할례를 받으라고 고집한 것입니다. 다른 말로 하면, 형식과 사람의 계명을 강조하는 것이 율법입니다.

그렇다면 하나님의 은혜는 무엇입니까? 하나님의 은혜는 형식이 아니라 내 영을 바꾸는 것입니다. 나의 내면을 하나님의 은혜에 맡겨서 십자가 앞에 내 영을 내놓는 것입니다. 나의 전 인격을 변화시켜달라고 주님 앞에 간구하는 삶의 모습이 은혜라고 사도 바울은 지금까지 강조해왔습니다.

사도 바울은 갈라디아서의 막바지에 이르러서 갈라디아서의 주제를 다른 두 언어로 나타내고자 합니다. 그는 형식주의의 삶이 어떤 것인지, 십자가에 사로잡힌 삶이 어떤 것인지를 마지막 부분에 다시 한 번 특별한 방법으로 강조합니다.

내 손으로 너희에게 이렇게 큰 글자로 쓴 것을 보라(갈 6:11).

무슨 말씀입니까? 이 구절은 여러 학자들에게 많은 논란을 야기했습니다. 먼저 '내 손으로 쓴 것'이 무슨 말입니까? 그러면 지금까지는 사도 바울이 자기 손으로 쓰지 않았고, 마지막 부분만 자기 손으로 썼다는 것인가 하는 의문을 가진 학자도 있습니다. 사도 바울의 다른 모든 서신서는 대필가를 고용했는데, 이것은 당시 흔한 관습이었습니다. 인쇄술이 없었기 때문에 손으로 쓰는 것이 곧 성경이 되었습니다. 정확하게 아름다운 글자로 써야 하는데, 성경을 쓰는 직업을 가진 사람이 있었습니다. 누구였습니까? 서기관이었습니다. 사도 바울이 아무리 달필이라고 하더라도 전문가를 따라가지 못합니다. 그래서 성경을 쓸 때 서기관들에게 부탁하고 마지막에 자신이 썼다는 것을 증명하기 위해서 오늘날 사인하는 것처럼 마지막 인사말만 본인이 쓰는 것이 관습이었습니다.

그러나 어떤 학자는 다른 모든 서신서는 대필가를 고용했을지 모르지만 갈라디아서는 매우 중요하기 때문에 사도 바울이 직접 썼다고 주장합니다. 어느 것이 옳고, 그른 주장인지 우리는 알 수 없습니다.

또 '큰 글자'는 무엇입니까? 왜 큰 글자로 썼을까요? 일반적으로는 사도 바울의 눈이 나빠서일 것이라고 믿고 있습니다. 어떤 학자는 사도 바울이 갈라디아 교인들을 향해서 너희가 눈이라도 빼어 나에게 주었으리라고 한 말씀을 근거로 추측합니다. 분명히 사도 바울은 자신의 안질 때문에 큰 글자로 썼을 것이라고 말입니다.

그러나 어떤 학자는 그렇게 믿지 않습니다. 다른 문장은 소문자로 썼는데,

눈에 잘 띄도록 영어의 대문자와 같이 헬라어 대문자, 곧 큰 글자를 쓴 것은 그 문장을 강조하기 위함이라는 것입니다. 이 학설이 맞는다면 이 말씀은 언더라인(underline)을 하는 것과 같은 것입니다.

제 생각에는 사도 바울이 아마 대필가를 써서 편지를 쓴 것 같습니다. 그 당시 관습이 그러했듯이, 마지막 부분만 사도 바울의 편지임을 증명하기 위해서 그가 쓴 것이라고 생각합니다. 갈라디아서 6장 마지막 부분이 정말 중요했기 때문에, 오늘 우리 성도들에게 강조하는 뜻으로 친필로 썼을 뿐 아니라 소문자가 아닌 대문자로 쓴 것이 아닌가 생각합니다.

본문은 지금까지 사도 바울이 말한 내용을 요약하는 말씀이라고 할 수 있습니다. 갈라디아서 6장 11-18절의 말씀은 우리에게 신앙의 두 가지 길을 보여주고 있습니다. 하나는 형식주의의 길이요 또 다른 하나는 십자가의 길입니다.

저는 이 형식주의에 대해 다루고자 합니다. 우리 역시 형식주의에 빠질 수 있기 때문입니다. 수많은 우리 신앙의 선조들이 이 형식주의의 덫에 걸려서 파멸을 가져왔기 때문입니다. 이는 자칫 잘못하면 나도 모르게 빠져들 수 있습니다. 그러므로 사도 바울은 이 형식주의를 강조하고 있습니다.

사도 바울이 말하는 형식주의자들의 특징을 살펴보면서 우리 자신을 돌아볼 수 있기를 바랍니다. 성령 하나님이 우리 마음을 조명하셔서 우리 안에 형식주의가 남아 있지는 않은지, 나는 진정으로 하나님을 송축하고 있는지, 아니면 형식주의에 매여 신앙생활을 하고 있는지를 살펴보기 원합니다.

종교적인 외식

형식주의의 첫 번째 특징은 종교적인 외식에 빠지게 된다는 것입니다. 12절 상반절을 보십시오.

무릇 육체의 모양을 내려 하는 자들이.

바울은 율법주의자들에게 '육체의 모양을 내려 하는 자들'이라는 별명을 붙여주었습니다. 그들은 내면적인 의를 통해 하나님을 기쁘시게 하기보다는 겉으로 보이는 종교적 행위를 통해 사람들에게 보이려는 자들이기 때문입니다. 그들에게 중요한 것은 마음이 아니라 육체입니다. 속사람이 아니라 겉사람입니다. 그래서 그들은 내가 어떻게 하면 살아 계신 하나님을 더 경험할 것인가가 아니라 어떻게 하면 내가 남들에게 더 종교적인 거룩한 사람으로 보일 것인가를 늘 질문했습니다. 이것을 성경은 '외식'이라 부릅니다.

신앙생활을 하는 동안 나도 모르게 하나님보다 사람의 눈을 더 의식하게 될 때, 우리는 외식에 빠지게 됩니다. 우리는 하나님 앞에서 살아야 합니다. 남이 보지 않는 곳에서도 하나님은 보시기 때문입니다. 하나님은 잊어버리고 사람의 눈만 의식해서 신앙생활을 하려고 할 때, 우리는 이미 외식에 빠진 것이라고 성경은 진단합니다. 그래서 예수님은 산상수훈에서 이렇게 선포하십니다.

사람에게 보이려고 그들 앞에서 너희 의를 행하지 않도록 주의하라(마 6:1).

예수님은 우리가 못 알아들을까 봐 구체적인 예를 세 가지 들어주셨습니다. 첫 번째는 구제였습니다. 우리가 남을 도울 때, 교회 앞에 헌금할 때 어떻게 하지 말아야 합니까? "사람에게 영광을 얻으려고 회당과 거리에서 나팔을 불지 말라." 이 얼마나 재미있는 표현입니까? 거액을 헌금했더라도 나팔을 불지 말라고 하십니다. 내가 저 사람을 도왔다고 광고하지 말라고 하십니다. 그것은 외식입니다. 예수님은 "너희의 상을 이미 받았느니라. 너희가 드린 헌금을 사람은 받았을지 모르지만 나는 너희의 그런 헌금을 받지 않겠노라. 나와는 아무 상관이 없다"고 경고하십니다. 왜 그렇습니까? 우리가 그렇게 하는 것은 외식이기 때문입니다. 그러면 어떻게 헌금하고 구제해야 합니까? 오른손이 하는 것을 왼손이 모르게 은밀히 하라고 하십니다.

두 번째로 예수님은 기도에 대해 말씀하십니다. "사람에게 보이려고 회당과 큰 거리 어귀에 서서 큰 소리로 기도하지 말라." 나는 적어도 새벽기도를 나오는 사람이요, 나는 기도를 유창하게 잘하는 사람이라고 알리지 말라는 것입니다. 하나님은 "너희는 기도할 때 골방에 들어가서 문을 닫아걸라. 그리고 은밀하게 계신 아버지 하나님께 너희의 마음을 쏟아놓으라."고 하십니다.

세 번째 예가 금식입니다. 하나님은 금식할 때 이렇게 하라고 말씀하십니다. "나는 오늘 금식 3일째요 하며 얼굴을 흉하게 남에게 보이려고 하지 말라. 오히려 금식할 때 너희는 기름과 향수를 바르고, 깨끗한 옷을 입고 남이 알아채지 않도록 하나님만 알도록 금식기도를 하라." 바리새인들은 우리가 입을 벌릴 정도로 놀라운 구제와 기도, 금식을 하는 사람이었지만 그 내면이 하나님에게서 떠나 있었습니다. 그래서 예수님은 이런 구체적인 예를 드신 것입니다. 바리새인들만 외식했습니까? 이스라엘 백성들만 외식의 죄에 빠졌습니까?

여러분은 어떻습니까? 여러분의 헌금생활은 어떻습니까? 여러분이 헌금을 드릴 때 정말 중요한 것이 무엇입니까? 목사입니까? 하나님입니까? 재정위원들이 감사헌금과 십일조 명단을 보기 때문입니까? 아니면 진정으로 하나님 앞에 드리는 것입니까? 조금이라도 사람을 의식해서 헌금을 드리는 것이라면 우리는 외식의 죄를 범하는 것입니다. 은혜로 사는 것이 아니요 율법으로 사는 것이며, 형식주의 신앙을 따르는 것입니다. 따라서 우리가 드리는 헌금은 하나님과 아무런 상관이 없게 됩니다. 그 액수와 상관없이 말입니다.

제일 불쌍한 사람이 어떤 사람입니까? 자기 쓸 것을 쓰지 못하고 교회에 와서 많은 헌금을 외식으로 하는 사람입니다. 그 사람은 자기 돈을 축낼 뿐 아니라 하나님과 아무런 상관없는 헌금을 드리는 것입니다.

여러분의 기도생활은 어떻습니까? 진정으로 기도하십니까? 저는 새벽기도를 하는지, 철야기도를 하는지, 중보기도를 하는지에 대해 묻는 것이 아닙니다. 하나님의 영이 함께하는, 깊이 있는, 의미 있는 기도시간을 갖고 있는지를 묻는 것입니다. 일주일에 단 몇 시간이라도 골방에 들어가서 하나님의 영과 깊이 교제하십니까? 그 교제 가운데 내 마음에 있는 작은 죄라도 주님 앞에 다 토해내며, 주님 앞에 나를 낮추는 시간을 가지십니까? 나를 변화시키기 위해서 하나님과 깊이 교제하는 시간을 정기적으로 갖고 있습니까?

우리가 외식으로 기도하게 되면 매일 새벽기도를 나오면서도, 매주 철야기도를 하면서도, 매년 정기적으로 금식기도를 하면서도 하나님의 눈으로 보시기에는 전혀 기도하지 않는 사람이 될 수도 있습니다. 우리의 기도생활은 어떻습니까? 하나님이 받으십니까? 아니면 외식적입니까? 예배생활은 어떻습니까? 봉사생활은 어떻습니까? 여러분에게 가장 중요한 것이 무엇입니까? 예배시간에 몸은 와서 앉아 있는데, 마음은 다른 생각을 합니까? 이는 하나님이 받지 않으십니다.

저는 예배를 사모하는 그리스도인이라면 토요일을 잘 보내야 한다고 생각합니다. 다음날 주일예배를 사모하며 토요일 하루를 준비하는 것입니다. 그래서 저는 토요일에 일찍 잠자리에 들기를 권면합니다. 그것을 법제화한 교회도 있습니다. 토요일은 10시 전에 잠을 자는 것입니다. 충분한 수면을 취하고 준비된 마음으로 하나님 앞에 나아와 송축하는 신앙인이 있는가 하면 그렇지 않은 사람도 많습니다. 밤 12시가 넘도록 TV를 보고 그것도 모자라서 비디오 몇 편을 보고 비몽사몽간에 교회에 나와서 생각은 다른 데 가 있는 사람도 있습니다. 그런 사람은 몸은 교회에 와서 예배드리고 있지만(목사가 보기에, 사람이 보기에 그를 성실한 신앙인처럼 여길지는 모르지만) 하나님이 보시기에는 전혀 예배를 드리지 않는 것입니다.

여러분에게 진정 중요한 것은 무엇입니까? 하나님입니까? 아니면 사람입니까? 깊이 생각해보시기 바랍니다. 형식주의 신앙의 일차적인 특징은 종교적인 외식에 빠지게 됩니다. 나도 모르게 빠집니다. 특히 신앙생활을 오래하면 할수록 이 죄에 빠집니다. 겉으로 보면 신앙생활을 잘하는 자 같으나 하나님이 보시기에는 전혀 신앙인이 아닐 수 있습니다.

진정한 헌신 회피

형식주의 신앙의 두 번째 특징은 진정한 헌신을 회피한다는 것입니다.

> 무릇 육체의 모양을 내려 하는 자들이 억지로 너희에게 할례를 받게 함은 그들이 그리스도의 십자가로 말미암아 박해를 면하려 함뿐이라(갈 6:12).

이 형식주의 신앙인들, 율법주의자들이 갈라디아 교인들에게 할례를 받게 한 동기는 그들을 사랑해서가 아닙니다. 십자가로 인한 박해를 면하게 하려는 것입니다. 초대 그리스도인들에게 신앙을 갖는다는 것은 곧 핍박이었습니다. 우리가 신앙을 가질 때 유대교로부터 핍박을 받았습니다. 유대교에서 이탈해야 하기 때문에 예수님을 믿고 그리스도인이 된 그날부터 그들은 직장에서 쫓겨나고, 심지어 가정에서도 쫓겨나야 했습니다.

미국의 유타 주에는 모르몬교도들이 자신들의 고유 지역처럼 모여서 살고 있습니다. 그래서 모르몬교도가 아닌 사람이 살기에는 힘들 정도입니다. 안타깝게도, 이사 가서 생계 때문에 모르몬교로 개종하는 그리스도인들이 많다고 합니다. 핍박은 그렇게 무섭습니다.

유대교에 의해서만 핍박이 있었던 것은 아닙니다. 초대 그리스도인들은 로마정부에게도 핍박을 받아야 했습니다. 우리가 잘 아는 대로 네로 황제가 어떤 짓을 했습니까? 하루는 로마 시내를 내려다보니 너무 지저분하여 다시 짓고 싶은 충동이 생겼습니다. '야, 이거 멋지게 다시 지었으면 좋겠다.' 그래서 불을 지르고 그 누명을 그리스도인들에게 뒤집어 씌웠습니다. 그래서 온 시민들이 그리스도인들을 잡아들이는 데 혈안이 되었습니다. 불에 태워 죽이고 사자의 밥이 되게 했습니다.

그 당시 그리스도인들은 서로가 그리스도인이라는 말을 못했습니다. 핍박을 받았기 때문입니다. 그리하여 그들은 자기들끼리 알아볼 수 있게 어떤 표시를 했습니다. 요즘 흔히 우리가 자동차 뒤에 붙이고 다니는 물고기 모양의 표시입니다. 그 물고기가 무엇을 상징합니까? 헬라어로 '익투스'(*ichthus*)라고 합니다. 익투스의 첫 글자를 떼어놓으면 '예수 그리스도는 하나님의 아들이시다'라는 말입니다. 그래서 익투스, 곧 물고기 표시를 했던 것입니다. 당시 그리스도인들은 서로 만나면 자신이 그리스도인이라고 말하지 않고 물고기를 그렸습니다. 그러면 각자 속으로 '아, 저 사람은 그리스도인이구나' 하고 생각했던 것입니다.

고고학이 발달하면서 로마 시내가 다 밝히 드러났을 때, 그 주변에 수많은 동굴이 있었고 그 동굴마다 물고기 표시가 그려져 있는 것을 발견했습니다. 그 동굴은 그리스도인들의 예배 처소였습니다. 그들은 예배당에 모여서 떳떳하게 예배를 드리지 못하고 죄인처럼 동굴에 숨어서 예배를 드렸습니다.

오늘날 우리에게 이런 핍박은 존재하지 않습니다. 그러나 성경은 무엇을 말씀합니까? 우리에게 이런 핍박은 없을지 몰라도 헌신된 신앙생활을 하기 원한다면, 신앙은 핍박이 아닌 우리의 다른 희생을 요구한다고 말씀합니다.

예수님은 누가복음 9장에서 이렇게 말씀하십니다. "또 무리에게 이르시되 아무든지 나를 따라오려거든 자기를 부인하고 날마다 제 십자가를 지고 나를 따를 것이니라"(눅 9:23). 예수님을 따른다는 것, 올바른 신앙생활을 한다는 것, 형식주의가 아니라 내 마음을 바꾼다는 것은 쉬운 일이 아닙니다. 그렇기 때문에 예수님은 우리에게 자기를 부인하고 날마다 자기 십자가를 지고 그분을 따라야 한다고 말씀하신 것입니다.

사도 바울은 "너희 몸을 하나님이 기뻐하시는 거룩한 산 제물로 드리라 이는 너희가 드릴 영적 예배니라"(롬 12:11)고 하면서 진정한 예배의 의미를 말합니다. 우리는 오늘날 예배가 구약의 제사인 것을 압니다. 제사는 무엇입니까? 짐승을 잡아서 온전히 태워드리는 것입니다. 이는 헌신을 의미합니다. 곧 내면적인 신앙은 어떠한 신앙입니까? 헌신하는 신앙입니다.

많은 사람이 큰 교회를 선호합니다. 큰 교회는 인기가 있습니다. 큰 교회를 좋아하는 이유가 무엇입니까? 말씀이 좋아서 그렇습니까? 그렇다면 얼마나 좋겠습니까? 많은 이유 가운데 주된 이유는 예배만 보면 된다는 것입니다. 20-30명이 모인 개척교회에 가면 자신이 다 드러나지 않습니까? 주일날 한 번 가면 붙잡고 교회에 출석하고 봉사하라고 귀찮게 하기 때문입니다. 그런데 큰 교회는 사람이 많기 때문에 일꾼도 많습니다. 가서 멋지게 예배드리고 바람같이 사라져서 자기 시간을 가집니다. 그렇게 해도 누구 하나 말리는 사람이 없습니다. 그리고 일주일 동안 잊어버리고 살다가 또다시 주일날이면 그렇게 합니다. 큰 교회에 그런 교인들이 얼마나 많이 모이는지 모릅니다. 형식주의적 신앙인들이 모여들기 시작하는 것입니다.

그러나 신앙은 무엇입니까? 나를 희생하는 것입니다. 산제사입니다. 내 시간을 드려야 합니다. 물질을 바쳐야 합니다. 내 정성과 마음과 생각을 집중해야 하는 것이 은혜의 신앙이라 말씀하십니다.

오늘날 자신의 건강과 오락을 위해서는 아까울 것이 없지만 주님을 위해 바치는 데는 인색한 신앙인들이 많습니다. 건강을 위해서는 아무리 비싼 약이라도 마다하지 않습니다. 건강을 위해서는 하루 몇 시간을 반드시 투자합니다. 그러나 주님을 위해서 헌신하는 일에는 시간과 재물을 바치기를 아까워하는 신앙인들이 많습니다. 혹시 여러분이 그런 상태에 있다면 이미 형식주의적 신앙에 빠진 것입니다.

질문을 하나 드리겠습니다. 내가 예수님을 믿은 이후로 지금까지 몇 년이 되었든지 주님을 위해 희생한 것들을 백지에 쓰라고 한다면, 과연 그 백지에 나는 무엇을 쓸 수 있을지 한번 생각해보시기 바랍니다. 그 목록이 얼마나 됩니까? 사람이 보는 목록이 아닙니다. 사람의 눈은 속일 수 있을지 몰라도 하나님의 눈은 속일 수 없습니다. 하나님께 헌신하기 위해 희생하고 바친 목록이 얼마나 되는지 주님 앞에서 대답해 보시기 바랍니다. 형식주의적 신앙의 첫 번째 특징은 종교적인 외식에 빠지는 것입니다. 두 번째는 진정한 헌신을 회피하려는 것입니다. 그저 신앙을 장식품 정도로 여기려는 것입니다.

위선적인 삶의 모습

형식주의적 신앙의 세 번째 특징은 위선적인 삶의 모습을 갖게 되는 것입니다. 율법주의자들은 율법을 지키지 않으면서 지키는 척했습니다. 다른 사람에게 율법을 강조하면서 막상 자신은 지키지 않았습니다.

> 할례를 받은 그들이라도 스스로 율법은 지키지 아니하고 너희에게 할례를 받게 하려 하는 것은 그들이 너희의 육체로 자랑하려 함이라(갈 6:13).

오늘날 기독교가 세상에서 욕을 먹는 가장 큰 이유가 무엇인지 아십니까? 그것은 다름 아닌 성도들의 위선입니다. 형식주의자들의 특징은 교회 안에서는 거룩하다는 것입니다. 교회생활은 아무 문제가 없습니다. 주일날 출석도 잘하고, 예배도 잘 드리고, 찬송도 잘 부릅니다. 그런데 문제는 직장에서 나타납니다. 직장에서는 전혀 예수님을 믿는 사람답지 않습니다. 위선자입니다.

이 위선적인 형식주의자들 때문에 한국의 기독교는 땅에 떨어져버렸습니다.

제가 얼마 전에 믿지 않는 사람들을 공원에서 만났습니다. 제가 목사인 것을 밝혔더니, 한 사람이 대뜸 이렇게 물었습니다. 그 사람은 정말 몰라서 묻는 것입니다. "목사님, 집사는 무엇입니까?" 제가 설명하기가 쉽지 않아서 머뭇거렸더니 그 사람이 "돈 주고 사는 겁니까?" 하더군요. 그분이 그런 질문을 한 의도가 있었습니다. 자기 주위에 집사가 있는데 나중에 보니 전혀 삶이 아니더라는 것입니다. 자기와 다를 바 없을뿐더러 자기보다 못한데 집사라는 것입니다. 그래서 그 사람이 '교회 집사라는 직책이 돈을 내면 교회에서 주는 것인가 보다'라고 생각했던 것입니다. 공원에서 돌아오는 내내 마음이 아팠습니다.

오늘날 교회 안에서 부모들은 예수님을 열심히 믿지만, 자녀들이 신앙생활을 하지 않는 경우를 종종 볼 수 있습니다. 그렇게 되는 가장 큰 원인이 무엇인지 아십니까? 부모들의 위선 때문입니다. 교회에서는 거룩합니다. 부모는 교회에서 유명한 사람입니다. 집사이거나, 성가대원이거나, 부서장인데, 집에서는 아니란 말입니다.

사실 저는 주일날 설교하는 것이 힘듭니다. 그런데 저를 더 힘들게 하는 것은 우리 두 아들입니다. 제가 집에 가서 사는 게 너무 힘듭니다. 제가 강단에서 전한 말씀대로 살아야 하기 때문입니다. 그러나 하나님은 우리에게 이 짐을 지라고 말씀하십니다. 우리의 교회생활과 가정생활이 판이하게 다를 때, 우리는 이미 형식주의에 빠져든 것이라고 성경은 말씀합니다.

오늘 저는 이런 질문을 하나 던지고 싶습니다. 여러분은 주위 사람들에게 어떤 평가를 받고 있습니까? 직장과 자녀와 배우자에게 어떤 점수를 얻고 있습니까? 교회에서 얻는 점수와 교인들이 여러분을 보는 눈과 가족들이 여러분을 보는 눈이 다르다면, 여러분은 이미 위선의 죄에 빠지고 있는 것입니다.

존 번연(John Bunyan)은 『천로역정』(*The Pilgrim's Progress*, 포이에마)이라는 책을 썼습니다. 이 책은 성경책 다음으로 사람들에게 가장 많이 사랑받고 읽힌

책입니다. 그 책에 재미있는 이야기가 얼마나 많이 나오는지 모릅니다. 우리 그리스도인이 예수님을 믿고 나서 천국에 가기까지 신앙의 순례 여정을 그리고 있습니다. 저는 너무 많은 감동을 받았습니다. 첫째 아들이 어렸을 때 제 아내와 번갈아가면서 아이가 잠자리에 들기 전에 한 장씩 읽어주었습니다. 얼마 전에는 둘째 아들에게도 똑같이 이야기하며 설명해주었습니다.

그 책은 우리 그리스도인이 예수님을 믿고 나서 빠지기 쉬운 함정과 유혹을 재미있게 비유해 놓았습니다. '그리스도인'이라는 주인공이 진정한 영생을 얻기 위해 떠나는 순례의 길은 너무 힘들고 험난했습니다. 꼬불꼬불한 길을 겨우 돌아 나오는데, 갑자기 두 사람이 담을 넘어서 그 순례의 길에 뛰어 들었습니다. 그들은 "뭐 고생하면서 이렇게 할 것 있나? 담을 넘으면 되는데" 하면서 담을 쉽게 넘었습니다. 그래서 그리스도인이 그들의 이름을 물었습니다. 한 사람은 '형식'이라고 했고 또 다른 사람은 '위선'이라고 했습니다. 그래서 세 사람이 길을 같이 가게 되었습니다.

마지막 길을 가다 보니까, 신앙의 사람들이 걸어가야 할 하나님이 보여주신 높은 언덕길이 나옵니다. 산을 올라가고 바위를 타야 합니다. 아마 올라가면서 손톱에서 피가 날지도 모릅니다. 너무나 어려운 일이었습니다. 그러나 하나님이 신앙인은 그 길로 가야 한다고 말씀하십니다. 그런데 옆을 보니 그렇게 어렵지 않은 평탄한 길 하나가 좌우에 놓여 있습니다. 그래서 세 사람이 고민합니다. 참 신앙인, 은혜를 아는 그리스도인은 '편한 길로 가고 싶지만 그래도 어려운 길로 가야지' 하며 산길을 손톱에 피가 나도 기어오릅니다. 그러나 형식과 위선은 '무엇 때문에 저렇게 고생하지? 생각을 해봐. 머리를 써야지. 이 길로 가도 되는데… 우리는 평탄한 길로 가자'라고 하면서 오른쪽 길로 갑니다. 결국 어떤 일이 벌어졌습니까?

처음에 형식이 가는 길은 아스팔트가 깔려 있어서 너무나 좋았습니다. 그런데 조금 가다 보니 길이 점점 좁아지고 완전히 가시덤불로 뒤덮여 있었습니다. 결국 형식은 길을 찾다가 기진맥진하여 가시덤불에 쓰러져 죽었습니다. 위선 역시 길을 가다 보니 처음에는 너무나 아름다운 경치가 펼쳐져서 '야, 이렇게 편한 것을 모르고 왜 저렇게 마음고생을 하면서 신앙생활을 해? 왜 저 길로 가지?' 하면서 비웃으면서 갔습니다. 그러나 아름답던 길이 넓어지고 더 넓어지더니 사막이 되었습니다. 결국 며칠 간 사막에서 헤매다가 목이 말라 위선은 죽고 맙니다. 그러나 하나님이 보여주신 길을 오르던 그리스도인은 천국 문에서 주님을 만났습니다. 그 이야기는 이렇게 끝을 맺고 있습니다.

여러분, 형식주의적 신앙에 빠지게 되면 때로는 영광을 받을 수 있습니다. 편안하게 신앙생활을 할 수 있습니다. 이 세상 모든 사람들에게 존경을 받을 수도 있습니다. 그러나 기억하십시오. 그 마지막은 멸망뿐입니다. 영적인 파멸입니다.

지금 눈을 감고 여러분의 신앙생활을 돌아보십시오. 오늘 하나님이 여러분을 바라보신다면, 뭐라고 말하실까요? 여러분의 신앙은 어떤 신앙입니까? 내면적인 신앙입니까? 아니면 형식주의적인 신앙입니까?

여러분, 주님 앞에 마음을 열고 기도합시다. 여러분의 예배생활과 가정생활, 직장생활, 헌금생활, 기도생활, 신앙생활을 조용히 돌아보십시오. 묵상해 보십시오. 지금 이 순간 성령님이 우리 마음속, 우리 삶 속에 있는 형식주의의 뿌리를 발견하게 하셨습니까? 그렇다면 주님 앞에 그것을 아뢰십시오. "주님 오늘 고치겠습니다. 제가 위선을 버리겠습니다. 제가 외식을 버리겠습니다. 제가 헌신하겠습니다. 제 몸을 산제사로 당신 앞에 드리겠습니다."

18장

십자가를 자랑해야 할 이유

갈라디아서 6장 14-18절

[14]그러나 내게는 우리 주 예수 그리스도의 십자가 외에 결코 자랑할 것이 없으니
그리스도로 말미암아 세상이 나를 대하여 십자가에 못 박히고 내가 또한 세상을
대하여 그러하니라 [15]할례나 무할례가 아무 것도 아니로되 오직 새로 지으심을
받는 것만이 중요하니라 [16]무릇 이 규례를 행하는 자에게와 하나님의 이스라엘에
게 평강과 긍휼이 있을지어다 [17]이 후로는 누구든지 나를 괴롭게 하지 말라 내가
내 몸에 예수의 흔적을 지니고 있노라 [18]형제들아 우리 주 예수 그리스도의 은혜
가 너희 심령에 있을지어다 아멘.

우리가 왜 십자가를 자랑해야 합니까? 저는 본문을 통해 그 이유를 몇 가지 살펴보기 원합니다. 흔히 사람이 무엇을 자랑하는지를 보면, 그

사람의 인격을 어느 정도는 알 수 있습니다. 사람이라면 누구나 저마다 자신에 대해 자랑거리를 가지고 살아갑니다. 설령 입으로 자랑하지 않을지라도 은근히 마음에서는 여러 가지 방법으로 다른 사람에게 자랑하고 싶어 합니다. 누구든 자랑거리가 없겠습니까? 어떤 사람은 미모를 자랑하고, 어떤 사람은 학력을 자랑하고, 어떤 사람은 부와 지위를 자랑합니다. 사람마다 모양은 달라도 한두 가지 자랑거리가 있을 것입니다. 심지어 어떤 사람은 부끄러운 것을 자랑하기도 합니다. 저는 감옥에 가보지 않았지만, 그곳에서는 도둑질하다가 들어온 사람들끼리 모이면 누가 더 비싼 것을 많이 훔쳤느냐가 자랑거리가 된다고 합니다. 혹은 누가 전과가 많으냐에 따라 고참 대우를 받고 자랑거리가 된다고 합니다. 뒷골목 깡패 세계에서는 누가 더 사람을 많이 때렸느냐가 자랑거리가 될 것입니다.

이처럼 세상에는 여러 자랑거리가 있습니다. 그렇다면 우리는 어떤 자랑거리를 갖고 살아가고 있습니까? 여러분은 무엇을 자랑거리로 삼고 살아오셨습니까? 우리의 삶을 돌아봐야 할 것입니다. 다른 사람이 나의 이것만은 알아주었으면 하고 바라는 것이 무엇입니까? 그래서 자신 있게 자랑하고 싶은 것이 있습니까?

본문에서 사도 바울은 자신의 자랑거리가 딱 하나밖에 없는데, 바로 '십자가'라고 합니다. 14절을 보십시오. 그는 '내가 십자가를 자랑한다'는 식으로 말하지 않습니다. 오히려 "그러나 내게는 우리 주 예수 그리스도의 십자가 외에 결코 자랑할 것이 없으니"라고 했습니다. 십자가만 자랑한다고 하지 않고, 십자가를 빼면 내게 자랑할 것이 없다고 말합니다. 다시 말해서 내게는 자랑할 것이 전혀 없는데, 오직 십자가만 자랑하겠다는 고백입니다. 그 이유가 무엇입니까? 사도 바울이 정말 자랑거리가 없어서 그랬습니까? 아닙니다.

이 세상을 살다간 모든 인류 가운데 가장 완벽한 자랑거리를 가지고 산 사람이 누구냐고 한다면 바로 사도 바울일 것입니다. 그는 그 당시 사회인이라면 누구나 부러워하는 조건들을 완벽하게 갖추고 살았습니다. 그는 가문이 훌륭했습니다. 대단한 학력과 높은 지위를 가졌고, 명예와 부 등 어느 것도 부족한 것이 없었습니다. 히브리인 중의 히브리인이었고, 바리새파 사람이었으며, 오늘날 미국에서 유명한 하버드 대학도 감히 따라갈 수 없는 가말리엘 문하에서 학문을 연구한 사람이었습니다. 그뿐 아닙니다. 신앙적인 면은 어떻습니까? 어떤 사람은 방언 하나만 받아도 얼마나 자랑하는지 모릅니다. 또한 자신이 누구를 위해서 기도했는데 그 기도가 응답되어서 그 사람의 아픈 것이 다 나았다면 그 일을 자랑하고 다닙니다.

그러나 사도 바울은 어떠했습니까? 방언 정도였습니까? 그는 하나님께로부터 크고 많은 은사를 받았습니다. 사도 바울이 쓰던 손수건을 가지고 다른 사람이 병자에게 갖다 대기만 해도 그 병자가 나았습니다. 한 청년이 그의 설교를 듣다가 2층에서 떨어져 죽자, 안수하고 기도했습니다. 그러자 그 청년이 살아났습니다. 불뱀이 사도 바울을 물었는데 독이 그의 몸에 퍼지지 않았습니다. 그래서 그 섬사람들이 사도 바울을 하나님으로 섬기려고 했습니다.

그런데 요즘 우리는 어떻습니까? 꿈에서 지옥 한번 갔다 왔다고 대단하게 떠들며 간증하고 다닙니다. 온 교회마다 난리입니다. 얼마 전, 한국교회를 다니면서 큰 영향을 끼친 펄시 콜레(Percy Collett)라는 미국 사람이 있습니다. 그가 천국에 갔다 왔다고 해서 많은 사람들이 관심을 가졌던 것입니다. 그런데 나중에 미국에서 밝혀진 사실에 의하면, 그는 목사도 아니고 교회에 다니지도 않는 사람이었습니다. 그는 거짓말을 했습니다. 한국교회에서 그가 천국 갔다 왔다는 말만 듣고 많은 돈을 주면서 그를 부흥강사로 초대했던 것입니다.

그런데 사도 바울은 어떻습니까? 그는 직접 천국에 갔다 왔음에도 불구하고 겸손하게 "내가 아는 한 사람이 천국에 갔는데, 그 천국이 얼마나 어마어마했든지 사람의 말로는 도저히 표현할 수가 없었다"라고 말합니다. 그러나 사실 그곳에 다녀온 사람은 다름 아닌 사도 바울이었습니다. 신앙적인 면에서, 사회적인 면에서, 모든 면에서 완벽한 자랑거리를 갖춘 그가 왜 십자가 외에는 자랑할 것이 하나도 없다고 말했습니까? 그 이유는 무엇입니까? 그는 바로 십자가에 의해서 삶이 바뀐 사람이기 때문입니다.

우리 또한 사도 바울처럼 "내가 그리스도 예수의 십자가 외에는 결코 자랑할 것이 없다. 남은 평생 십자가만을 자랑하며 살겠다"고 고백하는 사람이 되어야겠습니다.

세상의 속박으로부터 자유롭게 하는 십자가

사도 바울은 그리스도인들이 십자가를 자랑해야 하는 이유를 세 가지로 제시합니다. 먼저 바울은 십자가만이 세상의 속박으로부터 우리를 자유롭게 하기 때문이라고 말합니다.

> 그러나 내게는 우리 주 예수 그리스도의 십자가 외에 결코 자랑할 것이 없으니 그리스도로 말미암아 세상이 나를 대하여 십자가에 못 박히고 내가 또한 세상을 대하여 그러하니라(갈 6:14).

무슨 말씀입니까? 세상이 나를 대하여 십자가에 못 박히고 내가 세상에 대하여 십자가에 못 박혔다는 말은 곧 내가 이 세상과 결별했다는 것을 의미합니다. 그러면 이 세상은 무슨 뜻입니까? 제가 성경 해석학을 가르치면서 늘 강조하는 말이 하나 있습니다. 그것은 단어를 해석할 때 단순히 그 단어의 의미만을 해석하는 것이 아니라 문맥 가운데에서 그 단어가 어떤 의미를 가지고 있는지 파악하고 해석해야 한다는 것입니다.

예를 들면, 우리가 잘 아는 '죽다'라는 단어를 생각해보십시오. 죽는다는 의미를 모르는 사람이 누가 있습니까? 아이들도 다 압니다. 그런데 "저 사람은 코가 죽었다." "커튼 색깔이 죽었다." "저 사람은 요새 풀이 죽었어." "저 사람이 오니까 분위기 죽이는데"라는 말을 살펴보십시오. 똑같은 단어라도 그 의미가 제각기 다릅니다. 이렇듯 우리가 성경을 해석할 때 문맥 가운데에서 해석하지 못하면 하나님의 말씀을 엉뚱한 것으로 해석하기 쉽습니다.

'세상'이라는 말도 그렇습니다. 성경은 적어도 일곱 가지의 다른 세상을 말씀합니다. 그러면 사도 바울이 "세상이 나에 대해서 십자가에 못 박히고 내가 세상에 대해서 십자가에 못 박혔다"라고 했을 때, 여기에서 세상은 어떤 의미를 담고 있습니까? 지구를 말합니까? 사도 바울이 말한 세상이 지구를 뜻했다면, 그는 이 세상에 살아 있으면 안 됩니다. 그러나 그는 이 고백을 하면서 여전히 지구상에 살아 있었습니다. 그러므로 지구를 뜻할 수는 없습니다.

우리가 사는 사회입니까? 그러면 사도 바울은 이 고백을 한 다음에 보따리를 싸고 수도원에 들어가야 했습니다. 그러나 그는 여전히 그 시대에 활동했습니다. 그러므로 사회도 아닙니다.

십자가가 나로 하여금 세상과 결별하게 했는데, 과연 이 세상은 어떤 세상입니까? 우리가 살고 있는 사회를 다스리는 잘못된 시스템을 말하는 것입니다. 세상이라는 말은 원래 '코스모스'(Cosmos), 즉 질서라는 뜻입니다. 우리가 생각할 때, 이 세상은 저절로 굴러가는 것 같습니다. 이 세상에 대단한 것이 많은데, 그중 TV방송은 압도적입니다. TV방송은 채널을 바꿀 때마다 뉴스, 드라마, 오락 등 다양한 프로가 나옵니다. 어떤 때는 광고만 봐도 재미있을 정도로 사람들을 유혹할 만한 것들이 있습니다. 그 속에서 우리는 시간 가는 줄도 모르고 살아갑니다. 그러나 성경이 말하는 세상은 그것이 아닙니다.

성경은 이 세상을 자세히 관찰해보면, 이 세상 뒤에 어떤 시스템이 이 세상을 움직이고 있다고 합니다. 이 세상은 하나님의 영향도 받지만, 타락한 사탄의 영향으로 말미암아 잘못된 시스템으로 움직이는 부분이 많다는 것입니다.

성경은 그것을 종합해서 '세상'이라고 부르는 것입니다. 사도 바울이 말한 세상은 다시 말해서 그 잘못된 시스템, 사탄이 다스리는 세계를 뜻합니다.

오늘날 이 세상을 다스리고 있는 잘못된 시스템에 의해 우리의 가치관이 완전히 물들어가고 있습니다. 저는 TV광고에서 그런 것을 너무나도 많이 봅니다. 대표적인 예 가운데 하나가 무엇입니까? 돈이 전부라고 생각하는 황금만능주의입니다.

저는 요즘 운동을 합니다. 어느날, 운동을 하기 위해 테니스장에 갔습니다. 그곳에는 택시기사 부부가 테니스를 치고 있었는데, 그 부부는 하루도 안 빠지고 열심히 테니스를 치러 옵니다. 그런데 그 부부가 두 살 먹은 아이를 택시 안에 혼자 남겨두고 코트에 왔었나봅니다. 아이의 울음소리를 뒤늦게 들은 아이의 엄마가 성급히 달려갔습니다. 아이의 얼굴은 사색이 되어 있었습니다. 그런 아이를 업고서 엄마가 테니스 코트장으로 돌아오면서 이렇게 달랩니다. "아빠가 돈 주실 거야." 결국 아빠가 5천 원을 주니까 아이가 눈물을 그쳤습니다. 저는 그것을 보고 그 부부에게 물었습니다. "아기가 돈을 압니까?" 부부가 이렇게 대답했습니다. "아이가 6개월 전부터 돈을 알았어요. 그것을 가지고 가게에 가면 과자를 주는 것을 알아요."

우리는 이런 시스템 속에서 교육을 받고 자랍니다. 모든 사람이 자신의 쾌락을 위해서는 수단과 방법을 가리지 않습니다. 자신만을 위해서, 돈만을 위해서 삽니다. 그 결과는 무엇입니까? 우리 영혼만 망치는 것이 아니라 가정을 파괴하고, 주위 사람까지 상처를 줍니다. 그것이 멸망의 길인 줄 알면서도 그 길로 계속해서 달려나가도록 만듭니다.

우리가 영적인 눈을 뜨고 보면, 잘못된 시스템이 이 세상을 다스리고 있다고 성경은 말씀합니다. 에베소서 2장을 보십시오.

그는 허물과 죄로 죽었던 너희를 살리셨도다 그 때에 너희는 그 가운데서 행하여

이 세상 풍조를 따르고 공중의 권세 잡은 자를 따랐으니 곧 지금 불순종의 아들들 가운데서 역사하는 영이라 전에는 우리도 다 그 가운데서 우리 육체의 욕심을 따라 지내며 육체와 마음의 원하는 것을 하여 다른 이들과 같이 본질상 진노의 자녀이었더니(엡 2:1-3).

사도 바울은 구원받기 전의 사람은 그가 얼마나 겉모습이 훌륭한지에 상관없이 산송장과 같다고 말합니다. 그들은 걸어다니고, 말하고, 노래하고, 돈을 잘 벌지 몰라도 실제로 그들의 영혼은 죽어 있습니다. 어떻게 죽어 있습니까? 그들은 육체의 욕심을 따라 지냅니다. 이 세상 풍속을 따라 지냅니다. 이 세상의 잘못된 철학을 따라 자기도 모르게 그 마수에 빠져들어가고 있습니다. 이것이 세상입니다. 사도 요한은 이렇게 말씀했습니다. "이 세상이나 세상에 있는 것들을 사랑하지 말라…이는 세상에 있는 모든 것이 육신의 정욕과 안목의 정욕과 이생의 자랑이니 다 아버지께로부터 온 것이 아니요 세상으로부터 온 것이라"(요일 2:15–16).

이 세상의 잘못된 시스템이 주는 것은 안목의 정욕, 육신의 정욕, 이생의 자랑입니다. 이것에는 공통점이 있습니다. 예수님이 40일 금식기도를 마쳤을 때, 사탄이 예수님을 시험했습니다. 예수님이 얼마나 배가 고프셨겠습니까? "이 돌을 떡이 되게 하여 먹어라." 무슨 시험입니까? 자신의 배고픔을 충족시키기 위해서 수단과 방법을 가리지 말라는 것입니다. 오늘 우리에게도 동일한 유혹이 있습니다. 세상의 잘못된 시스템이 그렇게 손짓합니다. "너희 만족과 욕심을 채우기 위해서는 수단과 방법을 가리지 말라. 자식도 필요 없다. 배우자도 필요 없다. 도덕도 필요 없고, 하나님도 필요 없다." 세상은 이렇게 우리를 유혹합니다.

그 다음에 예수님은 "저 높은 성전 꼭대기에서 뛰어내리라"는 시험을 받으셨습니다. "네가 무엇 때문에 목수의 아들로 태어나서 힘겹게 사역해야 하느냐? 성전에서 뛰어내리라."

또 사탄은 예수님을 산 위에 데리고 가서 천하만국을 보여줍니다. "네가 나에게 절하기만 하면 이 천하만국을 너에게 주겠다." 잘못된 가치관, 잘못된 목회에 대한 유혹이었습니다.

아담과 하와가 받은 유혹은 무엇입니까? 똑같은 것이었습니다. "네가 이것을 먹는 날에는 네가 높아지고 명예롭게 되어서 하나님과 같이 될 거야." 이렇듯 사탄의 술수는 변함이 없습니다. 포장과 모양만 달라졌을 뿐입니다. 에덴동산에서 하와를 유혹했던 사탄, 광야에서 예수님을 시험했던 사탄이 오늘도 방법을 달리해서 우리를 유혹합니다. 이 사탄이 다스리는 잘못된 시스템을 세상이라고 성경은 말씀합니다.

그런데 성경이 무엇을 경고합니까? 이 세상을 따라 살면, 사탄이 설치해 놓은 덫, 시스템을 따라 그것이 전부인 줄 알고 인생을 살아가면 반드시 멸망할 것이라고 말씀합니다. 여러분, 속지 마십시오. 우리 인생은 여기에서 끝나지 않습니다. 이 땅에서 30년, 50년, 80년을 살고 끝나는 인생이 아닙니다. 우리 영혼은 영원히 죽지 않습니다. 죽음 이후에 놀라운 세계가 있습니다. 그러나 우리가 이 땅에 살 동안 사탄의 잘못된 시스템에 따라 속아서 살면, 죽음 이후에 그 음침한 곳에서 영원히 보내야 한다고 성경은 말씀합니다.

사도 바울이 무엇을 말합니까? 그러면 우리가 어떻게 이 세상의 속박에서 벗어날 수 있습니까? 이 세상의 속박에서 벗어나기 위해서 수많은 사람들이 노력했습니다. 선행도 해보았습니다. 율법도 지켜보았습니다. 종교생활도 해보았습니다. 그러나 되지 않았습니다. 사도 바울도 모든 것을 다해 보았지만 아무 소용이 없었습니다. 그런데 어느 날 사도 바울이 다메섹 도상에서 예수 그리스도를 만났습니다. 예수 그리스도를 만난 후, 십자가의 의미를 깨달은 그는 이렇게 고백합니다. "내가 그렇게 힘들게 노력해도 끊어버리지 못했던 세상의 속박을 십자가로 말미암아 완벽하게 끊어버렸다." 이 말씀이 마음 깊이 이해되지 않는다면 불쌍한 사람입니다.

우리는 십자가의 의미를 알아야 합니다. 말씀을 묵상하고 고민하며 애써야 합니다. 십자가가 무엇입니까? 십자가는 이 세상의 헛됨을 보여줍니다. 세상을 따라 살면 반드시 죽을 사망의 길을 보여줍니다. 동시에 어떻게 하면 하나님을 좇아 영원한 생명의 길로 갈 수 있지를 분명하게 보여줍니다. 그러나 그 모든 것이 잘 들어가지 않자, 하나님이 인간의 몸을 입고 이 땅에 오셨습니다. 우리의 노력으로 되지 않는 세상의 쇠사슬을 친히 예수님이 십자가에 죽으심으로 말미암아 이 세상의 속박을 끊으셨습니다. 십자가를 통해 하나님이 말씀하셨던 것입니다.

누구든지 이 십자가의 의미를 깨닫고, 마음을 열고 십자가를 받아들인 자는 이 세상의 잘못된 시스템, 사탄의 잘못된 길로 들어서지 않을 수 있습니다. 이것이 오늘의 중요한 메시지입니다. 이것을 깨달은 사람이 무엇을 더 자랑하겠습니까? 이 세상의 속박, 그렇게 벗어나고 싶었는데 벗어날 수 없는 세상의 속박에서 십자가가 우리를 구원했습니다. 하나님이 인간의 몸을 입고 저와 여러분의 죄를 다 담당하시고 사흘 만에 부활하셔서 우리가 할 수 없던 이 세상의 속박을 친히 끊어주셨습니다. 우리가 이 사실을 깨닫는다면, 어찌 남은 평생 십자가를 자랑하지 않을 수 있겠습니까? 다시 정리하자면, 우리 성도들이 왜 십자가를 자랑해야 합니까? 십자가만이 세상의 속박에서 우리를 자유롭게 할 수 있기 때문입니다.

우리를 온전히 새롭게 하는 십자가

사도 바울이 말하는 두 번째 이유는 무엇입니까? 왜 십자가를 자랑해야 합니까? 십자가만이 우리를 온전히 새롭게 할 수 있기 때문입니다.

할례나 무할례가 아무 것도 아니로되 오직 새로 지으심을 받는 것만이 중요하니라 (갈 6:15).

할례를 하거나 하지 않는 것은 아무것도 아니라는 것입니다. 오직 새로 지어졌는가 아닌가가 문제라는 것입니다. 어느 누구인들 새롭게 살고 싶지 않겠습니까? 사람들은 새해가 되면 나름대로 여러 가지 계획들을 세웁니다. 그런데 결과는 어떻습니까? 늘 연말이 되면 후회스럽지 않습니까? 저 또한 수없는 계획을 세우지만 잘 지키지는 못합니다. 그래서 아내가 지키지도 않을 계획을 무엇 때문에 그렇게 세우냐고 합니다. 제가 고민하다가 성령님이 주신 지혜로 이렇게 대답합니다. "여보, 내가 이것을 못 지키니까 계획표지. 이것을 다 지킬 것 같으면 실천표라고 쓰겠지."

누군들 새롭게 되기를 원하지 않겠습니까? 그런데 어떻게 해야 우리가 새로워질 수 있습니까? 무엇이 우리를 새롭게 할 수 있습니까? 종교가 우리를 새롭게 할 수 있습니까? 아닙니다. 많은 종교생활, 수없는 지성을 드려도 우리는 새로워지지 않는다는 사실을 압니다. 도덕이 우리를 새롭게 합니까? 율법이 우리를 새롭게 합니까? 우리의 노력이 우리를 완전히 새롭게 할 수 있습니까? 아닙니다. 성경이 무엇을 말씀합니까? 우리는 결코 우리의 노력이나 종교나 율법으로 새롭게 될 수 있는 존재가 아닙니다. 우리 자신을 잘 알아야 합니다. 우리가 병들었는데, 약간 아픈 정도가 아닙니다. 중병이 걸린 정도가 아닙니다. 우리가 영적으로 완전히 죽어 있었다고 성경은 말씀합니다. 몸이 아픈 자에게는 산삼을 먹이고, 영지버섯을 먹이고, 영양 주사를 맞히고, 좋은 의사에게 데려가면 그가 소생할 가능성이 있습니다. 그러나 죽은 사람에게 영지버섯이, 영양 주사가 무슨 소용이 있겠습니까?

이것을 깨달으셔야 합니다. 우리가 왜 새로워지지 않습니까? 왜 이렇게 많은 노력을 하고, 많은 종교를 지키고, 율법을 지키려고 애쓰는데도 새 사람이 되지 않을까요? 그 이유는 하나입니다. 바로 우리가 병든 것이 아니라 죽었기 때문입니다.

그러므로 우리에게 필요한 것은 약간의 치료가 아닙니다. 죽은 자에게 필요한 것은 약이 아닙니다. 단순히 치료가 필요한 것이 아니라 다시 살아나는 것이 필요합니다. 이것이 바로 니고데모의 고민이었습니다. 니고데모는 성경학자요 교수였습니다. 그는 율법을 다 지켰습니다. 새롭게 되기 위해 평생 고민하며 살아왔지만 되지 않았습니다.

그런데 어느 날, 예수라는 사람이 신통하다는 이야기를 들었습니다. 체면이 있지 어떻게 낮에 예수님을 찾아가겠습니까? 그래서 밤에 예수님을 슬쩍 찾아갔습니다. 그는 예수님을 칭찬합니다. "예수님, 제가 보니까 당신은 선지자이십니다." 예수님은 다짜고짜 "사람이 거듭나지 않으면 하나님의 나라를 볼 수 없느니라"고 말씀하셨습니다. 왜 그랬습니까? 예수님은 니고데모가 찾아온 이유를 아셨던 것입니다. 그 마음의 고민을 이미 읽으셨습니다. "니고데모야, 네가 네 노력으로 새로워지려고 노력하다가 실패해서 고민하느냐? 사람이 새로워지기 위해서는 한 가지 방법밖에 없다. 거듭나야 한다."

니고데모가 그 말을 못 알아듣고 다시 묻습니다. "예수님, 내가 이렇게 늙었는데 모태에 다시 들어갔다가 나올 수 있나요?" 어떻게 거듭날 수 있습니까? 예수님은 말씀하십니다. "육으로 난 것은 육이요 영으로 난 것은 영이니 사람이 물과 성령으로 거듭나지 않고는 하나님의 자녀가 될 수 없단다. 니고데모야, 네가 고민해봤지? 온전한 사람이 되려고, 새롭게 살아보려고 노력했지? 너의 고민을 잘 안다. 내가 너에게 유일한 한 가지 방법을 소개해주겠다. 너는 거듭나야 한다. 왜냐고? 너는 죽었기 때문이야."

그러면 무엇이 우리를 거듭나게 할 수 있습니까? 예수님이 물과 성령으로 거듭나야 한다고 하셨는데, 사람들은 그 말을 못 알아듣습니다. 그래서 예수님은 이를 더욱 알기 쉽게 말씀합니다.

모세가 광야에서 뱀을 든 것 같이 인자도 들려야 하리니 이는 그를 믿는 자마다 영생을 얻게 하려 하심이니라(요 3:14-15).

민수기를 보면, 이스라엘 백성이 광야를 지나가다가 원망하기 시작합니다. 하나님이 노하셔서 불뱀을 보내어 그들을 다 물게 하셨습니다. 사람들이 죽어 갑니다. 모세가 그들을 위해서 중보기도를 드립니다. "하나님, 이 백성을 여기에서 다 죽이실 것입니까? 용서해주십시오."

그때 하나님이 그들을 고칠 수 있는 방법을 알려주십니다. "모세야, 구리로 놋뱀을 만들어서 그 놋뱀을 나무장대에 매달고 사람들에게 가서 '누구든지 이 나무 위에 달린 놋뱀을 쳐다보는 자는 살리라'고 외쳐라." 모세는 부하들을 장막에 보내서 수없이 그 말을 전파하게 했습니다. 어떤 일이 일어났습니까? 그 중에 어떤 사람들은 믿기지 않았지만 나와서 그 놋뱀을 쳐다봅니다. 그 순간 씻은 듯이 나았습니다. 그러나 어떤 사람들은 믿지 않았습니다. 뭐라고 했습니까? "드디어 모세에게 치매가 왔구나. 아니 불뱀에 물렸으면 의사에게 보내든지 약초를 발라야지. 그 놋뱀만 쳐다본다고 살겠느냐?" 아마 또 다른 사람들은 돌을 던졌을 것입니다. 그들은 모두 죽었습니다. 예수님이 무엇을 말씀하셨습니까? 나무 위에 달린 놋뱀과 같이 예수님도 달려야 한다고 말씀하십니다. 십자가를 말씀하신 것입니다.

어떻게 우리 인생이 새로워질 수 있습니까? 거듭나야 합니다. 두 번 태어나야 합니다. 죽었던 영이 살아나야 합니다. 어떻게 죽었던 영이 다시 살아날 수 있습니까? 우리의 노력이나 종교생활로 되지 않습니다. 예배나 성경공부로도 되지 않습니다. 헌금생활이나 철야기도로도 되지 않습니다. 사도 바울은 오직 십자가로만 가능하다고 말합니다.

모세가 광야에서 뱀을 든 것 같이 인자도 들려야 하리니 이는 그를 믿는 자마다 영생을 얻게 하려 하심이니라 하나님이 세상을 이처럼 사랑하사 독생자를 주셨으니 이는 그를 믿는 자마다 멸망하지 않고 영생을 얻게 하려 하심이라(요 3:14-16).

우리가 왜 십자가만 자랑해야 합니까? 이 세상의 모든 종교는 한 가지로 정의할 수 있습니다. 그것은 자기의 노력입니다. 모든 종교를 공부해보십시오. 그 공통점은 하나입니다. 거기에는 내 노력이 들어 있습니다. 내 노력의 결과는 무엇입니까? 자랑입니다. 그러나 성경은 우리의 노력으로는 영혼이 다시 태어날 수 없고 온전히 새로워질 수 없다고 말씀합니다. 그래서 하나님은 우리의 노력으로는 결코 할 수 없는 한 방법을 마련했습니다. 그것은 하나님이 인간의 몸을 입고 이 땅에 오셔서 우리 대신 십자가에 달려 돌아가신 것입니다. 우리의 죄값을 다 갚으셨습니다. 그리고 하나님은 우리에게 딱 한 가지를 요구하셨습니다. "믿기만 해라. 내가 하나님인 것을, 내가 너희를 창조한 것을, 너희가 세상을 따라 살면 망한다는 것을, 너희가 나에게 오면 영원히 살 수 있다는 것을, 내가 하나님으로서 너희 인간의 몸을 입고 와서 너희 대신 죄값을 다 갚은 것을 믿기만 해라. 그리하면 너희는 새로워질 것이다."

바울은 다메섹 도상에서 이것을 경험했습니다. 그는 율법을 지키려고 부단히 노력했습니다. 그러나 되지 않았습니다. 그러던 어느 날 다메섹 도상에서 예수 그리스도를 만나고 십자가의 복음을 깨달은 순간, 그는 완전히 새 사람이 되었습니다. 왜 우리가 십자가를 자랑해야 합니까? 십자가만이 우리를 온전히 새롭게 할 수 있기 때문입니다. 십자가는 우리를 세상의 속박에서 벗어나게 해주며, 온전한 새사람으로 만듭니다. 그래서 사도 바울은 이렇게 고백합니다.

그런즉 누구든지 그리스도 안에 있으면 새로운 피조물이라 이전 것은 지나갔으니 보라 새 것이 되었도다(고후 5:17).

참 평안과 긍휼을 주는 십자가

우리가 십자가를 자랑해야 하는 세 번째 이유는, 십자가만이 우리에게 참 평안과 긍휼을 줄 수 있기 때문입니다.

> 무릇 이 규례를 행하는 자에게와 하나님의 이스라엘에게 평강과 긍휼이 있을지어다(갈 6:16).

어떤 사람들은 흔히 예수님을 믿는 것은 곧 죽어서 천국을 가는 것이라고 말합니다. 그리고 예수님은 천국만 보장해주셨다고 합니다. 그러나 그렇지 않습니다. 예수님을 믿는다는 것은 죽음 이후의 생활만 보장하는 것이 아니라, 이 땅에서의 삶의 변화도 의미합니다. 어떤 변화입니까? 가장 큰 변화는 마음에 참 평안이 생깁니다. 하나님께로부터 참 긍휼을 얻습니다.

예수님은 이 말씀을 구체적으로 가르쳐주셨습니다.

> 평안을 너희에게 끼치노니 곧 나의 평안을 너희에게 주노라 내가 너희에게 주는 것은 세상이 주는 것과 같지 아니하니라 너희는 마음에 근심하지도 말고 두려워하지도 말라(요 14:27).

세상이 주는 평안은 무엇입니까? 예를 들어, 우리가 복권에 당첨되었다고 합시다. 미국의 복권 가운데 600억 짜리도 있습니다. 여러분이 그 복권에 당첨되었다는 전화를 받았다고 상상해보십시오. 많은 사람들이 보는 앞에서 드디어 600억 원짜리 수표를 받았습니다.

여러분, 어떻겠습니까? 마음이 어느 때보다 흐뭇하고 평안할 것입니다. 내 지위가 확고해지고, 내 사업이 든든해지고, 내 몸이 건강해지기 때문입니다.

이것을 세상의 평안이라고 합니다. 문제는 무엇입니까? 세상의 평안은 그것들이 사라질 때 함께 사라지고 맙니다. 600억을 가진 사람이 IMF가 와서 부도로 흔들려서 550억으로 재산이 줄어들면 어떻게 됩니까? 불안해서 못 견딥니다. 신기하지 않습니까? 세상이 주는 평안이기 때문에 그렇습니다.

그런데 예수님은 "내가 너희에게 주는 평안은 세상이 주는 것과 같지 않다"고 말씀하십니다. 우리가 긍휼을 베풀 때, 어떤 사람이 나에게 잘하면 긍휼히 여깁니다. 그러나 잘못하면 한번 정도는 참지만 두세 번 반복할 때는 긍휼을 베풀기 어렵습니다. 자녀에게도 그렇습니다. 자녀가 잘못하면 아빠로서 몇 번 강조하면서 경고합니다. 그래도 자녀가 듣지 않으면 다음에는 어떻게 합니까? 부르르 좇아가서 한바탕 해야 직성이 풀리지 않습니까?

우리가 하나님의 긍휼을 어떻게 얻을 수 있습니까? 세상의 모든 종교들은 노력으로 얻을 수 있다고 생각합니다. 그래서 하나님 앞에 긍휼을 얻고 예쁘게 보이기 위해서 별 짓을 다합니다. 새벽에 일어나서 지성을 드리고 노심초사하며 모든 노력을 다 기울입니다. 그러나 성경은 그런 노력으로 하나님의 긍휼을 얻을 수 없다고 합니다.

그런데 예수님이 오셔서 그것을 해결해주셨습니다. 우리가 노력해야 할 모든 결과를 이미 십자가에서 다 이루셨습니다. 하나님은 내가 과거에 지은 죄, 어젯밤에 잘못 생각한 것, 내가 남을 속인 것 등 수많은 죄를 십자가를 통해서 보십니다. 하나님이 십자가 위에 달리신 예수님을 통해 보니 너무 겸손하고, 사랑이 많고, 깨끗합니다. 노란 안경을 쓰고 보면 모든 것이 노랗게 보이듯, 하나님도 우리를 그렇게 보시는 줄 믿습니다. 이것이 십자가의 은혜입니다.

이 사실을 깨달은 사도 바울은 이렇게 고백합니다. 13절 이후를 보십시오.

> 할례를 받은 그들이라도 스스로 율법은 지키지 아니하고 너희에게 할례를 받게 하려 하는 것은 그들이 너희의 육체로 자랑하려 함이라 그러나…

이 '그러나'라는 단어가 중요합니다. 14절에 '그러나'라는 단어가 나오는데, 갈라디아서 전체에서 '그러나'라는 단어가 빈번하게 나옵니다. 갈라디아서에서 사도 바울이 뭐라고 말합니까? 율법을 추구하는 자들, 종교를 추구하는 자들은 여전히 자기 노력으로 하나님 앞에 의로움을 얻고 평안을 얻고 긍휼을 얻으려고 합니다.

그러나 사도 바울만이 십자가를 자랑하는 것이 아니라, 이 말씀을 듣고 삶에 적용하는 모든 성도의 마음속에 십자가에 대한 감격과 깊은 깨달음이 있기를 바랍니다.

> 이 후로는 누구든지 나를 괴롭게 하지 말라 내가 내 몸에 예수의 흔적을 지니고 있노라(갈 6:17).

이 예수의 흔적이 무엇일까요? 학자들이 연구를 굉장히 많이 했습니다. 그러나 대개 두 가지로 요약해볼 수 있습니다. 하나는 사도 바울이 당한 예수의 흔적인데, 이것은 사도 바울이 예수님을 위해 받은 고난으로 인한 상처인 것 같습니다. 고린도후서에 보면, 사도 바울이 세 번 태장으로 맞았고, 유대인에게 서른아홉 대의 매를 다섯 번 맞았고, 돌로도 맞았습니다. 그 몸에 상처가 얼마나 많았겠습니까? 그러나 그와 동시에 이 흔적이라는 단어는 종의 몸에 찍는 마크를 뜻했습니다. 그러니까 어떤 종이 주인에게 팔려오면, 그 주인은 인감도장을 오른쪽 어깨에 찍습니다. 그것을 보면 어느 집 종인지를 알 수 있습니다. 사도 바울은 이 두 가지를 동시에 말하는 것 같습니다. "이후로는 누구든지 나를 괴롭게 말라. 율법을 가지고 나를 괴롭게 말고 변론을 가지고 나를 괴롭게 하지 말라. 내가 내 몸에 예수의 흔적을 가졌노라. 나는 예수의 종이 되었노라."

『천로역정』에는 '진충'이 나옵니다. 그는 진실하고 충성스럽다고 해서 진충이라고 했습니다. 진충이 천국 도성에 막 들어가려고 하는데, 한 신자가 붙잡고 "당신이 여태까지 수많은 고난을 당했는데 하나님 앞에 가면 무엇을 선물로 바칠 것입니까?"라고 하자 그가 이렇게 대합니다. "나는 내 상처와 흔적을 주님을 사랑한 증거로써 상급을 주실 그분 앞에 가져가겠습니다." 이것이 사도 바울의 고백이 아니겠습니까?

하루는 침례교의 유명한 설교가 스펄전이 성경을 읽고 있었습니다. 마태복음 26-28장의 십자가 사건을 읽고 있는데, 그의 마음에 감격이 없는 것입니다. 그래서 이 목사님이 울기 시작했습니다. 그리고 기도합니다. "하나님, 이게 어찌된 일입니까? 제가 지금 십자가 사건을 읽고 있는데, 마음에 감격이 전혀 없습니다. 어떻게 된 것입니까?" 너무 슬퍼서 울며 며칠을 기도했습니다. 그러자 하나님이 스펄전의 마음에 십자가의 감격을 다시 회복시켜주었다고 간증합니다. 다윗도 그렇게 기도했습니다. "주여, 나에게 구원의 기쁨을 회복시켜주옵소서."

갈라디아서의 주제는 무엇입니까? 십자가입니다. 여러분이 만나는 사람마다, 깊은 이야기를 나눌 수 있는 관계마다, 가서 십자가를 말할 수 있겠습니까? 어떤 논리와 이론 앞에서도 "이후로는 나를 괴롭게 하지 마십시오. 나는 예수의 흔적을 내 몸에 가졌소. 나는 예수의 종이 되었소"라고 간증할 수 있겠습니까? 그렇다면 여러분은 갈라디아서를 제대로 알게 된 것입니다.

이러한 사도 바울의 고백과 간증이 우리의 것이 되기를 주의 이름으로 간절히 기도합니다.